特集
とんがる東大

「とんがる」

雪浦聖子
メーカー勤務から一転、ファッションデザイナーに

梶田隆章
研究の道を突き進む

「とんがる」とはどういう意味なのでしょう。角度を分度器で測ったら、90度より小さいことでしょうか。発言がきつくて近寄りがたい人のことを「とがっている」なんて言いますが「人の角度」って何なんでしょう。

大学入試は「人の角度」を測る分度器だと思います。大学進学を目指す人たちの中で試験の得点がいい人から順に0度から359・99……度まで人を配置していく。日本には今だいたい800個くらいの大学があり、360度を800で割れば0・45度。入試偏差値が一番高い大学である東大に入れるのは、雑に言えば0・45度以下の人た

って何だ？

村松秀

東大生の「知性」は本当に高いのか？
『すイエんサー』などを手掛けた
テレビプロデューサー

畑正憲

何でも吸収せよ！
ムツゴロウさんの愛称でおなじみ

ちです。東大生は入試学力の点ではとんがっています。

しかし、当たり前ですが入試の成績だけで人間は測れません。グローバル化やIT化で社会が複雑化し価値観も多様になった現在、どんな分度器で人は測れるのでしょうか。とんがっている人とはどんな人なのでしょうか。

そんな思いで私はこの本を企画しました。梶田隆章教授（宇宙線研究所）、雪浦聖子さん、村松秀さん、畑正憲さんらの言葉には「とんがる」ことへの示唆があふれています。

また、16年度入試から始まった推薦入試という新たな「測定方法」で入学

起業という将来の選択肢

起業家たちを突き動かしたものとは?

▶P.239

推薦入試合格者の素顔とは?

高2でパズドラを自動で解くロボットを開発

→P.13

した新1年生も取材しています。その他にも東大教員や起業家、学外で活躍する東大生へのインタビューが豊富です。

本書は東大受験の対策本としてだけでなく「とんがる」とは何なのか読者一人一人が自問できる一冊になったと自負しております。一人でも多くの読者が自分なりのとんがり方を見つけられたら幸いです。

東大2017　編集長

横井一隆

学内外で活躍する東大生

彼らは何がとがっているんだ?

→P.187

東大教員「地震」を語る

『朝まで生テレビ!』に出演する気鋭の政治学者登場

→P.221

梶田隆章 教授

宇宙線研究所所長

ノーベル賞受賞

梶田隆章教授（宇宙線研究所所長）は素粒子の一種であるニュートリノに関する研究で2015年にノーベル物理学賞を受賞した。梶田教授はニュートリノが質量を持つことを実験的に明らかにし、従来の理論を超える考えを示した。岐阜県飛騨市神岡町にあるスーパーカミオカンデという観測装置での観測が今回の発見につながった。梶田教授に今回の研究、東大での思い出などについて話を聞いた。

キサイティング

――埼玉大学から東大の大学院に入ろうと思った理由は

学部生時代に量子力学などの学問に興味を持ち、大学院では素粒子の研究をしたいと考えていました。素粒子の研究を通して自然の根本的な法則を探りたいと思ったのです。そこで、当時素粒子の研究を牽引していた東大を受験しました。東大の学部から大学院に上がってきた人は圧倒的に学力が高く、入学後は追い付くために一生懸命勉強しましたね。

――大学院ではどのような研究をしたのでしょうか

大学院では02年にノーベル物理学賞を受賞した小柴先生（＝小柴昌俊東大特別栄誉教授）の研究室に入りました。そこで先輩に誘われ、入学直後からスーパーカミオカンデの前身であるカミオカンデでの観測に携わりました。修士の2年間はカミオカンデで観測するための準備期間で、企業に泊まり込んで光センサーの性能を確かめたり、神岡に行って装置を組み立てたりしました。修士論文提出後から博士課程にかけては実際にカミオカンデで得られたデータを解析しました。当時はカミオカンデに熱中していて、ひたすら実験の日々でしたね。実験装置を作ること、得られたデータを解析すること、全てが楽しかったです。実はカミオカンデで研究をすることになったのは偶然のことでした。当時は研究室のホームページなどはなく、研究室の情報は大学院の募集要項に書かれている数行の説明文のみ。小柴研究室の説明文にはカミオカンデについての記載は一切なく、研究室に入って初めてカミオカンデについて知りました。

――小柴研究室での思い出は

小柴研究室は学生が修士課程のときは3人だけ、博士課程になってもう1人入ってきたという具合でした。少人数だったため、研究室の雰囲気はアットホームでしたね。小柴先生には研究者のあるべき姿を教わりました。特に「常に研究の卵を持て」とよく言われましたね。大学院生は研究テーマを与えられることが多いですが、独立したときに主体的に研究を進められるよう、興味のある研究テーマを常に持っていなさいということです。また、常々「研究費は絶対に無駄にしてはいけない。我々の研究は国民により支えられていることを忘れるな」とも言われました。実際の研究手法や実験手技はスーパーカミオカンデの建設で中心的な役割を果たした戸塚先生（＝故戸塚洋二東大特別栄誉教授）、鈴木先生（＝鈴木厚人岩手県立大学学長）に教えてもらうことが多かったです。小柴

中した日々でした

学術研究は、エ

ひたすら実験に熱

な問題に迫る

86年理学系研究科博士課程修了。
理学博士。
宇宙線研究所助手などを経て、99年より宇宙線研究所教授。
08年より宇宙線研究所長を務める。
スーパーカミオカンデでの観測によりニュートリノが質量を持つことを示し、
15年にノーベル物理学賞を受賞した。

宇宙の根本的

先生は権威のある先生でしたのでなかなか近づきがたく、細かいことは戸塚先生、鈴木先生に教わっていました。

——ニュートリノの観測を始めたきっかけは

スーパーカミオカンデの前身であるカミオカンデは陽子崩壊を観測する目的で建てられました。しかしそこではニュートリノによるシグナルが観測を妨げていました。陽子崩壊とニュートリノによるシグナルを分離したいと考え解析を行っていると、ニュートリノについて既存の理論とは食い違うことを発見したのです。そこからニュートリノについて詳しく調べました。その後、カミオカンデの20倍の体積を持つスーパーカミオカンデが建てられました。これはカミオカンデが20年かけて観測できることを1年で観測できます。より多くのデータを集めることで決定的なことがいえるようになりました。

——スーパーカミオカンデでの観測の意義は

観測を通じてニュートリノは質量を持つことが示されました。しかし、ニュートリノは他の素粒子と比べて桁違いに軽い。他の素粒子については質量を与えるメカニズムが知られていますが、その理論ではこの圧倒的に小さい質量を説明できません。今回の発見は従来の理論の枠組みでは説明できないもので、新たな理論の存在を示した点で意義深いと思います。

——今後はどのような活動をされる予定でしょうか

宇宙線研究所所長として宇宙線研究所の研究全般を見渡しつつ、特に物体の運動による時空のゆがみである重力波の研究に力を入れていきたいと考えています。現在神岡の地下に大型低温重力波望遠鏡「ＫＡＧＲＡ」を建設中で、このプロジェクトをしっかり仕上げることが大切だと考えています。この観測装置では世界と協力して重力波を直接観測し、超新星爆発やブラックホール連星などについて詳しく調べることを目指しています。

——スーパーカミオカンデの20倍の体積を持つハイパーカミオカンデの建設も計画されています

ハイパーカミオカンデでの観測が始まるのは私の定年後になってしまう可能性が高いのですが、ハイパーカミオカンデはニュートリノについて分かっていない多くの謎を解き明かしてくれると期待しています。最終的には宇宙の物質の起源は何か、この宇宙に物質だけが残っているのはなぜか、といっ

た根本的な問題の解決につながればと思っています。

――学生にメッセージをお願いします

学術研究とは今まで人類が知らなかったことを解き明かしていく活動です。世界中の研究者と競争しながら、時には協力して研究を行うのは非常にエキサイティングです。もしこのような知的活動に興味があれば、ぜひ研究者を目指してください。

――研究者を目指す受験生へメッセージをお願いします

受験勉強をしていると自然への興味を失ってしまう面があると思います。自然科学を研究するために今、大学受験をしているということを忘れないでほしいですね。具体的にどの分野の研究者になるかという細かい部分は、大学の講義を受ける中で決まってきます。

取材・古川夏輝、石原祥太郎、横井一隆　撮影・田辺達也、横井一隆

推薦入試合格者の素顔

16年春、初めて推薦入試合格者が東大に入学した。
合格者はどんな人なのか、何が評価されて合格したのかについて迫った。

《合格者の素顔1》

人と共生するロボットを探求

近《こん》藤《どう》生《なる》也《や》さん
理Ⅰ・1年（後期課程では工学部へ進学）

ロボット製作へ専念するために負担が少ない推薦を受験しました

推薦入試で工学部に合格した近藤生也さんが高校時代に取り組んだのは、パズルを解いて敵を倒していくスマートフォン向けゲーム「パズル&ドラゴンズ（パズドラ）」を自動で解くロボットの開発だ。きっかけは高1の時に参加した「広島県科学セミナー」。出品作品として人間のようなロボットを作ろうと思い、製作を決めた。

「僕はソフトとハード両方の開発を行い、さらにソフトには人間らしい考え方を導入しました」。高1の夏から1年近くかけて製作し、高2の9月には中高生向け科学論文コンクールの「日本学生科学賞」で入選1位に輝いた。

推薦入試の受験を考えたのは高1の夏ごろ。当初は京都大学にも憧れたが、興味と合致する研究室が東大にしかないため、東大を選択。「ロボット製作へ専念するために受験勉強の負担が少ない推薦で受験しました」

行きたい研究室が決まっており、面接でも「なぜ東大を志望したのか」という質問に、具体的な東大の研究やロボットを挙げて理由を述べた。パズドラの研究の解説を求められた際は、図解しながら有用性を説明したという。

授業のレベルの高さや、進度の速さには苦労している。「推薦生だからといって手加減はありませんね（笑）」。それでも行動生態学や情報認知科学の授業を履修して、人工知能に生かすべく生物の行動を学んでいる。数々のロボコンに入賞しているRoboTechにも入り、ロボット作りを探求。「将来は人と共生するロボットを作りたいです」。近藤さんのロボット道はまだ始まったばかりだ。

（取材・撮影　関根隆朗）

高校時代の業績

・スマートフォン向けゲーム「パズル&ドラゴンズ」を自動で解くロボットを開発
・中高生向け科学論文コンクール「日本学生科学賞」入選1位

《合格者の素顔2》

高校時代から理論言語学を勉強

中村《なかむら》一創《いっそう》さん

文Ⅲ・1年

（後期課程では文学部へ進学）

推薦は学問への熱意が強い自分にぴったりだと思いました

高校時代から言語の構造を研究する理論言語学を勉強している。特に興味があるのは「人間は生まれつき脳の中に各個別文法に共通な初期状態『普遍文法』を持つ」と考える、生成文法という分野だ。「赤ちゃんが母語を誰かに教わらずに少しの刺激で習得する過程は、生得的な言語知識を持っていると考えれば説明できます」

言語学に魅せられたきっかけは中学時代の英語学習。学校の文法書には非効率的な説明が多いと感じ、英語の効率的な記述方法を探るうちに言語の仕組みに興味を持った。高校で興味の対象は理論言語学へ。「英語の母語話者が実際にどんな文法知識を持っているのか気になりました」。東大の生成文法の研究者の論文にも刺激を受けたという。

推薦入試の受験を決めたのは「学問への熱意が強い自分にぴったりだと思ったからです」。高校時代は本や論文での独学に加え、当時の東大の院生に理論言語学を個人的に教わった。「まだ学部生のレベルにすら達していませんが、高校生では僕より理論言語学を知っている人はいないと思いました」。推薦入試で受かる自信があったため、前期日程試験はどの大学にも出願しなかったという。

現在は前期課程でテクスト論や数学の授業などを楽しんでいる。研究者を志すが「分野はまだ決まっていません」。学んできた理論言語学は選択肢の一つ。時間をかけて進路を一つに絞れる東大の制度を生かし「文学部に進むまでの2年間で『これぞ』と思える分野を見つけたいですね」。学問への熱意の先には、無限の可能性が広がる。

（取材・撮影　矢野祐佳）

高校時代の学習

・理論言語学を本や論文での独学に加え、東大の院生から学ぶ

推薦入試で何を評価？

「各学部から明らかに良い学生に出会えたと聞いている」。２０１６年度推薦入試の合格発表後の記者会見で、担当者はこう語った。東大は推薦入試で「自ら主体的に学び、各分野で創造的役割を果たす人間へと成長していこうとする意志を持った学生」を求め、学部学生の多様性の促進・学部教育の活性化を目指している。現状では、狙いがうまくいっていると見ているようだ。

推薦入試の選抜は学部ごとに行い、各学部の募集人数は医学部健康総合科学科で２人程度、医学部医学科で３人程度、教育学部・教養学部・薬学部で５人程度、法学部・経済学部・文学部・理学部・農学部で10人程度、工学部で30人程度で、合計１００人程度。合格者が募集人数に満たない場合、不足分を前期試験の募集人員に繰り入れる。多くの学部は、高校での成績が上位に位置することや科学オリンピック・社会貢献活動の実績などを推薦要件とした。しかし記者会見では担当者から「これらが必須条件と誤解され、スーパー高校生しか受験できないと思われてしまった」という説明も。16年度入試では、推薦入試全体で１００人程度の募集に対し出願者数は１７３人。「募集要項の厳しさに一度は出願をためらった」と話す合格者もいた。

推薦入試では、書類選考後に面接などの第２次選考を行って合格者を決める。学部や受験生により異なるが、面接は一人当たり20～45分程度だったという。例えば工学部では、受験生１人に教員５人が質問する形式で実施。志望理由を聞かれた後、受験生が事前に提出した活動実績や興味に応じて個別の質問がされた。ホワイトボードで自身の研究の図解を求められたり、回答内容を深く突っ込まれたりするなど「予想以上の質問の深さに驚いた」と多くの合格者が語った。

評価基準は非公開な部分が多いが、受験生によると得点開示では事前に提出する「書類」と面接などを含めた「総合」について、それぞれＡ～Ｅの５段階評価を受け取ったという。入学後は、法学部なら文Ｉ、工学部なら理Ｉまたは理Ⅱのように学部が指定する科類に分かれて教養学部に所属し、前期課程の学修を行う。前期課程では学生の志望分野への関心や意欲に応えられるよう、早期に専門教育に触れる機会の提供や個別に助言・支援する教員を配置。前期課程修了後は出願時に志望した学部に進学することとなり、原則として進学先は変更できない。

推薦入試合格への道のり

（日程は2016年度入試のもの）

2/10 最終合格者発表

・77人が合格

・担当者「明らかに良い学生に出会えたと聞いている」

1/16〜17 センター試験

医学部医学科は780点（900点満点）、その他学部学科は720点（同）が合格の目安

12/19〜20 面接など

・学部学科ごとに実施（学部学科によっては19日のみ）

・「受験生1人につき教員５人程度」

・時間は20〜45分ほどでまちまち

・想像以上に深い質問も

・和やかな雰囲気だったとの声も

小論文・グループディスカッション課題例

法学部（12月19日に実施）

難民問題について3つの主張を読み、それぞれどのような効果を期待でき、またどのような限界があるのか、その効果と限界を論じなさい。この議論を踏まえて、A国の難民危機について望ましい対処方法を考えてください。

文学部（12月19日に実施）

丸山真男『思想史の考え方について』を読んで、①「過去の思想の再現」はどのように行われるか800字程度で説明せよ　②現代社会で「思想史」を研究する意義について、筆者の見解を要約しつつ1200字程度で考えを述べよ。

工学部（出願時に提出）

これまでに見聞した中で、科学技術が真に人類を豊かにした、あるいは人類を救ったと感動した事例を一つ取り上げ、そう感じた理由、その事例の基となる学理や技術、その事例に伴う負の側面をどのように克服できるか、について600〜800字で論じなさい。

12/1 第1次選抜合格発表

16年度は応募173人中149人が合格

11/2〜6 出願受付

・出願理由書、高校時代の業績など書類を提出

・「科学オリンピック入賞」は必須条件ではなく、目立った経歴がなくとも合格した学生はいる

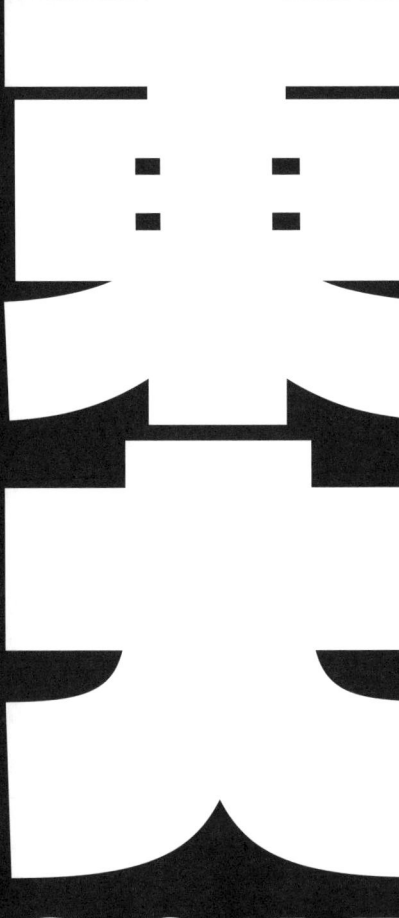

東大 2017

とんがる東

東大2017目次

特集 とんがる東大

＼受験編／ 第1章 入試を突破する

＼駒場編／ 第2章 大学生デビューする

\後期課程編/

第3章 専門を究める

\将来編/

第4章 社会でとんがる

表紙モデルの中田さん(左)と表紙イラストの江川さん(右)

表紙モデル 中田茉莉奈さん(文Ⅲ・2年、ミス東大2015)
表紙イラスト 江川達也さん(漫画家、『東京大学物語』など作品多数)
表紙デザイン 渡邊民人(タイプフェイス)
本文デザイン・組版 小林麻実(タイプフェイス)

第1章

東大への入学は難しい。
各科目への深い理解と高い応用力が必要だ。
入学試験を乗り越えた先輩たちや
教員からのメッセージを参考に関門を突破しよう。

る

受験編
入試を突破す

東大生アンケート 受験編

東大への入学希望の強さ

2014年度東大在学者の中で、「浪人しても東大に入りたいと思っていた」と答えた人は57・6%と過半数を超えた。前回調査（12年度）の60・0%に比べ微減しているものの、多くの人が東大への強い入学希望を持っているといえる。

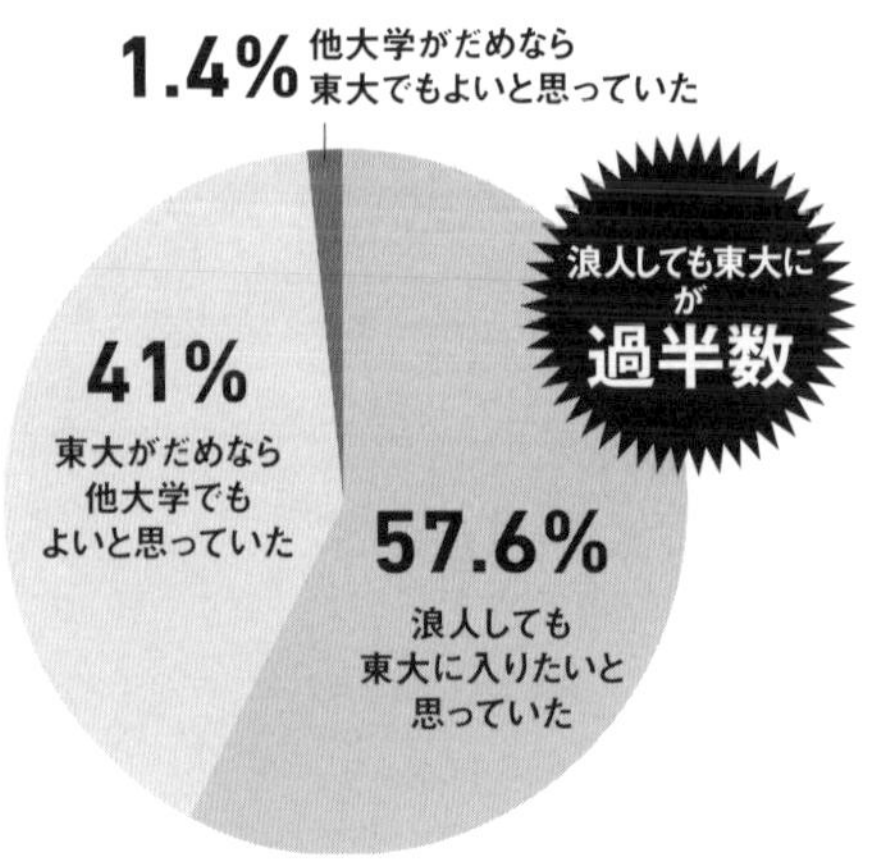

性別

16年度新入生全体の女子比率は19・3%。昨年度（18・7%）からやや上昇したが、依然として全体の2割に満たない。一方、推薦入試合格者の女子比率は39・7%と高めになっている。各校男女1人ずつしか推薦できないという制約によるものだろう。

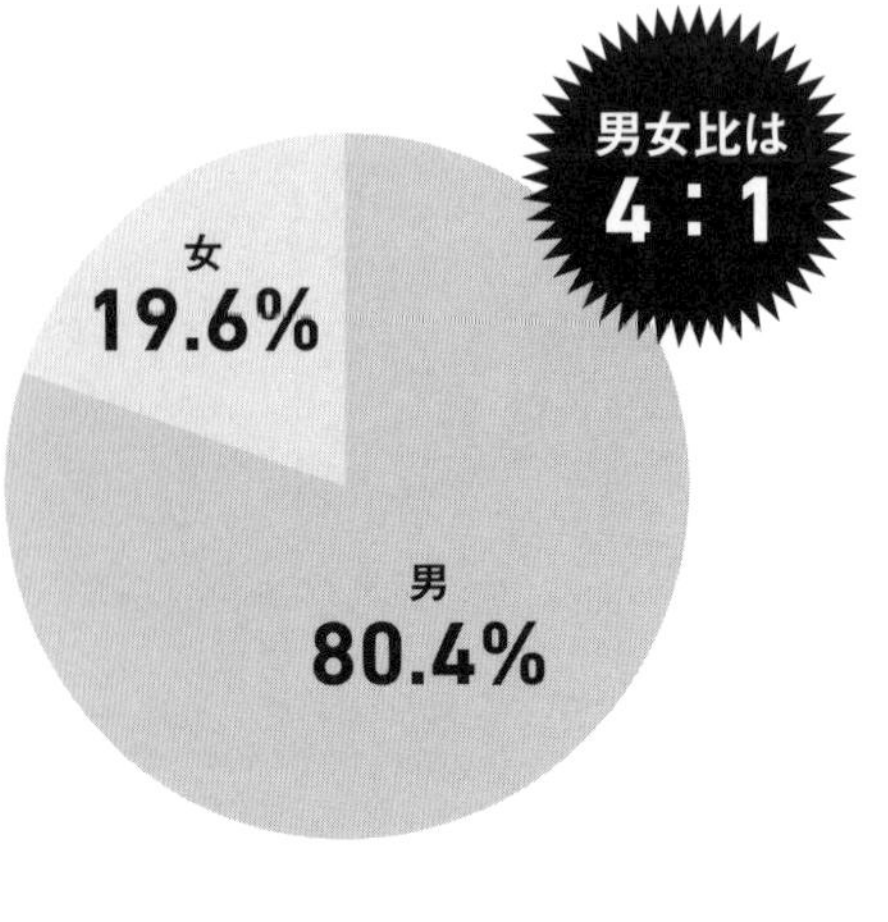

出身校

出身高校は、中高一貫の私立が全体の52・8%と半数を超えた。中高一貫の公立も昨年度の4・1%から5・3%に上昇。中高一貫でない公立は昨年度と同水準にとどまっており、ここ数年続く中高一貫校出身者の増加が止まらない。

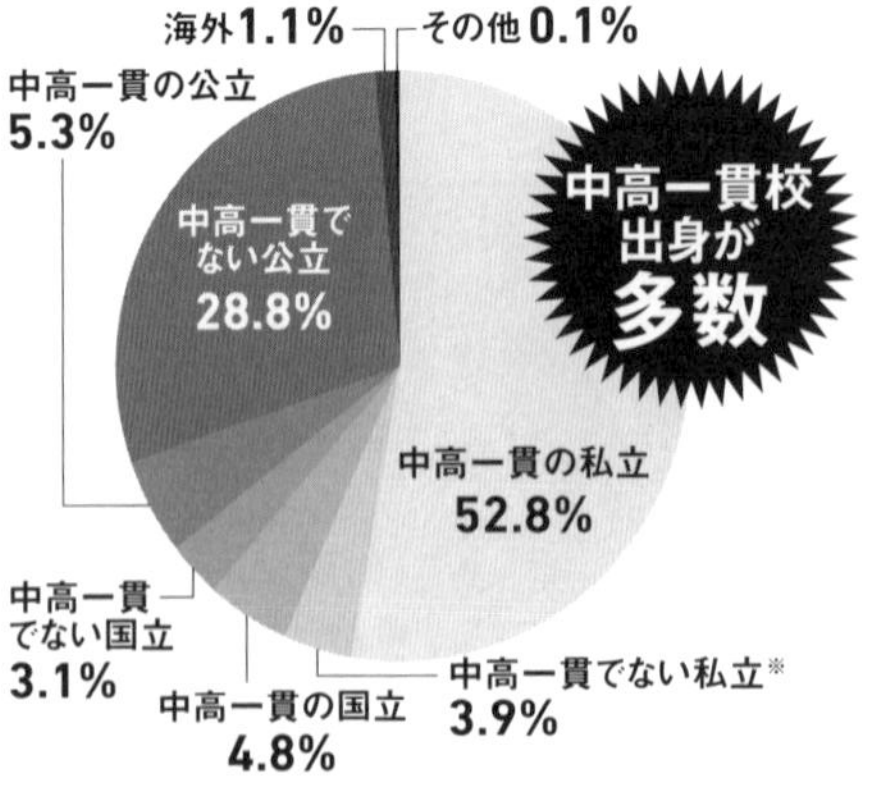

※中高一貫で高校から入学した場合も含む

出身地域（推薦入試）

推薦入試合格者の出身校所在地を見ると関東が42・4％で最多、その他は近畿、中国・四国、九州、北海道・東北と続いた。中国・四国出身者の割合が前期試験合格者の2倍に上るなど、前期入試よりは多様な地域から選抜されているものの、やはり関東出身者が多い結果となっている。

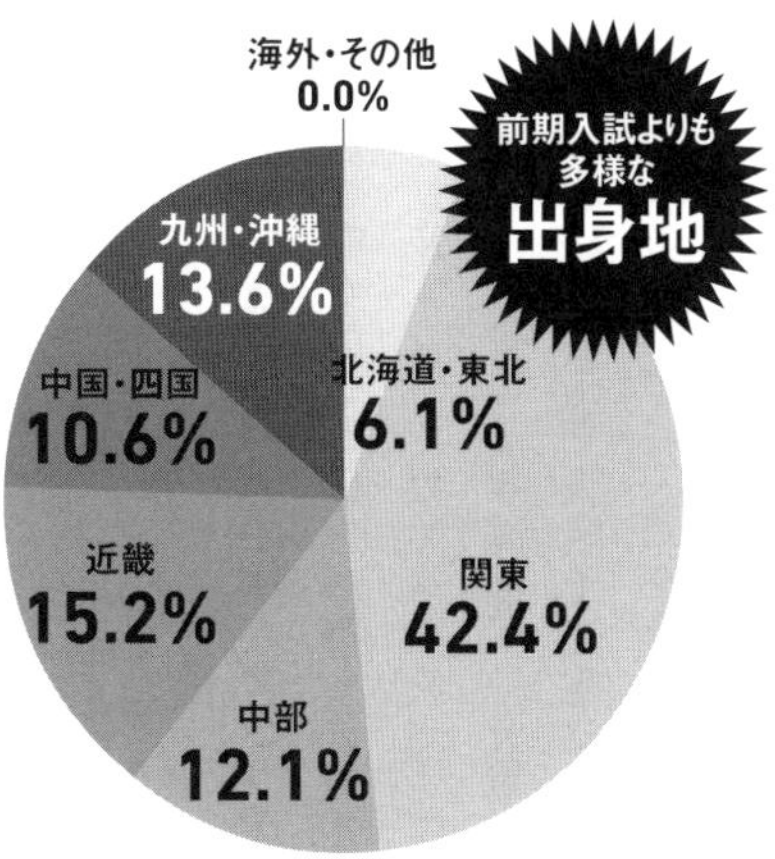

出身地域（前期試験）

前期試験合格者の出身校所在地は関東が58・4％と、半数以上が関東出身。経済的負担の大きさによる地方出身者の東京離れも影響しているのか、関東出身者は14年度、15年度と増加傾向にある。多様な背景を持つ学生の選抜には至っておらず、中高一貫校出身者の増加と併せて均質化が進む。

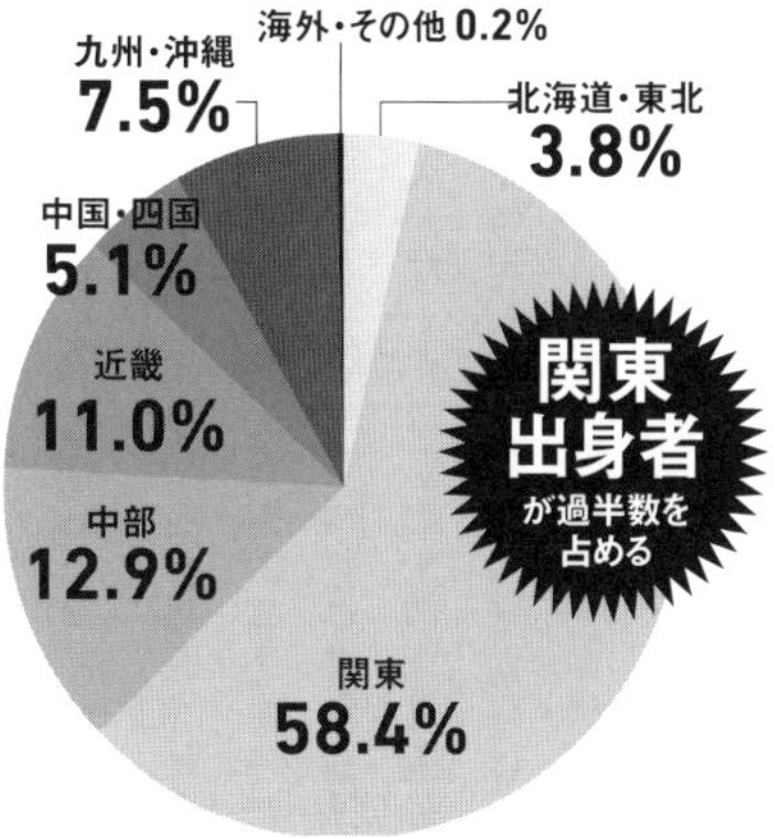

現役・浪人

現役合格者が66・3％と、昨年度同様全体の3分の2を占めた。大学入試全体の浪人率は、経済的負担や受験生の安定志向により減少傾向といわれるが、東大では大きな変化は見られない。二浪以上の合格者は少数で、例年二浪以上の志願者の合格率は現役・一浪に比べ低くなっている。

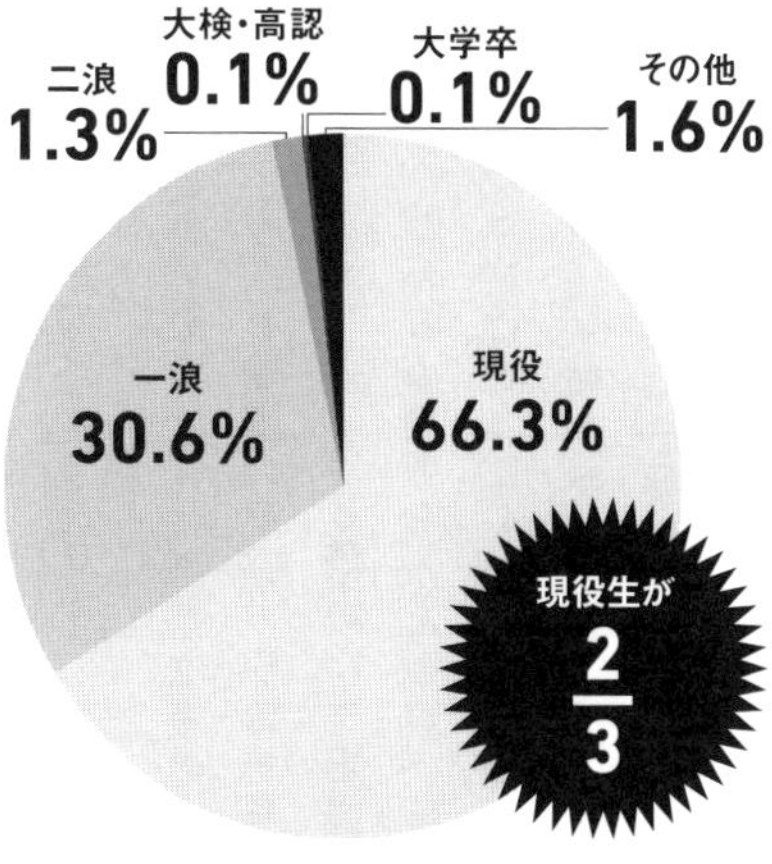

【出典】・「2014年学生生活実態調査」（学部生を対象としている）
・東京大学新聞社が16年度入学者に実施した新入生アンケート（新入生の95％に当たる2995人に回答を得た）

志望理由

「研究・教育の水準が高いから」が61・7％を占め、次いで「入学後の進路選択の幅が広いから」が45・0％となった。東大ならではの高いレベルの教育や、入学後の2年間幅広い分野を学んだ後に進学先を決定できる進学選択制度への期待が、入学を後押ししたようだ。

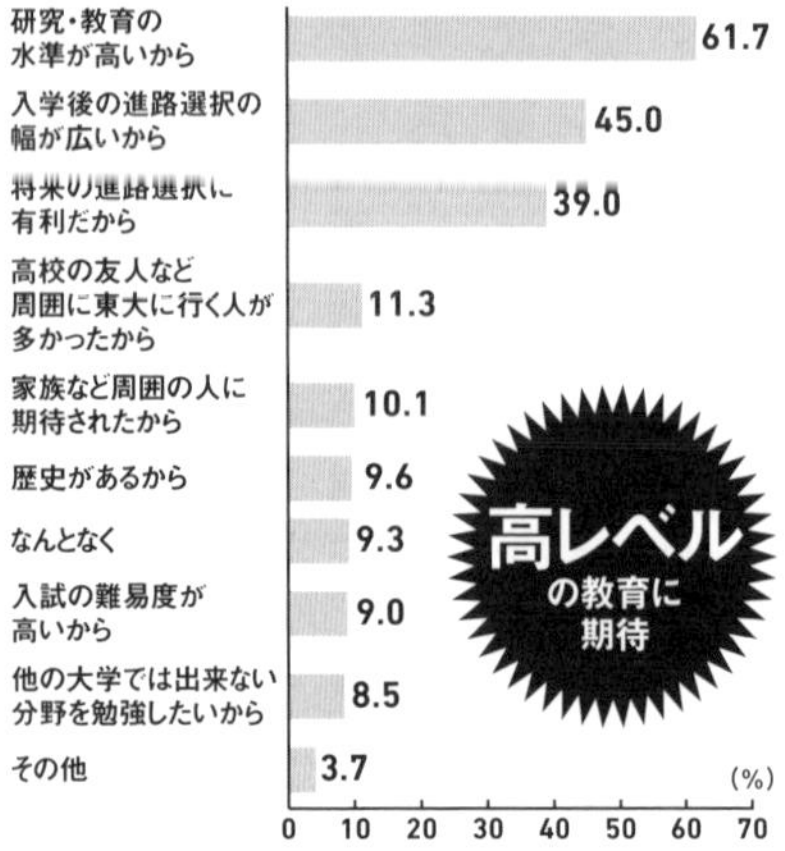

志望時期

初めて東大に入学したいと思った時期については、78・5％が高2までと回答。高校入学以前も26・9％を占め、多くの人が早くから東大入学を意識していたようだ。高3に入ってからは入試が近づくにつれ減少する傾向があり、入試直前から東大を目指す人は少ないといえる。

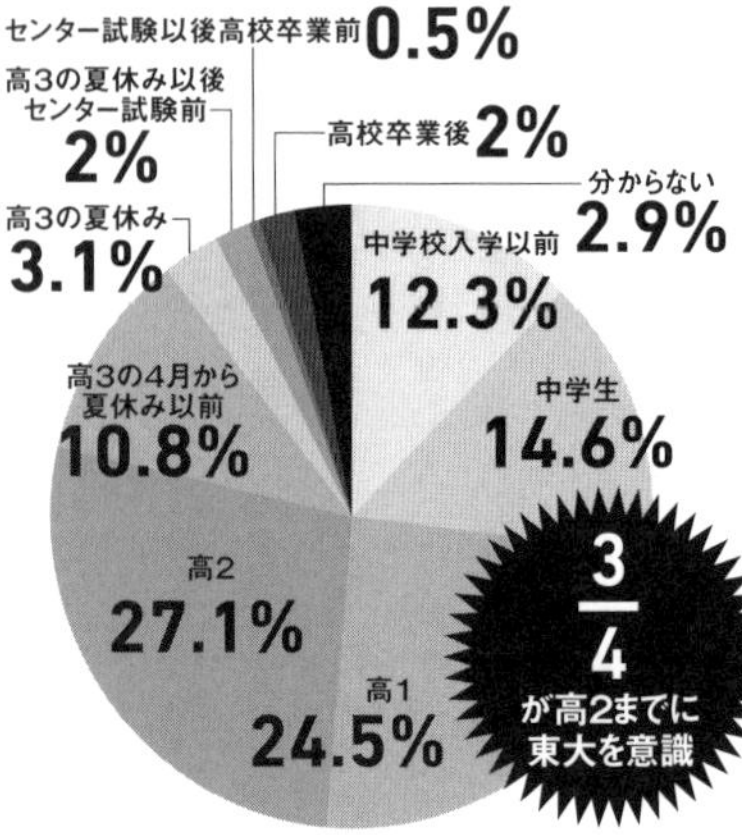

合格に必要なもの

実力以外で東大合格に必要なものを聞くと「周りの環境」が54・5％で最多、「運」が52・5％と続いた。実力が合否に関わるのはもちろんだが、自分の力だけではどうにもならない部分もあると考える新入生が多いようだ。一方「実力以外に必要なものはない」と答えた人も少数ながら存在した。

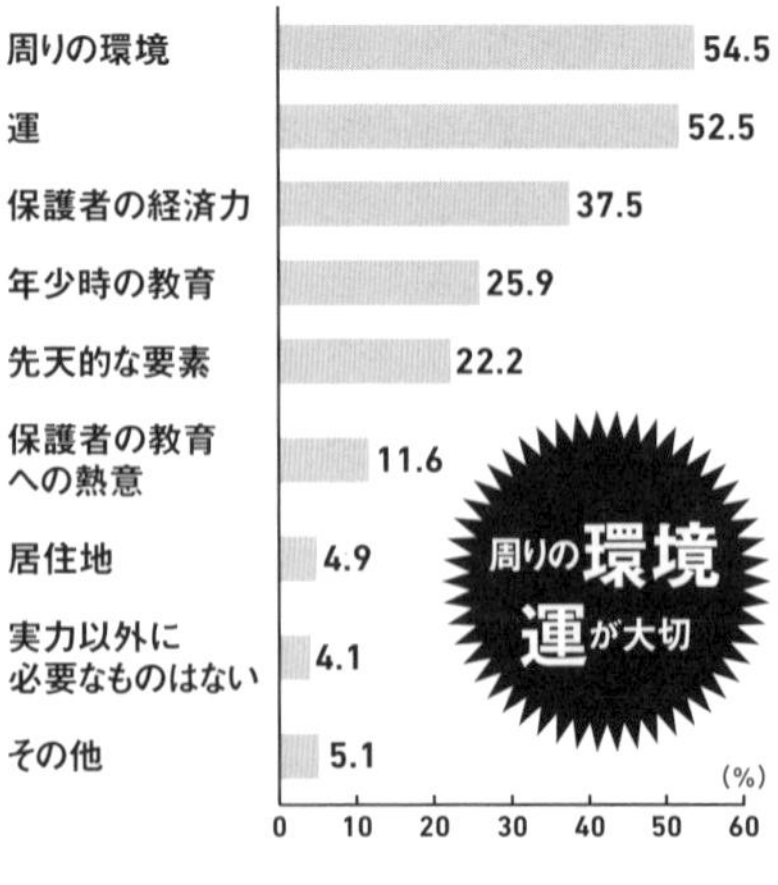

必勝勉強法

東大を目指すと決めたはいいものの、どこから勉強に手を付ければいいのか分からない。

そんなあなたのために現役東大生と東大教員からのアドバイスを一挙公開！

東大教授からのメッセージ

国語

野村剛史《のむらたかし》 名誉教授

総合文化研究科。75年京都大学大学院博士課程中退。文学修士。京都府立大学教授などを経て、99年より総合文化研究科教授。16年に退職。

文系あたまと理系あたま

東京大学の入試では、文科系受験者であっても理科系受験者であっても、理系科目（特に数学）、文系科目（特に国語）の受験が必須となっている。それぞれ「いったい入試後に何の役に立つのか」「できれば勘弁してもらいたい」「文系専門・理系専門で受験する私立との併願に不利だ」との不平が生じてもおかしくない。しかしここでは、文科系における数学（理系科目）、理科系における国語（文系科目）の重要性を強調したい。

職業人（一般でも研究者でも）としては、経験を重ね次第に文系人間、理系人間に分化してゆくのは仕方がない。総じて頭も次第に「文系あたま」と「理系あたま」に分化する。「理系あたま」の特徴は、厳密で汗を流すことにも堪えられるが、とにかく硬くて柔軟さに欠ける。本人たちはそれが良いことだと思っているから始末がわるい。アルベルト・アインシュタインとニールス・ボーアは20世紀前半の物理学の二大巨頭と言えるだろうが、そのあたまは大きいだけではなく硬くてカチカチである。「文系あたま」の特徴は、この反対だ。このあたまは汗を流すことが嫌いで、怠けがちである。だから自ずと柔軟であるので、情況にはうまく対応する。「国語」を含め言語というものは、情況に応じて勝手に変化する。あまりに奔放であるのも困るが、情況に応じた変化というものが乏しいと、思考が発展しない。この言語の能力が「文系あたま」の真髄だ。

十代後半のまだ「あたま」のタイプが決まっていない時期には、嫌でも何でも数学にも国語にも慣れ親しんでおいた方が良いと思う。それが将来の力の「伸びしろ」につながっていると近頃実感している。

学生アドバイス

現代文

ここがポイント！

①背景知識が理解の助けに

②解答の要素を取捨選択

文理共通問題の第1問と文科生のみの第4問が出題されます。第1問の評論文の文章自体の難易度はセンター試験よりやや難しい程度、対比構造を捉えれば読みやすい文章が多いです。傍線部の解釈や理由説明を問う小問が4問、100~120字の本文の内容を踏まえた論述が1問、漢字の書き取り問題が出題されます。第4問は抽象性の高い随想的な文章が出題され、本文中の比喩や文学的な表現から著者の主張を正確にくみ取ることが必要です。

現代文の試験で問われるのは本文の論旨を正確に把握する読解力、自分の理解を解答に過不足なく表現する力です。読解力は演習を通して培われます。高3の夏までに難関大入試レベルの論述問題で演習を積み、対比構造や三段論法などの典型的な論理構造、捨象や逆説といった評論文独特の語句を身に付けましょう。評論文では演習を通して身体論や近代科学など頻出テーマの背景知識を頭に入れておくと、初見の文章でも理解しやすくなります。一度解いた問題は必ず自分の答案と模範解答を比較し、自分の読解が間違いないか確認を。100字程度の論述の対策としては文章全体を100字に要約する演習が有効です。

高3の秋から最低でも10年分、古典と併せて時間を計り過去問に取り組みましょう。狭い解答欄に傍線部までの文脈を意識して問題作成者の意図を読み取り、要素を取捨選択してください。ただ要素を並べるのでなく、要素の関係を意識し論理構造を明確に組み立てましょう。可能であれば学校や塾の現代文の先生に添削をしてもらい、自分がなぜ間違えたのか自己分析を。自分の理解が他者に明確に伝わる答案を作れるようにしましょう。

現代文は解くのに時間がかかる上に点数が伸びにくいです。古典から先に解くことをお勧めします。誤字脱字の見直しを忘れずに。

（文Ⅲ・1年）

おすすめの参考書

過去問前の演習問題に

『入試精選問題集7現代文』

河合出版
税込1028円

背景知識の理解に

『現代文キーワード読解』

Z会出版
税込972円

学生アドバイス 古典

ここがポイント！

①教科書の知識で解ける

②必要な内容を短く表現

古文と漢文が大問一つずつ。基本的に全て記述式です。本文の難易度は他大学より平易ですが、多くとも60字と解答欄が小さいのが特徴です。他の多くの国立大学と同様に教科書の文法や単語で解ける現代語訳など基本問題が多いです。

高2までに高校の定期試験で出る基本的な文法や単語を身に付けるのがよいです。文法書や単語集だけで暗記するのではなく、実際に学校配布の問題集を解く過程で基礎知識を身に付けてしまいましょう。教科書の文章を逐語訳して先生に添削してもらうと知識の定着が早まります。

高3の春からは他大学の過去問演習です。古文では記述式の問題が多くを占める旧帝大の過去問が役立ちます。漢文は記述式の問題を出す大阪大学や神戸大学のものが効果的。東大より本文が抽象的で難解な場合が多いですが、比較的解答欄は大きいので数年分を解いてみて、解答要素を詰め込むことで「どれだけ本文が理解できたか」を示す練習をしましょう。

高3の夏休みに入る前から東大の過去問に手を付けます。それまで解いてきた他大学の問題とは違って、東大の問題の本文は平易ですが、解答欄が小さく、必要な解答要素を詰め込みつつ漢語などを用いて短く表現する「縮約力」が必要。秋以降は過去問と大手予備校の東大模試過去問集を5年分は解くなど演習を積むことが大事です。

本番では、現代文との兼ね合いも考えて古文は文系30分理系20分、漢文は文系25分理系15分が目安。得点の目安として古文は、現代語訳は8割、説明問題は6割を目標として、例年の合格最低点から考えて7割弱が基準です。漢文は各予備校の再現答案などから、比較的点が取りやすいので8割が目安。古典全体で7割強を取りましょう。高校の定期試験で出てもおかしくない平易な問題を取りこぼさなければ合格に近づきます。

（文I・1年）

おすすめの参考書

中堅大の過去問を丁寧に解説

『入試精選問題集9漢文』
河合出版
税込907円

辞書代わりに

『精選・詳解古文単語の整理法』
学研
税込864円

数学

石《いし》井《い》志《し》保《ほ》子《こ》名誉教授

数理科学研究科。82年東京都立大学大学院博士課程単位取得退学。理学博士。東京工業大学教授などを経て、11年より数理科学研究科教授。16年に退職。

発見すること、表現すること

数学の楽しいところは、考えを巡らし、突き詰めていくとある地点で、「あ、そうか」という発見に到達し、それにより今までぼんやりしていたことがすべて霧が晴れるように明確に見えてくる、ということにある。この爽快さはなかなか他の科目では見いだしにくい。

「数学」という仕事には、この発見のプロセスと、もう一つ表現のプロセスの二つがある。数学者でいえば、前者は新しい定理を見つけること、後者はそれを論文としてまとめ、出版することだ。受験数学でいえば、前者は問題を解いて答えを見つける、後者はそれを答案に書くということだ。

もちろん、発見あっての表現であり、発見の楽しみに比べると、表現は面白みがないように見え、なおざりにされがちだ。しかし生産的な数学者は表現の重要性を身にしみて知っている。すばらしいアイデアの論文であろうと、書き方がまずいと、学術誌に投稿した論文は却下され、日の目を見ない。

しかし受験生や、大学生の中には表現の大切さを知らない人がまだまだいるようだ。答案を読むのは神様ではなく、生身の人間であることを忘れてはならない。読む人を「あ、そうか」という発見に自然に導くような書き方をしなければならない。

自分の考えを人に分かってもらう表現の重要性は受験だけにとどまらない。大学生になってからも、社会に出てからも求められる重要な力である。

自分の考えによって、人を変え社会を変えていくために、なくてはならない力である。答案の作成はそのためのよい訓練だ。

さあ、未来に向かってGO!

学生アドバイス

文系数学

ここがポイント！

①計算問題を甘く見ない

②易化傾向にある近年の過去問で東大の問題に慣れる

大問四つ80点満点の試験を１００分で解きます。出題範囲はⅠA・ⅡBのみで、教科書の内容を発展・融合させた基礎力重視の試験だといえます。

大問四つという構成上1年での出題範囲は限定されており、特に「場合の数・確率」や「微分・積分」からの出題が多いものの、その他の分野からも満遍なく出題されています。まずは教科書の例題など全範囲の典型問題をすらすら解けるレベルに達しましょう。

教科書レベルの問題には計算問題が含まれていますが、文系数学では計算の積み重ねだけで完答できる問題も多いので、計算問題だからと甘く見ず、正答が出せるまで何度も演習してください。それが一通り進んで自分の苦手分野をあぶり出せたら「自分がどのようなミスをしやすいのか」を意識しながら繰り返し解いて、なるべく高3になる前に苦手分野をつぶしましょう。

高3になったら、教科書〜東大レベルの問題が網羅された参考書で学習しつつ、並行して過去問演習をしましょう。東大の問題は易化傾向にあるので、演習を始めてしばらくは特に最近の過去問が適しています。直前期の演習用に何年分か残してください。数年分解いて過去問に慣れると、問題の傾向や自分の得意・苦手分野がはっきりするので、その都度教科書や参考書に戻って演習すると効果的です。

センター試験から本番までは、思考力確認として難問と格闘する時間を作りましょう。10〜20年前の東大の過去問は思考を要する問題が多くてお勧めです。その傍ら、残しておいた過去問を本番と同じ１００分で解いて、得点力を確認してください。

重要なのは得点の最大化です。全体の難易度を見極め解ける問題から解くこと、完答できなくても部分点を1点でも多く取る姿勢を見せることを心掛けてください。

（文Ⅰ・1年）

おすすめの参考書

確実に入試で得点

『東大数学で1点でも多く取る方法』文系編

東京出版
税込1512円

2次試験への橋渡しに

『1対1対応の演習シリーズ』

東京出版
※写真は『1対1対応の演習/数学II 新訂版』税込1620円

学生アドバイス

理系数学

ここがポイント！

①自分の解法の幅を広げよう

②時間を意識し部分点狙え

試験は大問が六つで時間は１５０分。幅広い分野から出題され、分野をまたがった問題も出題されます。完答のためには各分野の深い理解に加え、高い発想力や計算力も要求されます。解答は記述式。自分の考えている解法が採点者に伝わるように数式と言葉を使って記述しなくてはなりません。

どの分野の学習でもまずは焦らず教科書の内容を理解し、学校配布の問題集などを活用して基本的な問題を習得します。分からない場合は解答を読み、全ての問題を正確に素早く解けるようにします。難しい問題を解く力を付ける時間確保のために、どんなに遅くても高３の夏前までに全範囲の基礎学習を終わらせるとよいでしょう。

数学は問題を解くことで解法や発想力が身に付くので、基礎固めが終わった分野から順次、２次試験に向けてより難易度の高い問題の演習に移りましょう。演習には考えれば解けそうな問題が多い問題集を使用します。このとき焦ってさまざまな問題集を使うと、結局一冊もやり切れない場合があります。まずは自分が決めた一冊をやり切るのがよいでしょう。解けない問題は解答を読み込み、その後何度も解き直します。日々の学習は力試しではなく力を付けるためなので、自分の解法の幅を広げることを意識しましょう。

秋以降は本番を想定しながら時間を計って過去問を解きましょう。東大の問題に慣れるだけでなく、時間の使い方や時間内で問題の難易度を見極める力も身に付きます。試験は記述式なので完答できなくても途中までの解答が正しければ部分点がもらえます。過去問演習の時から分かる部分を書き、部分点を積極的に狙う練習をします。15年度入試からは学習指導要領が変わり東大の試験範囲も変更。以前の過去問には試験範囲外の問題もあるので注意しましょう。

（理Ⅰ・２年）

おすすめの参考書

昔の入試問題も解きたい人に

『東大の理系数学25カ年』

教学社
税込2484円

例題で理解 類題で実践

『１対１対応の演習』シリーズ

東京出版
※写真は『1対1対応の演習数学/III（微積分編）』税込1512円

英語

武《たけ》田《だ》将《まさ》明《あき》准教授

総合文化研究科。06年ケンブリッジ大学大学院博士課程修了。Ph.D。法政大学准教授などを経て、10年より現職。

英語で考え発信する力

受験勉強に疲れたとき、大学生活の楽しさを想像すれば、やる気が湧いてくるでしょう。東京大学の英語教員として、入学後の皆さんに開かれる可能性をお話しします。東京大学では、さまざまな英語プログラムが用意されています。理系の学生はＡＬＥＳＳ、文系の学生はＡＬＥＳＡと呼ばれる授業を履修し、各自の関心を生かしつつ、英語で論文を書く能力を伸ばします。２０１５年から始まったＦＬＯＷという授業では、英語で論理的な議論をする方法をしっかり学べます。他方で、幅広い分野の興味深い話題について英語で読む、教養英語という授業も開設されています。

この授業編成から分かるように、東京大学では大学生としての教養を元に、英語で自ら考え、発信できる学生を育てようと考えています。身につけた発信力を生かす機会も設けられています。海外で学習し、成果を東大の単位に反映できるプログラムが多数あります。また、英語だけで授業をするＰＥＡＫプログラムには、海外出身の学生が集まっています。一般入試で入学した学生も、ＰＥＡＫの授業の多くを履修できますし、3年次からＰＥＡＫの諸コースに進学することも可能です。

東大入試のための英語学習は、こうした入学後の可能性と無縁ではありません。高得点を取るには、読む、聞く、書くという技能をバランスよく身につけることが必要です。また、しばしば文化・科学の最新トピックから出題されるので、普段から英語のニュースを読み、聴いていれば役に立つでしょう。問題の量が若干多いので、受験時には冷静に時間配分をしましょう。皆さんと入学後に会えるのを楽しみにしています。それではまた！

学生アドバイス　英語

ここがポイント！

①複雑な英文も基本の組み合わせ

②英文の展開に慣れ速読力を

解答時間は120分で、開始後45分から30分間のリスニングがあります。問題は英文要約、自由英作文、文法問題、読解問題と多彩で、個々の問題は平易なものが多いですが多くの問題を短時間で解答するのが難しいです。

東大入試の複雑な英文は基本的な文法・構文の組み合わせです。教科書の英文を全て英訳できるまで理解して大学入試に必要な文法・構文の基礎知識を身に付けましょう。

東大入試では多くの英文を速く読む力が必要なので、高3の夏休みまでは多くの英文を読んで第1文に要旨がある英語の文章展開に慣れるといいです。多読の教材には、単語や構文が平易で東大の過去問を解く準備となる、九州大学の過去問がお勧めです。またこの頃から東大レベルの単語帳を1冊やり込みます。英文を理解できないのは文構造と単語のどちらかが分からないから。多読をする際はどちらの力が足りないか意識し、分からない部分を参考書や単語帳で確認してください。

夏休み以降の東大の過去問演習では苦手な大問の対策に重点を。要約問題は他の大問との兼ね合い上、かけられる時間が短いです。問題文を読む際に文章の流れと筆者が言いたいことは何か意識しましょう。東大入試の要約や長文読解の問題文を一読して要旨を30字程度にまとめる練習がいいです。

自由英作文では、大枠を先に考えておくと話がまとまります。書いた文に意味の伝わりにくい部分やネーティブの使わない表現がないかを先生に確認してもらいましょう。

発声できて初めて英語は聞き取れるので、リスニングで聞いた英語を発声しましょう。放送時間が長いので、まとまった量の英語ニュースを聞くなどの集中力を保つ訓練をお勧めします。

本番に向けて日頃の過去問演習で各大問の解く順番と時間配分を考えておくといいです。

（文Ｉ・1年）

おすすめの参考書

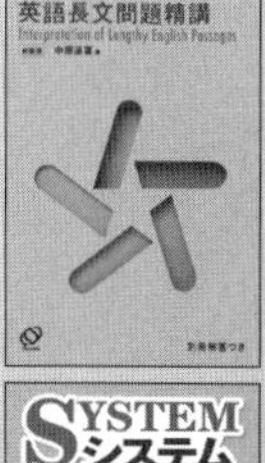

多読教材としてお勧め

『英語長文問題精講』

旺文社
税込950円

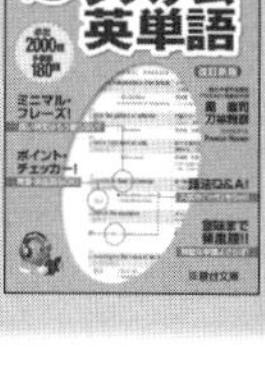

大学受験頻出の単語を収録

『システム英単語』

駿台文庫
税込1080円

世界史

島《しま》田《だ》竜《りゅう》登《と》准教授

人文社会系研究科。05年ライデン大学で博士（文学）取得。西南学院大学准教授などを経て、12年より現職。

日本独自の最新「おせち」

高校世界史の教科書はおせち料理のようだ。海の幸、山の幸のごとき世界各地の出来事が時系列順に並べられている。世界史の研究や教育を職業とする私からすると見事な料理としか思えない。よくもまあコンパクトに最新の研究成果を反映すべく努力したものだ。

もっとも、私が高校生の時には、世界史の教科書はごった煮の集まりにしか思えなかった。あれこれと詰め過ぎている。選抜試験として使うなら、重箱の隅をつつく些末な知識を問うか、地域や時代をこえた世界史の全般的理解を問うかのどちらかであろう。とくに後者は難しい。教科書を、縦読みしたり、横読みしたりして、構造的に理解を深めることが必要になる。

今回、強調したいことは、おせち料理はやはり日本向け仕様だということだ。日本で世界史として提供される学習内容は、意外にも日本独特のものである。各国それぞれの必要から、歴史教育の内容は千差万別。日本人として知っておくべき事柄を、日本人によって執筆したのが、日本の世界史教科書なのだ。もう一つ重要なことは、世界史の教科書は進化するということだ。私が高校生であった四半世紀前と現在とでは内容はかなり異なっているし、私の両親が高校生であった頃とは雲泥の差がある。研究の発展のおかげではあるが、これもおせち料理ならではかもしれない。一昔前のおせち料理には、ハムやら角煮などはなかったのだから。

いずれにせよ、教科書に書かれていることが未来永劫《えいごう》変わらないと考えるのは間違いだ。今蓄えた世界史の知識も常に更新が必要なことは理解してもらいたいし、できれば教科書の内容を塗り替える研究者を目指してほしい。

学生アドバイス

世界史

ここがポイント！
①教科書知識を徹底し論述
②問題文の指示に沿った解答を

大問は三つ。第1問は５００～６００字の指定語句付き大論述です。第2問は30～１２０字の小論述が3題程度。第3問は一問一答形式の問題が10問程度で、単語の解答や30字程度の小論述をします。

東大入試は教科書にある知識で十分対応可能です。高3の夏までに少なくとも教科書を3周は読み込みます。授業で使う問題集や市販の一問一答も利用し、夏の東大模試で最低限、既習範囲の単語を説明できるようにしましょう。ある単語を見たら教科書や問題集、一問一答の説明文をすぐ思い出せる段階まで繰り返し暗記してください。夏から秋の間に過去問10年分を利用し論述練習を始めます。2次試験の直前期以前は必ずしも解答に制限時間を設ける必要はありません。初めは第2問から、徐々に字数の多い第1問に取り組み、秋の東大模試では全大問で5割以上の得点を目指します。第1問では「16～18世紀の銀を中心とした世界経済の一体化」など、何世紀にもわたる世界規模の歴史の動向が問われます。

2次試験本番で採点者に分かりやすい答案を書くために、日頃から塾や学校で添削を受けることが大切です。第1問は答案を書き出す前にその全体構成を世紀ごとや「アジア」「ヨーロッパ」など地域ごとにまとめたメモを作成します。メモの内容と「比較せよ」「意義を述べよ」など問題文の指示に沿って答案をまとめましょう。

第2問、第3問は知識問題の性格が強く、教科書から満遍なく出題されます。高得点を取るためには苦手範囲を残さないことが重要。授業が手薄になりがちな東南アジア史や現代史は問題集の該当部分を何度も解き直します。

2次試験直前はまだ解いていない過去問を使った演習と間違えた論述問題の復習を重点的に。分からない部分は教科書で調べ、最後まで基礎知識を確認してください。

（文Ⅱ・1年）

おすすめの参考書

重要な年号を語呂合わせで
『元祖
世界史の
年代暗記法』
旺文社
税込864円

問題文も覚えよう
『世界史B
一問一答
完全版』
東進ブックス
税込1131円

日本史

新田《にった》一郎《いちろう》教授

法学政治学研究科。88年人文科学研究科（当時）博士課程中退。文学修士。法学政治学研究科助教授などを経て、04年より現職。

歴史の成り立ちを再検証

「受験生に望むもの」とのお題だが、つまるところ、どういう人を学生として迎えたいか、ということになるだろう。ものごとをよく知っていることは喜ばしいが、「知っているつもり」で曖昧な臆見をふりかざすようでは困る。わかり方をよくわかっていることが望ましい。

このことは、歴史について殊更よくあてはまる。歴史を学ぶということは、「～であったこと」ではなく「～であったとされていること」を学ぶことだ。あたかも確定的に「～であった」かのように語られている「歴史事実」は、実は数多の断片的な材料を積み重ね、様々な仮定や思惑を介在させて練り上げられたものであって、その拠って立つ土台は時として積木細工のように危うい。そうした危うさを自覚せず「歴史事実」に安易にもたれかかってしまうと、歴史認識はその拠りどころを見失って宙に浮く。

そのような知的貧困に陥らないためには、「歴史事実」の自明でない成り立ちを繰り返し根本から辿り直す批判的な営為が重要になる。いずれの学問分野にせよ、通説の自明性を疑い再検証することによってその精度を高め、或いは新境地を開いてきた。重要な「歴史事実」であればなおさら検証と確認を繰り返すことが必要なのであって、検証そのものがタブー視される「歴史」は、そのことだけでも怪しむべき理由になる。とかく「歴史」は政治の道具として用いられがちだから、安易に流されない批判的な構えは不可欠である。

「日本史」に限らず、高校までに学んだことを踏まえつつ知識の成り立ちを問い直すことが、大学では求められる。世間一般にいう「受験勉強」とは微妙に食い違うかもしれないが、そのための心構えは期待しておきたい。

学生アドバイス
日本史

ここがポイント！

①因果関係、背景も覚えよう
②記述問題では、書きたい情報を箇条書き

大問４題から成り、全て論述形式です。第１問は古代、第２問は中世、第３問は近世、第４問は近現代から出題されることが多いです。大問は２～３問の小問から構成されることが多く、大問１題につき１５０～２１０字ほど。知識が問われるだけではなく史料文や図表の分析も求められます。政治・外交史から文化史まで幅広い分野から出題されます。

授業で通史の学習が終わる高３秋ごろまでは授業で学んだことを、教科書やノートを繰り返し見直して復習し、歴史的事項を暗記しましょう。用語や年代の暗記にとどまらず「中国の国権回収運動の高まりを背景に関東軍は満州事変を起こし、日米関係の悪化につながった」のように事項の因果関係や背景が大切です。教科書を読むとき注目するのは「漢文学の発達は、後の国風文化の前提となった」などの歴史的意義。教科書執筆者の多くを占める東大教員が歴史をどう捉えているかが表れる部分なので入試本番で論述の材料となる可能性が高く、重要です。

高３の夏から直前期にかけては授業の復習と並行して、過去問や東大２次試験形式の問題を、本番を想定して１題15分を目安に解き始めましょう。答案には史料文から読み取れる情報と、史料に書かれてはいないが知識で補うべき情報の両方を書く必要があります。それぞれを箇条書きにし、自然な文章となるようにつなげると完成度の高い答案ができます。基本的知識の穴を発見したらその度に教科書などで確認し、暗記し直しておきましょう。

本番では得点につながる要素を一つでも多く盛り込み、泥臭く点を積み重ねてください。難しく感じても時間をかけ過ぎず「他の問題で得点すればよい」と軽く考えて先に進んでください。合否は全体の出来で決まるということを常に意識しましょう。

（文Ⅰ・1年）

おすすめの参考書

歴史の流れ全体をつかむ

『日本史重要年代550記憶法』
山川出版社
税込616円

疑問の解決に役立つ

『新詳日本史』
浜島書店
税込925円

地理

川《かわ》幡《はた》穂《ほ》高《だか》教授

大気海洋研究所。84年理学系研究科博士課程修了。理学博士。新領域創成科学研究科教授などを経て、11年より現職。

背後の因果関係考える

地理学は自然科学と社会科学にまたがる学問である。「地球表層の自然、人文の諸事象を総合的・統合的に理解し、地域的な特徴を明らかにする学問である」と書くと難しく思われるかもしれないが、小学校の時に自分たちの町の自然環境と生活、関連した産業などについて学んだものが原型である。高校では発展して世界を扱うようになる。地理の勉強というと、地名を覚えたり、気候区の名前を暗記したりといったことを想像するかもしれない。「暗記は嫌いだ。考えるのが好きだ」というのも一理あるが、「考える」ためには部品としての「知識」とそれをつなぐ「理解」の両輪が必要である。高校生の時代は、記憶するという点においては人生で最も有利で効率的な時期なので、これを活かすべきである。

私の大学受験時には、1次試験に理系2科目、文系2科目が課せられており、地理を選択した。将来世界のさまざまな場所に行ってみたいという願望や好奇心があったので、地理を学ぶことは一種の「知的な観光案内」だった。

地理学は基本的に応用学問なので、物理・化学・数学・生物をきちんと勉強しておくことが必要だ。例えば、自然地理学では地形が重要だが、現在の地形が成立するには、地殻変動、削剥、風化などのさまざまな作用に依存している。人口や産業分布などは、経済学などともリンクしている。地理学の最先端の研究では、論理的な思考で、無関係だと思われていた事柄の因果関係、さらに背後の支配力が明らかになることが多い。日頃の勉強でも、ある地域で相関がある事項が別の地域では無関係のことがある。なぜ、このようになるのか、などを考えながら世界地図を見れば、地理の勉強も楽しくなるのではないだろうか?

学生アドバイス

地理

ここがポイント！

①身近なことから知識吸収

②模範解答の文意を再現できるように暗記

大問は三つ。各大問ごとに一つの地域やテーマが決められています。最近は系統地理が2題、地誌が1題という形が多いです。問題の半分程度は論述問題が占めます。地誌の問題を解く上でも系統地理の知識は必要なので、最初は系統地理を仕上げましょう。

東大の地理に取り組むに当たって、地理的で身近な事柄に興味を持つのは大事です。２０１５年度の入試では、日本で消費されるカボチャが南半球のニュージーランドや熱帯のメキシコで生産されている、ということが取り上げられました。この問題ではカボチャの消費量が冬に増える、カボチャは夏に収穫されるという知識が役立ちます。ニュースや教科書のコラムから地理的な知識を日々吸収しましょう。

高3の12月までに教科書の全範囲の要旨を授業や定期試験の復習で整理します。冬休みには知識の定着を兼ねてセンター試験の過去問で演習を積み、9割以上の得点を目指します。

センター試験が終わったら、東大地理対策を進めましょう。まずは知識の抜けがないかの確認です。効率的に進めるために、センター試験でつまずいた分野を中心に参考書の解答例を、書き写すなどして暗記してください。この作業は2週間以内に終わらせること。その上で過去問を解き、解いた後は解答例の文意が再現できるよう暗記しましょう。採点者に意図が伝わる解答の書き方と知識が同時に身に付きます。

本番では選択問題や短答などすぐに解答できそうな問題を先に解き、見慣れない長文記述など時間のかかる問題はいったん飛ばしましょう。一通り問題を解き終え、余った時間で飛ばした問題に取り組んでください。分からない問題があっても過度に慌てず平易な問題を確実に解き、模試などでの合格者平均より少し高い7割程度の得点を狙いましょう。

（文Ⅲ・1年）

おすすめの参考書

過去問演習の定番

『東大の地理25カ年』

教学社

税込2484円

実戦を意識した演習に

『究極の東大対策シリーズ 東大地理問題演習』

東進ブックス

税込2160円

物理

松《まつ》尾《お》 泰《ゆたか》准教授

理学系研究科。88年理学系研究科博士課程修了。理学博士。京都大学助教授などを経て、08年より現職。

少ない法則を正しく適用

　自然現象は多彩かつ複雑でその中の法則性を見出すには高度な知性が必要です。人類が文明を持って数千年が経過していますが、物理学の基本法則であるニュートンの方程式が見出されたのは、長い歴史では最近の17世紀でした。なぜそれほど長い時間が必要だったのでしょうか。力学の場合、発見までに数百年もの膨大な天体運動の観測と整理が必要でした。解析手法としての微積分の発見も重要でした。たとえ観測結果が整理されていても、それを記述する数学なしには法則を正確に書けません。ニュートンは微積分学の発見者でもあり当時の最先端の知識の結晶として力学が生まれました。

　受験科目としての物理学には、覚える法則が本当に少ないという大きな特徴があります。これほど覚える量が少ない科目は他にありません。ただ、物理が受験科目として簡単かというとそうでもありません。問題設定の中でそれぞれの物理法則をどう適用し正しい方程式を書くかは、我々の先祖たちが物理法則を導くのに長い時間を要したことからもわかるように観察力、ひらめき、トレーニングが必要だからです。

　受験では、習う知識が限定されることや時間内に問題を解くための計算量の制限などのため、本質的でない点で技法の習得を強いられます。方程式を使わないことを強いられる小学校の算数のように不自然で、物理教育が抱える問題の一つです。

　解答時間や知識の条件を外すと物理学の本来の姿が見えてきます。数学や計算機の近年の発展は驚くべきものがあり、方程式から解を導く際の技術的障害は大幅に減り物理学の本質の理解がより重要になりました。若い皆さんの活躍を願っております。

学生アドバイス

物理

ここがポイント！

①どんな状況下で成り立つ法則か押さえよう

②学んだ発想を生かして

大問は三つ。第1問は力学で、単振動やエネルギー保存則を扱う問題が多く、第2問では、コンデンサーや電磁誘導など電磁気学分野から出題されます。第3問は波動か熱で、波動は反射や干渉などの波の性質、熱は状態方程式と熱力学第一法則が主です。教科書程度の知識で解けますが、問題文の内容から解法を的確に導き出す力が求められます。

物理の法則は学校の授業で習うごとに、法則の数式を忘れても自分で導出できるまで身に付けましょう。また、どんな条件下で成立する法則かも押さえないと、問題を解く際にその問題文が表す状況下では使えないはずの法則を使って間違えます。教科書傍用問題集などで基本的な問題を解いて、どんな問題でどの法則が使えるのかを身に付けましょう。高校物理では物と物の間に摩擦がないなど現実ではあり得ない問題設定の場合があります。現実的ではない設定も受け入れて問題を解くことに慣れるのも大事です。

高3の夏休みに授業で教わった範囲で、国公立大学や有名私立大学の入試問題など応用的な問題を集めた問題集で演習をしましょう。応用的な問題演習の際に気を付けたいのは、問題文からどの法則を使って解けばよいか判断する力を養うことです。複雑な問題では、どの法則を使えばよいか分かりにくいですが、問題文が表す状況を図示するなど整理して考えることで解法が見えてきます。夏休みに買った問題集を全て正解できたら、東大の過去問を解きましょう。これまでに解いた問題と同じ発想が使えないかを考えながら解くのがこつです。

本番では自分の時間配分で理科2科目120点分を150分で解くので、物理が難しいと判断したら、もう一つの科目に時間を割くなど柔軟に対応してください。

（理Ⅱ・2年）

おすすめの参考書

東大入試への橋渡しに

『物理〔物理基礎・物理〕標準問題精講』
旺文社
税込1404円

法則の導出を詳しく

『新・物理入門』
駿台文庫
税込1188円

化学

山下恭弘《やましたやすひろ》准教授

理学系研究科。01年薬学系研究科博士課程修了。博士（薬学）。イエール大学博士研究員などを経て、07年より現職。

知識とセンスを付けよう

化学は、原子や分子によって構成される物質を取り扱い、物質による自然界の現象を統一的に理解しようとする学問です。また、プラスチック等の化学製品を日常的に使うように、我々の生活は化学の貢献なくしては成り立たない状況にあり、化学は我々の実生活と切り離せない重要な学問です。受験生の皆さんが勉強している化学は、現代の化学を理解するための基礎の基礎です。高校で勉強する化学では多くの知識を身につけなくてはなりませんが、その基礎の基礎を身につけて大学でさらに化学を勉強すると、実生活にもつながる化学の世界が大きく開けていることを実感できると思います。高校化学は、現代の化学を理解するための土台、基礎の基礎を作るために学んでもらえればと思います。

一方で、現在活発に行われている最先端の化学研究は、高校や大学で学ぶ基礎的知識を基に進められています。しかし、最先端研究は実験化学が主流であり、そのような知識のみで進められるものではありません。化学の研究者は、予想通りの実験結果のみならず、予期せぬ大発見を期待して実験・研究を日夜行っています。その際には、行った実験の中に起こるかもしれない新たな現象に気付く感覚、つまり化学的センスも重要です。化学に関わる仕事を目指している皆さんには、化学の知識を学ぶのみでなく、予期せぬ発見を見逃さない化学的センスも磨いてもらえればと思います。実際身の回りにある物質が起こす現象を気にとめて観察することでもこのようなセンスを磨くことができるかと思います。知識とセンスが合わさった時、化学者としての大きな飛躍が待っています。

学生アドバイス

化学

ここがポイント!

①見慣れぬ題材も基礎知識で
②途中式だけ書いて部分点を取る

大問は三つで、例年第1問は理論、第2問は無機と理論、第3問は有機が出題されます。各大問は全く話題の異なるⅠ、Ⅱに分かれており、実質計6問。試験時間に対し問題量が多く、最近の研究に絡めた見慣れない出題もあるので、短時間で問題を理解する能力が必要。15年度は研究倫理に関する選択問題が新しく出題されました。

暗記事項が多いので、教科書を何度も読み直し出てくる化学式や物質の性質を頭に入れましょう。周期表や金属イオンの色は語呂合わせを活用するのが効果的。図や写真の載った資料集は記憶に残りやすく、空き時間に読むだけでも暗記に役立ちます。同時に学校配布の問題集で速く正確に問題を解く練習を進め、高3の9月ごろまでに一通り学習を終えて秋の東大模試に臨むのが理想です。

基礎を固めたら、秋からは応用問題や旧帝大レベルの入試問題に取り組みます。化学反応や分子の形などは暗記するだけでなく「なぜそうなるのか」を考えることが大切。問題を解く中で少しでも疑問に思ったら、高校範囲外でもより詳しい参考書で調べ知識を深めましょう。知識の抜けが見つかればその都度教科書レベルの問題集に戻り、確実に知識を定着させます。

冬からは2次試験の過去問演習を。少なくとも5年分の過去問を、時間を計って解き、自分なりの時間配分を身に付けましょう。なじみのない反応や物質が出るため初めは戸惑いますが、基礎知識の組み合わせで解ける問題ばかり。分からなくても解説を読み込み、ヒントの探し方や答えの導き方をつかみます。

化学はリード文が長く計算量も多いため全てを解き切るのは難しいです。解く問題を絞る、途中式だけ書き部分点を取るなど工夫が必要。比較的点数の取りやすい第3問の有機から解くのがお勧めです。

（理Ⅱ・2年）

おすすめの参考書

過去問演習に
『東大の化学25カ年』
教学社
税込2484円

過去問前の演習に
『実戦化学重要問題集―化学基礎・化学』
数研出版
税込861円

生物

藤原晴彦《ふじわらはるひこ》教授

新領域創成科学研究科。86年理学系研究科博士課程修了。理学博士。ワシントン大学客員研究員などを経て、04年から現職。

問題作成者の視点で

30年近く前、大学院生だった私はある予備校で生物を教えるアルバイトをしていた。東大の入試を模した試験問題も随分と作ったが、「これは傑作」と思える問題が中々作れなかったと記憶している。「傑作」を作るのには大変な労力がかかったが、今思うとよい経験だった。自分が研究を進める上でアイデアをひねり出す能力や、学会などで聴衆を納得させるプレゼン能力を養うのに役立ったと思うのである。私は入試を単なる通過儀礼とは思わない。高校で習う生物（言い換えれば入試に出てくる問題）は、最も基礎的な生物学の知識を網羅しており、それらは現在でも多くの研究の基盤となっている。つまり、最も面白い研究の問いかけはそこから湧き出ていると思う。

入試で成功する秘訣は得意科目を増やすことだ。ただ、数学や英語を得意科目にするのは時間もかかって大変である（と言ってやらないわけにはいかないが）。その点、生物はかけた時間に比例して成績があがり、成績があがれば得意科目になる。得意科目になればおそらく「生物」が好きになるはずだ。生物が好きになれば、入試はそれほど難しくない。ただし、東大の生物の試験問題は昔からそうだが、知識よりも考える力を試す問題が多い。大量の実験データを基に正確に結果を判断し、推測する力が必要だ。このような問題には日頃から慣れておく必要がある。私がお勧めするのは、自分で問題を作ってみることだ（もしくは東大の過去問を批判的に見るのでもよい）。自分ならどのような東大の入試問題を作るか？これでは東大受験生には簡単すぎるか？　何を出題の中心におき、受験生に答えさせるべきか？　皆さんが問題の作成者側に立てばもはや恐れるものは何もない。

学生アドバイス　生物

ここがポイント！
①聞きなれない言葉に惑わされない
②長文記述は明確な文章を

大問は三つ。教科書の複数の単元の知識を組み合わせて考えさせる問題が多いです。各大問は2、3個の中問に分かれ、その中に穴埋め、選択、文章記述などの小問がそれぞれ3～5個程度あります。最新の研究からの出題が多いですが、解答に必要な知識は教科書レベルです。例えば15年度は植物の自家不和合性という聞き慣れない言葉が出てきますが、問題を読み進めると文中のタンパク質XとYの働きを理解し、教科書の遺伝のパターンを応用すれば解けると分かります。

高2までは、定期試験などで授業の内容を定着させましょう。何も見ずに教科書の太字の単語を説明できるようにすると本格的に受験勉強を始めてから楽です。試験のために言葉を覚えるだけでなく、代表的な反応の仕組みをイメージできるように図説や映像教材を見るとよいでしょう。

高3の春からは教科書の章末問題レベルから少しずつ応用問題を解き始めましょう。教科書が終わっていなくても、終わった単元から順番に進めておくのがお勧めです。夏休みには学校の問題集などで国立大学の過去問を解いてみましょう。不足していた知識やできなかった考え方を確認して、似た問題が次に解けるようにしましょう。

教科書は9月ごろを目安に終わらせ、秋以降は旧帝大レベルの問題に取り組み、難関大特有の考え方に慣れます。長い記述問題も多いので修飾関係が明確な文になるよう先生に添削してもらいましょう。センター試験後は東大の過去問を10年分程度解きます。大手予備校の模試では合格者平均が6、7割なので8割程度の得点を目標に。新課程の内容に近い京都大学や大阪大学の過去問も有効です。本番では分からない問題に時間を使い過ぎず穴埋めや定期試験程度の記述問題を確実に解答し、少し考えれば分かる問題に時間を割きましょう。

（理Ⅱ・2年）

おすすめの参考書

苦手な分野の知識を確認
『スクエア最新図説生物neo』
第一学習社
税込926円

問題が難易度別に掲載
『実戦生物重要問題集』
数研出版
税込886円

地学

田《た》近《ぢか》英《えい》一《いち》教授

理学系研究科。92年理学系研究科博士課程修了。博士（理学）。理学系研究科准教授などを経て、10年より現職。

知識生かして地球・宇宙を理解

地学とは私たちの身の回りの自然、地球、太陽系、宇宙の現在の姿やそこで生じる自然現象を明らかにし、成り立ち（起源）や歴史（進化）を解き明かそうとする学問です。地球環境や自然災害、資源など社会と密接に関係する問題から、宇宙や地球、生命などの起源と進化といった非日常的な問題まで対象は広いですが、そこには「私たちが生きているこの世界を理解する」という共通の目的があります。それが地学の意義であり魅力でもあります。

最近も、米国の探査機が初めて冥王星に接近したり、地球に最も似た太陽系外惑星が発見されたり、土星の氷衛星の地下海に生命が生存可能であることが分かったり、などのニュースが大きく報じられました。こうしたわくわく感を味わえるのも、地学の大きな魅力の一つです。それにもかかわらず、受験科目としての地学が、暗記科目だと捉えられがちなことは残念です。知識を覚えることはどの科目でも必要ですが、知識の向こう側にはそれを用いて初めて理解することのできる深遠な世界が広がっています。勉強するならそこまでしなければ意味がありませんし、面白くありません。

一方、大学では、地学分野はいくつかの学科に分かれ、数学や物理学、化学、生物学などさまざまな知識や手法を用いて、地球や宇宙を理解しようとしています。つまり、いま地学を勉強している受験生の皆さんも、そうでない皆さんも、大学ではそれぞれ得意な理数系科目を活かして、地球や宇宙について学び、研究することができるのです。皆さんの合格をお祈りするとともに、将来、地球や宇宙の謎の解明に加わっていただけることを願っています。

学生アドバイス　地学

ここがポイント！

①天文分野では物理の知識役立つ

②数値感覚身に付け見直し

例年大問は3問。天文、気象海洋、地質の分野から1題ずつ出題されるのが一般的です。現象の説明や計算が主に問われ、図表から分かることを分析する問いもあります。

他教科ほど入試に特有な手の凝った出題形式や細かい知識要求などの難問はなく、教科書レベルの理解があれば得点できます。計算だけでなく100字程度の具体的な現象の説明や論述も出題されるので、地層や公転、噴火などの現象を自分の言葉で説明できる理解が大切です。天文分野で、惑星の公転や自転を理解するため運動方程式など物理の知識もあると役立ちます。

勉強は教科書中心で進めます。高1～2のうちから教科書を読み始め、高3の夏までに知らない単語がない程度まで確認しましょう。図説も活用して教科書の知識を確認し、単語から関係する図が連想できるよう視覚的イメージを膨らませましょう。

高3の6月ごろから問題の質が高い東大の過去問演習を始めます。過去問以外によい対策問題はありませんでした。最初は制限時間を気にせず自分で解答を作りましょう。答案と解説を見比べ、理解不足や間違いを教科書や図説で確認、という復習も丁寧に。大問1題に1時間以上復習します。1光年の距離などよく使う数値は過去問を解く中で体得していくと便利です。星の寿命や化石の年齢といった地学の数値感覚を身に付けると、計算の答えが妥当か見直すヒントになります。

センター試験後の直前期はもう一方の理科科目と共に本番通りの時間で解き、時間配分も決めておきます。センター対策や他大学の過去問も知識確認としては有効です。当日は論述から取り掛かれば、大問全体のテーマがつかめる上、計算ミスのチェックなど慎重を要し時間もかかる計算問題に余裕を持って取り組めます。論述と計算の時間配分は約3：7です。有効数字の指定など解答の前提となる情報を見逃さないよう、問題は注意して読みましょう。

（理Ⅲ・1年）

おすすめの参考書

視覚的な理解に

『ニューステージ新地学図表―地学基礎＋地学対応』

浜島書店

税込853円

東大合格までの流れ

推薦入試と前期入試の概要、注意するポイント丸分かり！

推薦入試

推薦入試の概要

２０１６年度入試からは推薦入試が導入された。推薦入試は出願書類の内容を基に第１次選考が行われ、第１次選考合格者に対して学部ごとに面接などの第２次選考が実施される。出願書類の内容、面接などの審査結果、センター試験の成績を総合的に評価した上で、合格者を決定する。

出願の際は、学部を問わず入学志願表、調査書、志願理由書、学校長からの推薦書が必要で、学部によっては学習状況調査票が必要となる。その他に、ＴＯＥＦＬやＩＥＬＴＳなど英語力を示す証明書、科学オリンピックでの成績を証明する資料など、学部ごとに要求される資料がある。推薦入試では一つの高校につき男女１人ずつ、計２人までしか出願できない。男子校、女子校については、校内で１人だけ出願が認められる。

〈備考〉

推薦入試では一つの国公立大学にしか出願できない。推薦入試と国公立大学の前期試験、後期試験の併願は認められているため、推薦入試で不合格となった場合に備えて併願しておこう。なお、東大では16年度入試から後期試験が廃止されている。

16年度入試の場合、出願は11月初旬に行われ、12月１日に書類審査により行われる第１次選考の結果が東大ウェブサイト上で発表された。志願者、推薦をした学校長には結果を知らせる通知が郵送される。第１次選考を通過した志願者には第２次選考の受験票が送られた。16年度第１次選考合格者は１４９人。

12月19・20日に学部ごとに面接などの審査が実施され、１月16、17日に行われるセンター試験の結果も踏まえて２月10日に77人の最終合格者が東大ウェブサイト上で発表された。志願者、推薦した学校長宛てには結果通知書が郵送される。11～17日に、郵送による入学手続きを行う必要があった。

▶ 推薦入試の流れ（2016年度入試）

9月下旬～10月下旬	センター試験出願 受験票は12月ごろ交付
11月2日～6日	推薦入試出願受付
12月1日	第一次選考結果発表 通過すると第2次選考受験票が交付される
12月19、20日	面接など
1月16日～17日	センター試験
2月10日	最終合格者発表

センター試験

東大入試でのセンター試験

東大入試で必要な大学入試センター試験の科目は、次の通り。なお、推薦入試で教育学部、教養学部に出願する受験生は文系、理系いずれの科目で受験しても良い。

・推薦入試文系……国語、数学、外国語、理科（２科目）、地理歴史・公民（２科目）
・推薦入試理系……国語、数学、外国語、理科（２科目）、地理歴史・公民（１科目）

対策のポイント

・**数学Iと数学IAを間違えない**
・**マークミスに注意**
・**温度調節のため着脱可能な服装を**

・前期文系……国語、数学、外国語、理科（２科目）、地理歴史・公民（２科目）
・前期理系……国語、数学、外国語、理科（２科目）、地理歴史・公民（１科目）

推薦入試では英語の点数について、筆記試験（２００点満点）とリスニング（50点満点）の合計得点（２５０点満点）を２００点満点に換算して利用する。前期試験ではリスニングの点数は成績に算入されない。理科または地理歴史・公民で必要な科目数を超えて受験した場合、初めに受験した科目が合否判定に採用される。

前期試験では、まずセンター試験の結果を基に第１段階選抜が行われる。第１段階選抜により、２次試験の受験者数は文系で入学定員の３倍、理系で２・５～４倍程度にまで絞られる。２次試験ではセンター試験の点数（９００点満点）が１１０点満点に換算されて得点に算入される。

▶ 前期センター試験科目（2016年度入試）

【文系】５教科８科目

国語	「国語」
数学	「数学Ⅰ・A」必須、および「数学Ⅱ・B」「簿記・会計*」「情報関係基礎*」から1科目選択（*は高校で履修した者などしか受験できない）
社会	「世界史B」「日本史B」「地理B」「倫理、政治・経済」から2科目選択
理科	「物理基礎」（「物理」）「化学基礎」（「化学」）「生物基礎」（「生物」）「地学基礎」（「地学」）から2科目選択（基礎を付していない科目は、同一名称科目を含む基礎を付した科目を選択していない場合に限り基礎を付した科目として扱う）
外国語	「英語」「ドイツ語」「フランス語」「中国語」「韓国語」から1科目選択

【理系】５教科７科目

国語	「国語」
数学	「数学Ⅰ・A」必須、および「数学Ⅱ・B」「簿記・会計*」「情報関係基礎*」から1科目選択（*は高校で履修した者などしか受験できない）
社会	「世界史B」「日本史B」「地理B」「倫理、政治・経済」から1科目選択
理科	「物理」「化学」「生物」「地学」から2科目選択
外国語	「英語」「ドイツ語」「フランス語」「中国語」「韓国語」から1科目選択

9〜10月中旬
センター試験出願

「受験案内」に同封されるセンター試験の志願表は、9月1日から配布される。出願の締め切りは10月9日だ。「受験案内」はセンター試験を利用する各大学の窓口で無料で入手できる。全国学校案内資料管理事務センター（テレメール）を通しての郵送も可能だ。

現役生は高校が学校単位で「受験案内」を取り寄せ、出願も高校を通して行う。高卒生や高校卒業認定試験合格者などは、自分で請求し出願しなければならない。予備校に通っている場合は予備校が請求することもある。

出願時に選択した受験教科・受験科目の変更はセンター試験当日には一切認められていない。受験票に印刷された受験教科・科目数に誤りがある場合は、大学入試センター事業第1課に電話で問い合わせる必要がある。

1月中旬
センター試験当日

受験番号は、試験会場ごとの全受験者に五十音順に割り振られる。2日間の試験は全てマークシート式。シャープペンシルはマークシートの記入には使用不可（計算、メモなどには使用可能）で、鉛筆や消しゴム、鉛筆削りなどが必須だ。時計も持参しよう。

後で自己採点ができるよう、解答は問題冊子にメモしておこう。センター試験の結果が郵送されるのは5月ごろのため、自己採点ができなければ点数が分からないまま出願することになる。

センター試験後も、受験票は2次試験受験時や合格後の手続きで必要だ。絶対に紛失しないようにしよう。

対策のポイント

- 試験当日は鉛筆と時計を絶対に忘れない
- 自己採点ができるよう、問題冊子にどの答えを書いたかメモしておく
- 受験票をなくさない

▶東大合格までの道のり（2016年度入試）

9月下旬〜10月上旬	センター試験出願 受験票は12月ごろ交付
1月16、17日	大学入試センター試験 正解発表・センターリサーチ
1月25日〜2月3日	前期入試出願
2月11日	第1段階選抜
2月25、26日	2次試験
3月10日	合格発表

第1段階選抜

1月下旬〜2月上旬　前期試験出願

センター試験が終わったら、新聞各紙やインターネットなどで公開される解答を用いて、自己採点をする。その結果も参考に、自分の出願する科類を決定する。

その際には大手予備校がセンター試験の数日後に発表する「センターリサーチ」（各予備校で名称は異なる）を参考にすると良いだろう。これは各予備校が全国の受験生数十万人の自己採点の結果と予備校のデータを集計し、各大学の足切りラインやボーダーライン（この点数を取った人の半数が合格するという点数）を予想し、各受験生の合格可能性を判定してくれるものだ。以前に受験した模試の結果と合わせて判定を出す予備校もある。

対策のポイント

- センターの自己採点を入念に
- 複数のセンターリサーチを参考
- 願書の入手は早めに

東大に出願するには、まず入学者募集要項（願書）を手に入れる必要がある。願書は11月中旬ごろから交付されるので、早めに入手しておこう。大学のウェブサイトやテレメール、大学情報センターの「モバっちょ」、郵便局にある「国公私立大学・短期大学募集要項（願書）請求申込書」に記入して申し込むと郵送される。また本郷キャンパスでは竜岡門横の広報センター、正門・赤門横の守衛所、東大生協売店などで、駒場Iキャンパスでも正門や生協売店などで無料で直接入手できる。出願は入試事務室へ必要書類を郵送して行う。

〈備考〉

過去の第1段階選抜合格者のセンター試験成績（最高点・最低点・平均点）と、2次試験合格者の成績（最高点・最低点・平均点）は大学が公表している。なお、入学後の科類変更は不可。後期課程を考えつつ、科類の選択は慎重に行いたい。

2月上旬　第1段階選抜合格者発表・受験票送付

2月上旬、前期試験第1段階選抜合格者が発表される。東大のウェブサイトに合格者のセンター試験受験番号が掲示され、合格者には2次試験の受験票が郵送される。不合格者には受験料の一部払い戻しのための書類が届く。

2次試験

試験科目

2次試験は例年2月25日と26日の2日にわたって行われる。1日目は国語と数学、2日目は理科または地理歴史と外国語だ。

文系の配点は、国語・外国語が120点ずつ、数学は80点、地理歴史は60点が2科目で、合計440点になる。

理系の配点は、国語が80点、数学・外国語が120点ずつ、理科は60点が2科目で、合計440点になる。

対策のポイント

- 事前に混雑を避ける準備を
- 受験票を忘れても焦らず会場へ
- 受験科目登録は正確に

試験会場

試験会場は文系が駒場Ⅰキャンパスで、理系は理Ⅰ・理Ⅱが本郷キャンパス、理Ⅲが弥生キャンパスだ。

〈備考〉

試験が終了すると全受験生が一斉に帰路に就くため、駅は大混雑になる。事前に帰りの切符を購入しておくなど、対策をしよう。

2月25日

前期試験1日目

午前8時20分ごろから入場できる。入場の際に2次試験の受験票を提示する。入場後は自分が試験を受ける教室で待機。試験前になると試験監督者が巡回し、センター試験と2次試験両方の受験票を確認する。

試験開始数分前には、問題冊子と回答用紙が配布され、解答用紙に受験する科類・受験番号・氏名を記入する。問題冊子にも受験番号を記入する欄がある。現在、問題冊子は持ち帰りできる。

チャイムの音を合図に、国語の試験が午前9時30分から始まる。

入試当日の朝、本郷キャンパス正門の開門を待つ受験生。入試当日は多くのメディアが取材・撮影に来る

〈備考〉

2次試験で受験票を忘れたりなくしたりしても、係員に申し出れば仮受験票を発行してもらえ、2次試験そのものは問題なく受験することができる。途中で受験票がないことに気付いても、焦らずに時間通りに試験会場に着くことを心掛けよう。

試験①・国語

文理共通問題の第1問と文科生のみの第4問が出題される。第1問の評論文には、傍線部の解釈や理由説明を問う小問が4問で、解答欄は2行（60字程度）。100〜120字の本文の内容を踏まえた論述が1問、漢字の書き取り問題が3〜5問出題される。第4問は抽象性の高い随想的な文章が出題される。設問は2行の論述が4問。傍線部の言い換えや理由説明が問われる。

古文と漢文が大問一つずつ。基本的に全て記述式。本文の難易度は他大学より平易だが、多くとも60字と解答欄が小さいのが特徴。1行の解答欄もあり、30字程度しか書けない。

〈備考〉

試験が終わると解答用紙が回収される。大教室だと回収に30分近く要することもある。回収が終わると昼休みを迎えるが、大学の食堂は休業していたり混雑していたりするので、昼食は事前に準備しておこう。

試験②・数学

文系は4問、理系は6問出題される。1問あたりB5サイズ、またはB4サイズほどの解答スペースが設けられている。解答用紙には罫線がなく、答えに至る過程を詳細に書くことが求められる。文系の場合、出題範囲はⅠA・ⅡBのみ。

2月26日 前期試験2日目

地理歴史と理科では、文系は「日本

史」「世界史」「地理」、理系は「物理基礎・物理」、「化学基礎・化学」、「生物基礎・生物」、「地学基礎・地学」のうち、出願時に届け出た2科目を解答する。試験当日の受験科目の変更は認められない。

解答用紙は共通で、1科目につき1枚、計2枚配られる。上部にはミシン目になっているマークがあり、その解答用紙で解答する科目のマークを切り取る。14年度入試まではさみを持参する必要があったが、15年度入試から不要になった。

試験③・地理歴史（文系）

世界史と地理は三つずつ、日本史は四つの大問が出題される。

世界史の場合、第1問は500～600字の指定語句付き大論述だ。第2問は30～120字の小論述が3題程度。第3問は一問一答形式の問題が10問程度で、単語の解答や30字程度の小論述をする。

日本史は、第1問は古代、第2問は中世、第3問は近世、第4問は近現代から出題されることが多い。大問は2～3問の小問から構成されることが多く、大問1題につき150～210字ほど。知識が問われるだけではなく史料文や図表の分析も求められる。

地理は、各大問ごとに一つの地域やテーマが決められている。最近は系統地理が2題、地誌が1題という形が多い。問題の半分程度は論述問題が占める。

試験③・理科（理系）

どの科目も大問三つで構成されている。物理の場合、第1問は力学で、単振動やエネルギー保存則を扱う問題が多く、第2問では、コンデンサーや電磁誘導など電磁気学分野から出題される。第3問は波動か熱で、波動は反射や干渉などの波の性質、熱は状態方程式と熱力学第一法則が主だ。

化学では、例年第1問は理論、第2問は無機と理論、第3問は有機が出題されることが多い。各大問は全く話題の異なるⅠ、Ⅱに分かれており、実質計6問。

生物は、教科書の複数の単元の知識を組み合わせて考えさせる問題が多い。各大問は2、3個の中問に分かれ、その中に穴埋め、選択、文章記述などの小問がそれぞれ3～5個程度ある。

地学は、天文、気象海洋、地質の分野から1題ずつ出題されるのが一般的。現象の説明や計算が主に問われ、図表から分かることを分析する問いもある。

試験④・外国語

「英語」「ドイツ語」「フランス語」

「中国語」の中から、出願時に届け出た1科目を解答する。英語では聞き取り試験も行われる。英語の選択者は第4、5問のみ、ドイツ語、フランス語、中国語、韓国語の中から別の1言語を試験時に選ぶこともできる。英語の問題は、英文要約、自由英作文、リスニング、文法問題、読解問題と多彩。

▶ 前期入試試験タイムテーブル

1日目（2月25日）

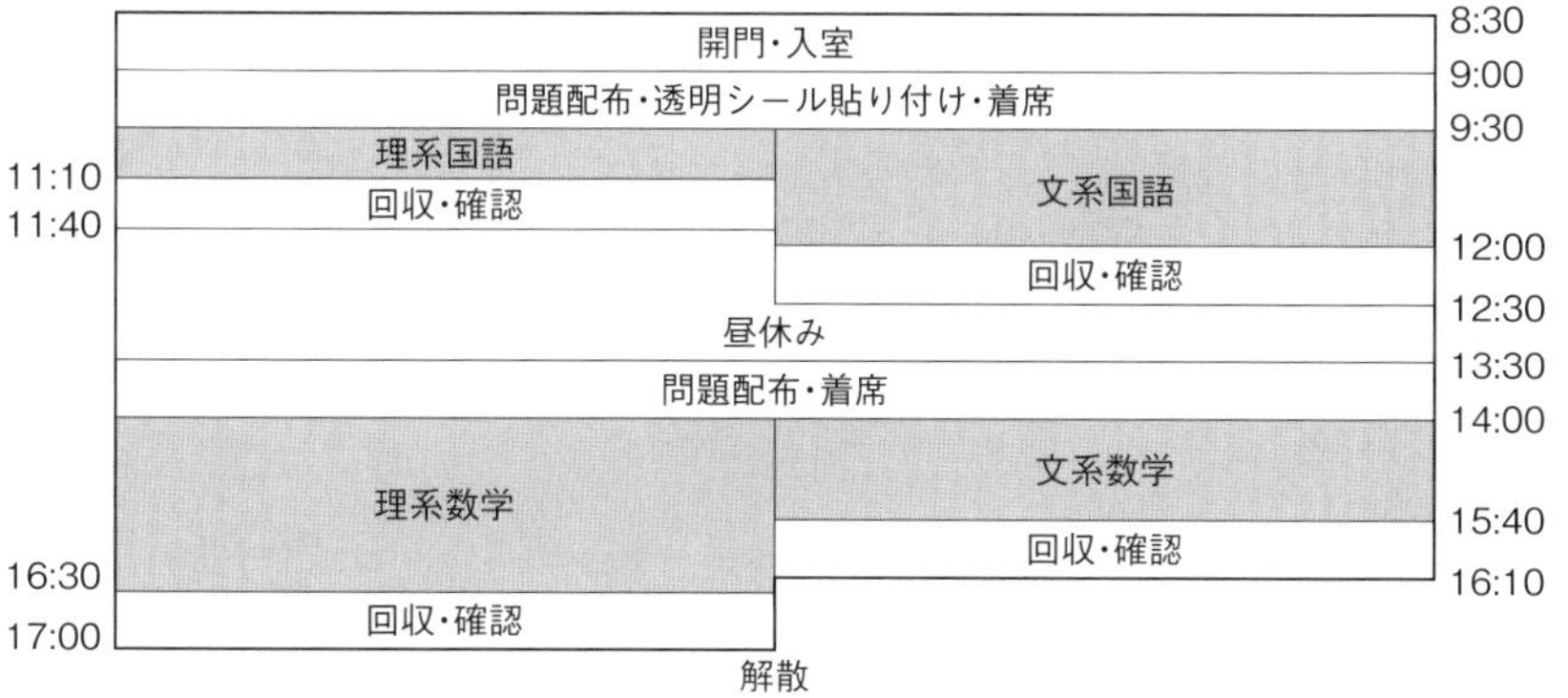

2日目（2月26日）

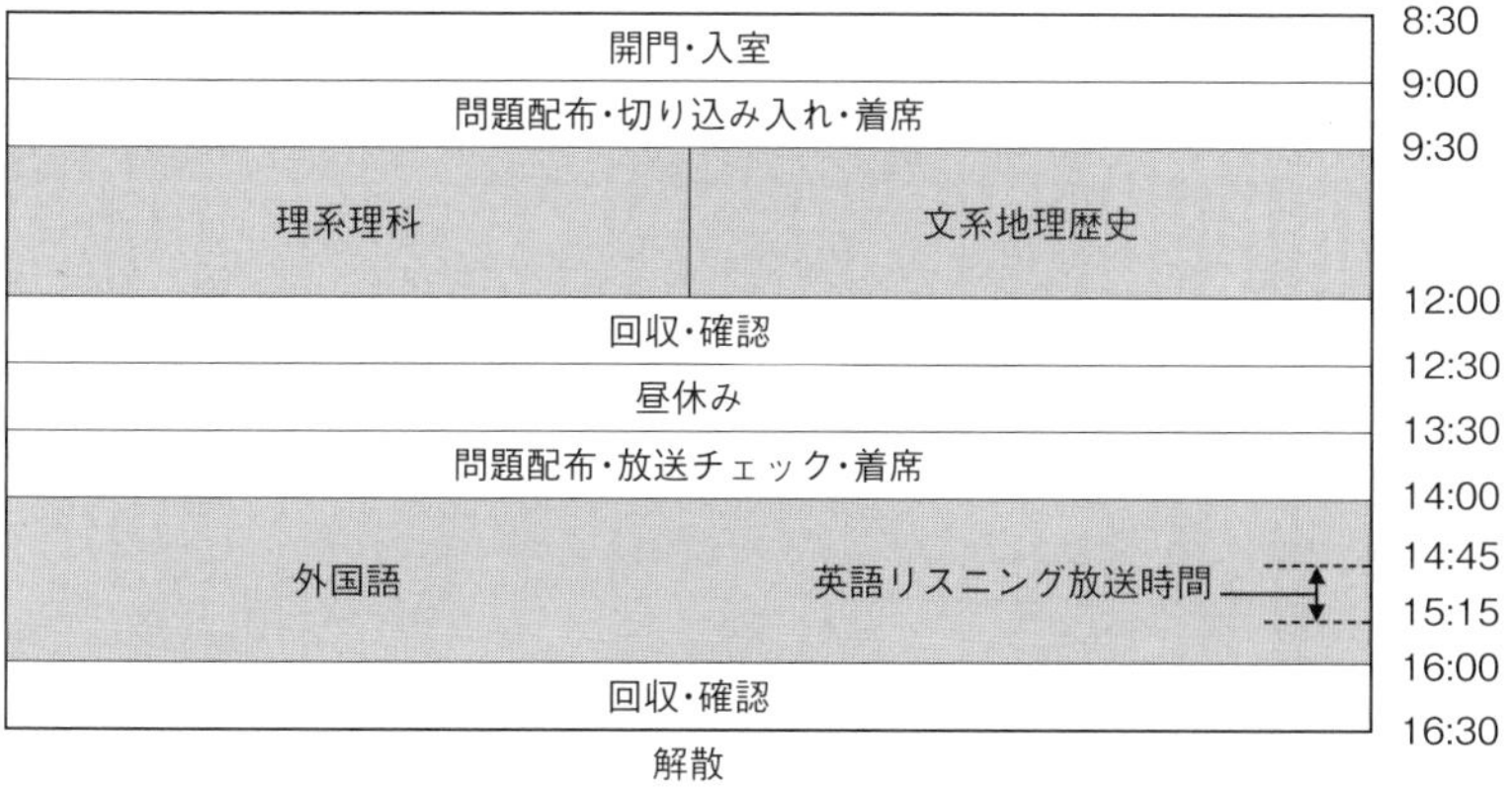

前期合格発表

3月10日 前期合格発表

14年度入試から本郷キャンパスでの前期試験合格者の受験番号の掲示がなくなり、東大ウェブサイトのみでの発表となった。正午ごろ、各科類の合格者の最高点・最低点・平均点と共に発表される。なお発表と同じころに合格者には電子郵便で合格通知書が送付される。

出願の際に希望していれば、科目別の得点とセンター試験の得点、総合換算が記載された試験の成績を通知してもらえる。合格者には4月中旬、不合格者には前期合格発表の翌日に発送される。

3月15日ごろ 前期合格者入学手続き

入学手続きは郵送で行う。期間内に行わない場合は入学辞退と見なされる。入学金を振り込み、申請書に必要事項を記入し、受験票などを添えて大学に郵送する。このとき、入学後に履修する第二外国語を登録する。履修する言語を考える期間は短いため、あらかじめ検討しておくのも良いだろう。手続きが完了すると、大学から新たに書類が自宅に郵送される。

3月中旬~下旬 新生活準備

手続きが終わってからは新生活の準備になる。自宅生以外は4月以降に住む場所を確保する必要がある。

▶2016年度第2次学力試験（前期日程）の結果

（　）内は昨年度比の増減、▽は減少。得点は550点満点、小数第2位で四捨五入　※文Ⅰ・文Ⅱ・理Ⅱは第1段階選抜が実施されず　※※昨年度文Ⅲは第1段階選抜が実施されず　（東大本部発表の資料より作成）

科類	募集人数（人）	志願者数（人）	第1段階選抜合格者数（人）	合格者数（人）	合格者成績（点）		
					最高点	最低点	平均点
文Ⅰ	401 (0)	1206 (▽103)	※ ※	401 (0)	454.7 (24.5)	351.5 (26.2)	379.4 (25.4)
文Ⅱ	353 (0)	1050 (▽47)	※ ※	360 (7)	445.5 (33.6)	349.1 (27.3)	372.6 (27.6)
文Ⅲ	469 (0)	1652 (244)	1412 ※	487 (8)	440.0 (2.5)	344.0 (33.3)	363.9 (31.6)
理Ⅰ	1108 (0)	2974 (▽102)	2772 (▽2)	1135 (7)	472.3 (22.8)	328.5 (5.5)	358.3 (5.7)
理Ⅱ	532 (0)	1877 (▽223)	※ ※	550 (3)	433.8 (24.3)	315.0 (3.5)	341.6 (5.4)
理Ⅲ	97 (▽3)	546 (65)	389 (▽11)	98 (▽2)	466.1 (7.1)	388.7 (11.4)	416.0 (13.2)
合計	2960 (▽3)	9278 (▽166)	※ ※	3031 (23)	—	—	—

入学後の流れ

健康診断・諸手続き

3月下旬から4月上旬にかけては身体測定、カウンセリングなどの健康診断が行われる。入学手続きが終了すると送られてくる書類に既往歴や予防接種の有無などを記入して提出する。

健康診断と同時期に、入学のための諸手続きが行われる。駒場Ⅰキャンパスの1号館で各種書類の提出、受け取りを行うが、毎年長蛇の列ができて混雑する。諸手続き時に所属するクラスが知らされる。

諸手続き後は前年度入学の同一クラス（上クラ）がブースを開いており、オリ合宿についての説明をする。ここで初めて同じクラスの人と出会うことになる。オリ合宿とは新入生と上クラが合同で行うオリエンテーションを兼ねた旅行で、新入生同士が親睦を深めたり、上級生に駒場での生活についてアドバイスをもらうことができる。

1号館を出ると「テント列」と呼ばれるサークル勧誘活動が行われている。多くの団体がテント列に参加しており、道は人で埋め尽くされ、にぎやかな行事となっている。テント列の名前の由来はサークルが出展しているテントが列になっていることに由来する。

例年諸手続きの翌日から学部ガイダンスが行われる。初日は理系、翌日は文系が対象だ。教務課や教員から施設の利用や講義の履修上の注意などが説明される。ガイダンスは午前中に終了し、午後はサークルオリと呼ばれるサークル勧誘活動が行われる。テント列とは違い、各サークルが各教室にブースを出展しているため、行きたいサークルにだけ行くことができる。諸手続き後に配布される各サークルのビラを参考にして興味のあるサークルがどこにいるのかを確認しよう。

サークルオリの前後にオリ合宿があり、4月5日ごろから授業が始まる。

▶ 入学後の流れ（2016年度入学の場合）

3月10日	前期合格発表
11日〜15日	入学手続き
29日〜31日	健康診断
29、30日	諸手続き（理科は29日、文科は30日） 学部ガイダンス（理科は31日、文科は4月1日）
31日、4月1日	サークルオリ
1日〜3日	オリ合宿（理科は1、2日、文科は2、3日）
5日	授業開始
12日	入学式@日本武道館

合格体験記

合格者には、それぞれオリジナルの合格体験記がある。
首都圏か地方出身か、高校は公立と私立どちらか、
現役か浪人かなどおおまかに見てもさまざまな人が東大に入学する。
いろんな人の合格体験記を読んで参考にできそうなことを見つけよう。

苦手な数学の難問は捨て、他科目を勉強 高3冬は伸びしろがある科目だけ塾へ

地方×公立×現役　文科Ⅰ類

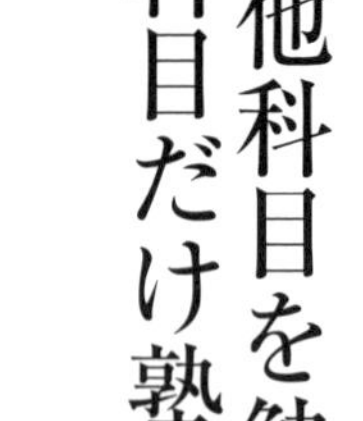

中原千佳《なかはらちか》さん
県立神戸高校(兵庫県)

高3夏まで

東大は姉が卒業生なので昔から意識していました。高2の時に他大学のオープンキャンパスにも行きましたが、本郷キャンパスのアカデミックな雰囲気に引かれて東大に決めました。社会全体の基盤で、生活と関わりが深い法学を志し、文Ⅰを志望しました。

本格的に受験勉強を始めたのは高3からです。それまでは授業での理解を心掛け、家では試験前しか勉強しませんでした。部活ではバイオリンに熱中していました。練習が週6回あり、年に一度の定期演奏会に向けて練習の日々でした。全くの初心者から始めましたが徐々に慣れ、部のみんなとの合奏を楽しめるようになりました。

高3から英語・数学・国語の塾に通いました。週3回ある塾の授業で忙しく、学校の課題は休み時間でこなしました。英語・数学が苦手でしたが夏までは部活で忙しく、基礎のやり直しはできませんでした。社会も高校範囲が終わっておらず、出遅れ気味でした。

高3夏から

夏休みは塾の夏期講習に通い、授業以外の時間は自習室で勉強していました。部活を引退して気合が入り、1日10時間学習を目標としました。英語はセンター型の文法問題集を解くとともに塾で扱った長文を読み込み、力を付けました。数学は問題量が豊富で2次試験より少し易しい「チャート式基礎からの数学シリーズ」(数研出版)と『メジアン数学演習Ⅰ・Ⅱ・A・B』(数研出版)を何度も解いて完璧にしまし

た。夏休み後半、姉の家に泊まった際に各教科の勉強法を一緒に考えてくれました。何をしたらいいか分からず手当たり次第の勉強でしたが、秋以降は計画的に学習できて良かったです。

数学は難しい問題を捨て基礎的な問題で得点する方針に変え、秋から数学の塾をやめて地歴の塾に通い始めました。週末は過去問を本番と同じ時間割で解きましたが、全然解けませんでした。実力を思い知り、いい意味での焦りを得られましたね。夏の模試が返ってきて結果が悪く落ち込みましたが「やるしかない」と腹をくくれました。

数学は誘導があって解法を身に付けられるセンター型の問題を、毎日1年分解きました。英語は東大型の演習が中心でしたが、単語の補強も続けました。苦手の英作文では、簡潔な文を意識しました。社会は単語の穴埋めと短文記述の載った問題集で基礎を固めました。塾で論述演習が始まり、知識の確認と論述演習を同時にしましたが、知識は夏までに固めた方が論述に専念できて良かったですね。

冬休みは伸びしろのある英語・社会だけ塾に通いました。社会は東大の過去問を中心とし、気分転換にセンター試験の過去問を解きました。論述では知識が身に付き、質問へ適切に答えられるようになりました。センター試験後は過去問演習を続けました。全体的に伸びを実感できず苦しかったですが、志望校変更は考えませんでしたね。目の前の問題を淡々とこなしました。

東京へは試験前日に来ました。両親が一緒に来てくれて心強かったです。「なるようになれ」と考え、焦らず試験に臨むようにしました。本番では姉が伊勢神宮で買ってきたお守り（写真）をずっとかばんに入れていました。ご飯をいつも作ってくれた親、いつも助けてくれた姉、東大受験を応援してくれた友人には本当に感謝しています。

受験では諦めない人が最終的に勝つということを痛感しました。まだ伸びしろがあるのに諦めるのは、可能性を閉ざすことでもったいないです。皆さんも最後まで諦めないでください。

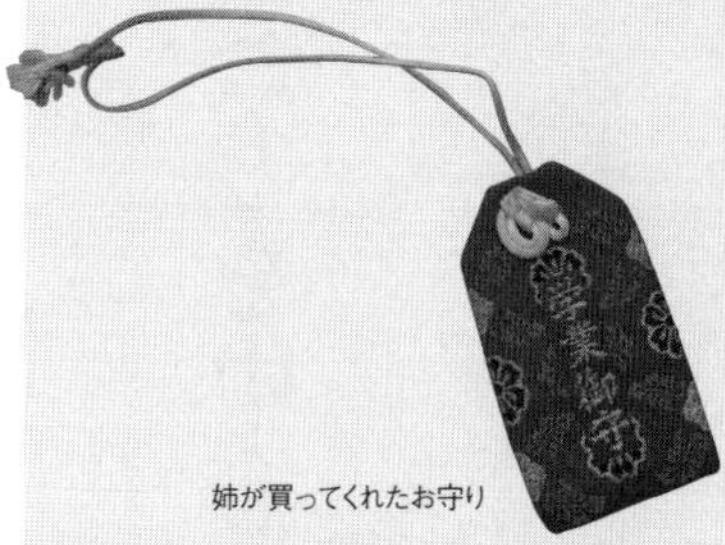

姉が買ってくれたお守り

得点表

センター	776点
国語	68点
数学	66点
英語	59点
世界史	39点
日本史	41点
合計	367.8点

浪人時代は「考える」ことを中心に健康に楽しく勉強を

地方×私立×浪人　文科Ⅰ類

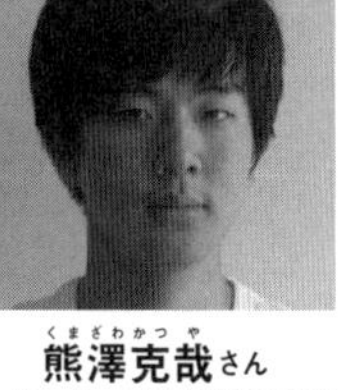

熊《くま》澤《ざわ》克《かつ》哉《や》さん
私立ラ・サール高校（鹿児島県）

現役時代

私が東大を受験しようと思ったのは、ラ・サール時代の恩師から影響を受けたからです。東大の魅力を語る先生の話を繰り返し聞いているうちに、東大受験を真剣に考えるようになりました。この先生には受験を終えるまでお世話になりました。特にやりたいことが決まっていなかった私は、名前の響きで文Ⅰの受験を決めました。

高校時代の楽しみは、同級生と朝や休み時間にバスケットボールで汗を流すことでした。どうすればうまくシュートが決まるのかなどを自分で考えるのが大好きでした。自分で課題を見出して試行錯誤していくことが楽しかったです。

受験勉強を本格的に開始したのは、高3になってからです。授業とは別にある自習教材の定着度を見る、ラ・サールでの「週テスト」に向けての勉強を中心に据えました。数学と英語に関しては、センター試験以上2次試験以下のレベルの問題集を繰り返し、理解できるまで解き続けました。数学では『文系数学の良問プラチカ―数学Ⅰ・A・Ⅱ・B』（河合出版）と「大学への数学　1対1対応の演習シリーズ」（東京出版）を使いました。日本史は『詳説日本史10分間テスト』（山川出版社）を用いた知識獲得中心の勉強でした。苦手だった世界史は、友人から分からない箇所の説明を受けながら、教科書を読みつつ勉強を進めました。

実は、現役時の受験は悔しい結果に終わってしまいました。2次試験を重視し、センター試験の対策を立てなかったので、本番では8割ほどしか取れませんでした。センターリサーチのE判定を引きずり、3日間は勉強に身が入りませんでした。2次試験当日は緊張しており、得意の数学で失敗してしまいました。不合格を知るとへこみましたし、東大を本気で恨みましたね。しかし、地元愛知に戻り、しばらく祖父母と時間を過ごしたら自然と気持ちを切り替えることができました。1年くらいは浪人してもいいんだよ、という祖父母の言葉に励まされました。

浪人時代

入試突破のための学力は高校時代にある程度蓄えられたので、浪人時代の勉強は「考える」ことを中心に進めました。日本史は学力を維持するために論述問題の添削を繰り返し受けました。世界史は、予備校テキストの400字程度の論述を添削してもらったほか、先生への質問を通して理解を深めました。現代文は、雰囲気で読まずに接続詞などに注意して丁寧に読むことを予備校の短期講座で教わり、解き方が一転しました。数学は、自分で納得できるまで答えを作り続けました。センター理科は、基礎から学べることを売りにした参考書だけを読みました。どの教科も高校時代のように知識獲得を中心とせず、問題をふかんして深く思考することを意識しました。この考える力が合格の決め手になったのです。再受験時は対策をしたかいがあり、センター試験では9割ほど得点できました。2次試験では落ち着いて解くことを意識し、緊張せず受けることができました。

現在考えているのは政治系の道ですが、最も面白いと思えるのは哲学の授業です。考えを巡らすことができる哲学の授業はとても面白い。また、テニスサークルに入っています。自分のペースで続けられる点が、私に合っていますね。

私が意識した「健康に楽しく」という言葉をそのまま受験生の皆さんに送ります。最初は苦しい受験勉強も、知識が増えると楽しくなってきます。その段階に入るまでは我慢が必要です。ぜひとも皆さんも頑張ってください！

得点表

センター	811点
英語	69点
国語	43点
数学	78点
日本史	45点
世界史	37点
合計	371.1点

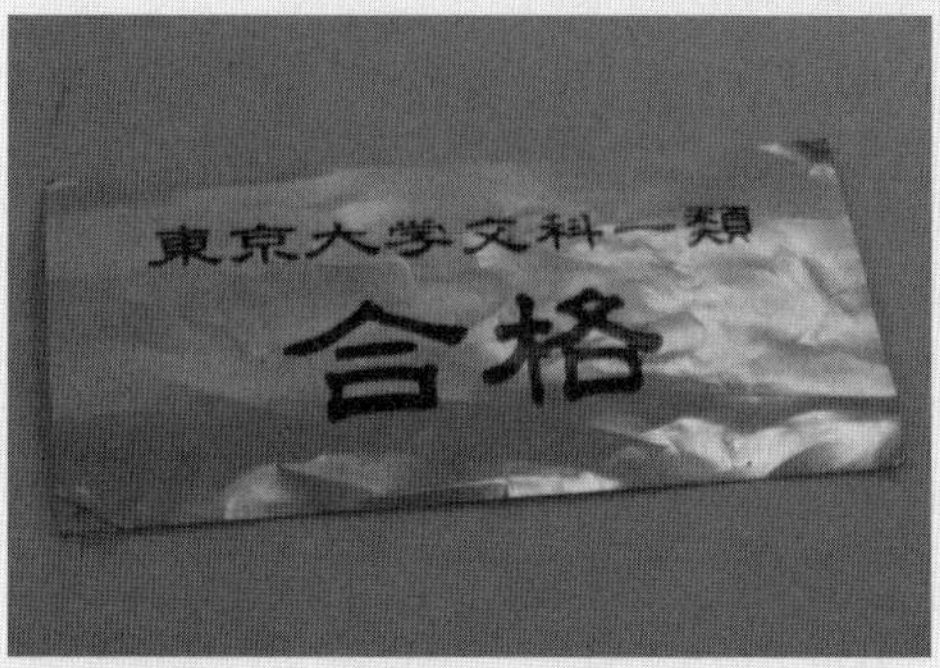

高校の恩師が自作した合格祈願の礼

自習室が充実した塾で学習
知識の抜けがないよう繰り返して

首都圏×国立×現役　文科Ⅱ類

松《まつ》田《だ》朋《とも》佳《か》さん
国立筑波大学附属高校
（東京都）

高3夏まで

高2までは部活のバドミントンが生活の中心でした。週2回練習があり、週末には試合がありました。高3の6月にある学習院高等科・学習院女子高等科との定期戦が引退試合なので、そこで勝つことを目標に練習しました。団体戦で接戦の末勝利し、とてもうれしかったのを覚えています。気持ちよく終えて勉強へ切り替えられました。

高1は英語と数学の塾に通い、高2からは理科にも通いました。勉強の中心は塾の課題で、週末にまとめてこなしましたね。英語は長文読解や英作文が中心で、授業で解説や添削を受けました。高2までに単語や文法など基礎を固めることを意識しました。数学は中高一貫校の人に追い付こうと、高1で高校範囲を終わらせました。ただ、高2まではあくまで部活中心でした。

実は高2まで理系でしたが、理科に興味がなかったので高3から文転したんです。最初は地歴が1教科しかない一橋大学の受験を考えましたが、高3夏の模試で東大がA判定だったので、志望を東大に替えました。

家での勉強が苦手で、高3からは自習室の充実した塾へ移りました。授業を選択できるのも私に合っていたと思います。学校の授業も、自分で出たい授業に出席する仕組みでした。授業がない時は学校の自習室で勉強し、放課後は塾の自習室で勉強しました。

地歴が出遅れており、高3から始めた世界史の範囲の消化に必死でしたね。自分で教科書を読み進め、流れをつかみました。夏休みも世界史に勉強時間の6割を割きました。論述対策を始めたのは10月からでしたね。それまでは範囲の網羅に専念しました。

高3夏から

東大に志望を変えたので、夏休みからは地理も始めました。理系地理のレベルだったので、学校の授業で習った教科書の内容を何度も復習して東大レベルまで上げました。数学は『実戦数学重要問題集―数学Ⅰ・Ⅱ・A・B（文系）』（数研出版）と高2時に塾で使った問題集を解き直し、抜けをなくしました。国語については得意だった現代文はあまりやらず古典を中心にしました。毎日必ず何題か文章に触れて読む訓練を積みました。

　秋以降は世界史以外で演習量を増やしました。英語・数学・古典は9月から過去問に取り組み、1問ずつ確実に解けるようにしました。数学は時間切れになっても解答を見ずに自力で解けるまで考え、解き切る力を付けましたね。10月あたりから世界史の論述問題集を解いて学校や塾で添削してもらいました。最初は知識不足であまり書けませんでしたが、1つずつ暗記しました。

　冬休みは世界史の抜けが依然として多く不安定だったので、勉強時間の半分を割きました。無理に高得点は狙わず世界史で40点、地理で30点を確実に取ることを目指しました。2次試験に集中したかったので、センター対策を始めたのは1月からでしたね。

　センター試験で結果を残し、早稲田大学にセンター利用で合格したので浪人を心配せずに済みました。併願した慶應義塾大学の対策は直前に過去問を見るにとどめ東大対策に徹しました。各教科15年分は過去問を解いて、自力で解けるようになるまで何度も解き直しました。本番では出だしの古典の出来が良く、残りの教科に落ち着いて臨めました。高校受験で合格した時のお守り（写真）で合格を引き寄せました。受験生の皆さんは塾選びや参考書選びの際は、自分に合ったものを選んでほしいです。私は転塾しましたが、それによって合格に近づけたと思います。

得点表

センター	809点
国語	72点
数学	45点
英語	75点
世界史	44点
日本史	31点
合計	365.9点

高校受験で合格した時のお守り

学校だけでは不足する演習量を塾で補う
勉強以外の話でリフレッシュ

首都圏×私立×現役　文科Ⅲ類

高3夏まで

豊島岡女子学園中学校に入学したころから東大に行けたらいいな、と考えていたので中学時代から定期試験で高得点を目指し、コツコツと勉強を続けていました。特に好きな授業では授業ノートをまとめて自作の「教科書」を作ったりしていました。学校生活では、私は中高とも文芸部に所属して毎月のように短編小説を書いていました。部員の仲はとても良く、文化祭では他の部と協力してアニメを作成するなど充実した日々を過ごしていました。

私が本格的に東大受験を志したのは高2の夏ごろでした。子どもの心理と生活環境の関連に興味を持っていたので、オープンキャンパスで教育学部の説明を受けた際、日本で一番恵まれた研究環境が整っている大学だと直感しました。そこから勉強に熱が入り地歴科目にも手を付け始め、先生の言葉を一言一句逃さずメモするほど好きだった地理は時事ニュースに気を配り、世界史はノートに資料集を切り貼りした自作の「教科書」を使いゲーム感覚で覚えました。

高3までは、とにかく基礎固めに終始しましたね。苦手意識のあった数学は「４ＳＴＥＰ」（数研出版）や「文系数学の良問プラチカ」（河合出版）を何周もしました。もともと得意だった国語は古漢文法を完璧にした後、記述式の問題集を解き、先生の添削を受けて答案作成能力を鍛えました。洋楽が好きなので取り組みやすかった英語は、英検2級のリスニング試験や英語のニュースを聴いて耳を鍛えました。文法や単語は『スクランブル英文法・語法』（旺文社）と『英単語ターゲット１９００』（旺文社）を完璧にしました。

高3では大学の過去問演習に移行した学校の授業に沿って勉強し、東大や難関大医学部志望者が集まる塾に通っ

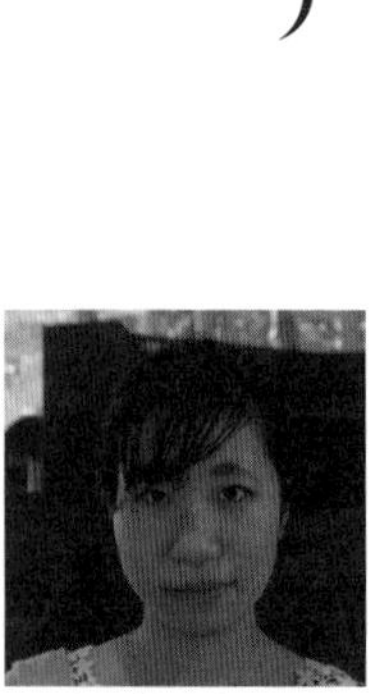

藤長栞奈《ふじながかんな》さん
私立豊島岡女子学園高校
（東京都）

て不足する演習量を補いました。特に数学は解法の暗記ではなく問題の本質を学べたのが未知の問題に遭遇したときの自信につながりました。塾では地理や世界史の過去問添削もお願いしました。地理は25年分も見てもらったので相当迷惑だったのでは……。

高3夏から

夏の東大模試で英語が撃沈し、翌日学校を休むくらいショックを受けたのは記憶に残っています。演習量不足を痛感し、秋以降は模試の過去問や2次試験の過去問数年分を解いて実践力を磨きました。12月ごろからはセンター試験の予想問題パックも解いてセンター対策を始めました。直前期は直近7年分の過去問をひたすら繰り返し解いてできると思い込みました。直前演習ではまたも英語がひどかったですが。

本番では国語で文字を小さく書き過ぎて採点者に読んでもらえるか不安でした。数学はそれなりにできたと思えたので、2日目の世界史の大論述に戸惑ったりしても英語で大崩れすることはなく乗り切ることができました。

リフレッシュ法として、ある友達とは「絶対に勉強の話はしない！」と決めてテレビや漫画の話をしていました。その子とは今も同じクラスで仲良しです。また母がほぼ毎日お弁当を作ってくれたり、両親が試験当日の朝に祈祷《きとう》をしてもらいに行ってくれたりと家族のサポートも大きかったです。

最後に、これから東大を受験する方々へ。自分の好きなことをやりたいという気持ちが大切です。東大の教養教育、そして受験勉強では幅広い教養が身に付き、それが巡り巡って自分のやりたいことに必ず役立ちます。苦しいかもしれませんが好きなことをやりたい気持ちを忘れずに楽しんで勉強してください。

鎌倉・荏柄天神のお守り

高3春に理科の公式や原理をやり直す 体育祭に向け勉強時間が減っても授業は聞く

地方×私立×現役　理科Ⅰ類

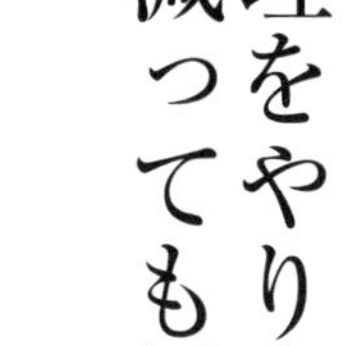

日比野仁志《ひびのひとし》さん
私立灘高校（兵庫県）

高3夏まで

高2まではテニスに打ち込みました。平日は夕方7時まで、土日は午前中ずっと練習があり、勉強は宿題くらいしかしませんでした。高2から周囲に合わせる形で英語・国語・物理の塾に通い始めましたが、あくまでも部活を最優先にしていました。引退試合として出た高2の11月の市大会で優勝したときはとてもうれしかったですね。高1の時から優勝が目標だったので、心置きなく終えることができました。

友人に志望者が多かったため、中3から東大を意識しました。経済に興味があり、文系と理系で迷いましたが、学校の先生に「経済を本格的に学ぶには数学力が必要で、東大なら進学選択もあり入学後に進路を考え直せる」と助言され、理系を選択しました。

高2の1月にあった模試の結果が悪かったこともあり、高3の春過ぎまでは周りよりも勉強できていない、という危機感がありました。不安を拭うべく塾の自習室にこもって勉強しました。特に土日は朝の10時から夜の8時まで喫茶店に居座ったりもしました。

このころは理科の基礎が弱かったため、公式や原理を重点的にやり直しました。数学も得意でしたが、理科で確実に得点することを目指しました。古典では単語や句形の暗記に努め、全体の流れをつかむ読解を心掛けました。英語は苦手だったので、単語を暗記し、学校で扱った長文を読み返すことで人並みにできるよう努力しました。

高3夏から

夏休みも理科が中心でした。ある程度基礎が固まったので『実戦　物理重要問題集―物理基礎・物理』『実戦　化学重要問題集―化学基礎・化学』（共に数研出版）で教科書の章末問題よりも難しい問題を解き切る力を付けました。数学も東大の2次試験に匹敵するレベルの『大学への数学　新数学演習』（東京出版）を解けない問題がなくなるまで繰り返し解きました。英語は文法問題集で基礎を固めました。

9月に高校の体育祭があり勉強時間は減りましたが、授業を聞くことと数学を毎日1問解くことは守りました。リスニングも始め、「キムタツの東大英語リスニングシリーズ」（アルク）を1日30分聞くようにしました。理科では「名門の森物理シリーズ」（河合出版）や『理系大学受験　化学の新演習』（三省堂）など、より難しめの問題集で演習を積みました。一方で化学の分からないところは解説や写真の充実した図録を見るなど基本も大事にしました。

冬休み中、国語・社会はセンター対策が中心でしたが、数学や理科は2次試験対策を続けました。英語も半分はセンター対策をしましたが、中心は秋から使っていた長文問題集でした。センター後は過去問演習が中心でしたね。10年分を解き、予備校で添削をしてもらいました。各教科で時間を計って解くことを意識しました。

2次試験の際は前日から東京に来ました。緊張で朝の3時まで眠れなかったため、会場まで歩いたり休み時間に友人と三四郎池を散歩したりして、リラックスすることに努めました。数学の時間は突然鼻血が出て焦りましたが、逆に緊張が解けました（笑）。

干渉せず前日にたわいもない話で緊張をほぐしてくれた親には感謝しています。友人とも同じ目標を持つことで、モチベーションを保てました。

大学では「授業に出ない」権利の存在に感動しています。クラスやサークルにいろんな考えを持つ人がいて刺激を受けられます。受験生の皆さんは「自分が受からずに誰が受かるんだ」という強気の気持ちで、合格を勝ち取ってもらいたいです。

得点表

センター	816点
国語	46点
数学	80点
英語	55点
物理	26点
化学	41点
合計	347.7点

受験を通して使ったルーズリーフとバインダー

苦手科目を中心に取り組み克服
1日のペースを1年間崩さずに勉強

地方×公立×浪人　理科Ⅱ類

現役時代

医療系の研究をしたいという思いから、高1の時に志望校を東大理Ⅱに決めました。中学・高校時代とも剣道部に所属し、練習に打ち込みました。部活を引退するまでは、宿題が一切出ない学校だったため、授業の予習・復習中心に勉強をしていました。

受験を本格的に意識し始めたのは、高3の秋の体育祭後からです。毎日3、4時間の自習時間を確保し、得意科目の数学や国語を中心に勉強しました。数学は学校側が独自に作成した東大入試より難しい問題集に取り組み、国語は東大入試の過去問を解いて先生に添削をしてもらいました。英語は、授業などで予備校の東大模試を解きました。しかし東大模試は過去問よりも奇をてらった問題が多く、今振り返ると良質な英語の過去問を解かなかったことが現役時代の失敗点でしたね。苦手意識のあった物理・化学は、難関大の過去問集をひたすら解いていました。

センター試験の対策を始めたのは高3の9月ごろからです。学校の方針で、授業が全てセンター対策に変わるため、授業以外ではセンター対策をしませんでした。しかし本番直前に体調を崩し、万全の状態でないが、できるだけ点を取ろうという意識で試験に臨みました。

センター試験が終わってから2次試験までは、毎日夜2時ごろまで勉強する生活を続けました。得意科目の数学を中心に、苦手だった物理・化学にも時間を割きました。しかし理科の基礎的な理解不足で応用が利かず、時間をかけた割に力になりませんでした。英語に関しては、苦手意識のあった自由英作文と、和訳の練習だけしました。英語は模試でしか東大形式の問題を一通り解かず、本番の時間配分などに苦しみました。国語に関しては直前期までに過去問の添削をし終えていたの

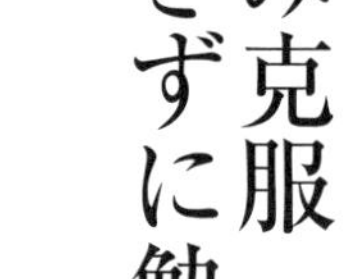

田《た》淵《ぶち》謙《けん》さん
県立熊本高校（熊本県）

で、時間をかけませんでした。

2次試験では、物理・化学の得点が伸びず、得意の数学も予想より点が低く、あと少しで合格に届きませんでした。後期日程では九州大学理学部にセンター試験と面接で合格しましたが、記述問題を勉強してきた努力が報われないのが悔しく、もう一度東大受験をすることを決意しました。

浪人時代

4月からは都内の予備校に通い始めました。予備校では授業と個別指導（物理・化学）中心に勉強を進めました。「もう負けられない」というプライドから、ほぼ毎日予備校に通いました。息抜きで友人と食事に行っても、必ず勉強時間は確保しました。物理・化学は過去問を30年分ほど解き、また苦手な分野を中心に取り組んだため、苦手意識はなくなりました。数学は個人で過去問を進め、国語や英語も過去問を解き、予備校の先生に添削をしてもらいました。授業、個別指導、自習という1日のペースを1年間崩さずに生活しました。

センター試験模試の結果は良くありませんでしたが、本番はとにかく丁寧に問題を解くことを意識し、良い結果を出すことができました。2次試験に関しても不安な部分がなく、自信を持って試験に臨めました。また、試験前は今まで添削してもらった問題を集めたノート（写真）を見返して、心を落ち着けました。このノートは自分のお守りのような存在となりました。

特に予備校時代のことですが、私は「分かるまで考え抜く」ことを意識して受験勉強をしていました。受験生の皆さんには、今日はこれ以上無理だと思うまで、ぶっ倒れるくらいまで勉強してほしいと思っています。

得点表

センター	832点
国語	28点
数学	75点
英語	74点
物理	37点
化学	38点
合計	353.7点

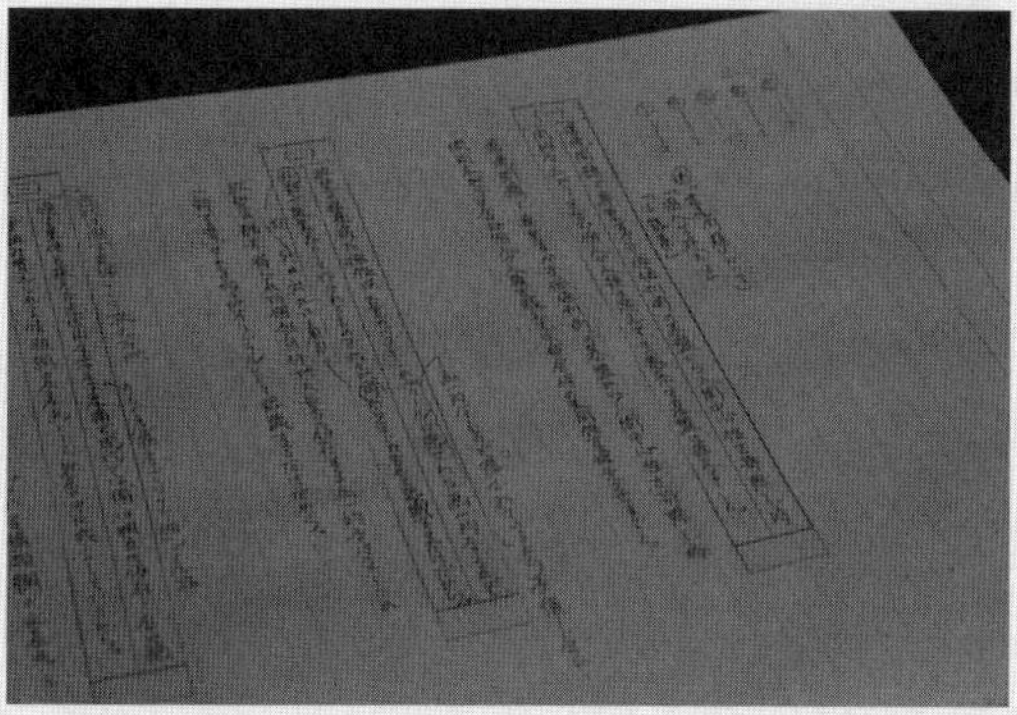

添削を受けたノートをお守り代わりに

高3から理科に集中 塾の授業は必要な物だけ取る

首都圏×私立×現役　理科Ⅲ類

長《なが》井《い》翠《みどり》さん
私立桜蔭高校（東京都）

高3夏まで

　高1では英語と数学の塾に通い、高2からは理科も通いました。放課後に3時間授業があり、塾のない日は同じ時間帯に塾の宿題をしていました。水泳部にも入っており、週1回練習がありました。高2の時は副部長を務め、部内の記録会に向けて練習していました。高2の11月に引退した後はギアを上げ、理科にも力を入れ始めました。

　高1・2時の英語は英文解釈、和訳、長文読解といろんなタイプの問題を解きました。同時に東大入試の頻出単語を網羅した塾の単語帳をやり込み、基礎となる単語力も付けました。数学も演習が中心でした。東京工業大学の問題など、東大より難しめの問題にも手を出し、解く力を伸ばしました。

　高2の後半には英語・数学がある程度完成したので東大の過去問を始めました。1週間で1年分解くことを目安とし、苦手の英語リスニング対策も同時に進めました。英語は発音できて初めて聞き取れるので、問題文に重ねて発声するシャドーイングがお勧めですね。

　高3からは理科に集中しました。高2までに高校範囲を網羅し、高3から問題演習をしました。物理は春に問題集で解法を身に付け、夏以降に過去問を解きました。化学は高2までは暗記中心でしたが、演習の中で問題を解く際に必要な知識を押さえました。春は問題を解く力を付け、夏以降は時間を計って解くスピードを付けました。

　古典は高2までの学校で品詞分解を詳しくやったので、文法・句法を完璧にしたので、高3からは過去問に取り組みました。最初は出来があまり良くなかったので、単語の補強をしました。

　夏休みは週6で塾があり、授業を含めて1日8時間くらい勉強していました。周りにはもっと勉強している人もいましたが、私は勉強時間よりも内容の消化を優先しました。無理して体調を崩しては本末転倒なので、秋以降も塾のない平日は3時間、日曜日は6時間くらいしか勉強しませんでした。

高3秋から

秋からは時間を意識して過去問を解きました。この時期は解ける問題を時間内で確実に解く訓練を積みました。数学が安定したので、伸び悩む理科に時間をかけました。英語は力が落ちないように、毎日取り組みました。秋からセンター対策を始める人もいますが、東大は2次試験の比重が大きいため冬休みまでは何もしませんでした。

冬休み中は夏に塾の授業を取り過ぎた反省から、必要な授業だけ通いました。理科・数学は2次対策を続けましたが、国語と社会はセンター対策をしました。特に国語が苦手だったので、10〜15年分を解いて問題に慣れるようにしました。正月は家族とゆっくり過ごし、人混みを避けて体調管理に努めました。正月明けはセンター試験でいい結果を出して2次試験に弾みを付けるために、センター対策に専念しました。センター試験後は、冬休みと同様に過去問演習を続けました。

使い慣れた筆記具を使いたかったので、前日に本番で使うシャーペンと消しゴムを選びました。当日は塾の先生が受験会場へ激励に来ていて元気が出ましたね。1日目の教科の出来が良く、慌てることなく終えられました。

受験では塾の先生に勉強法を相談したのが役立ちました。勉強に限らず、相談相手を見つけましょう。塾の後、駅まで迎えに来てくれた親にも感謝しています。疲れた時も迎えに来た親の顔を見ることで、安心できました。大学生活は中高と違い、自由な雰囲気で楽しいです。皆さんも大学生活を思い描きながら頑張ってください。

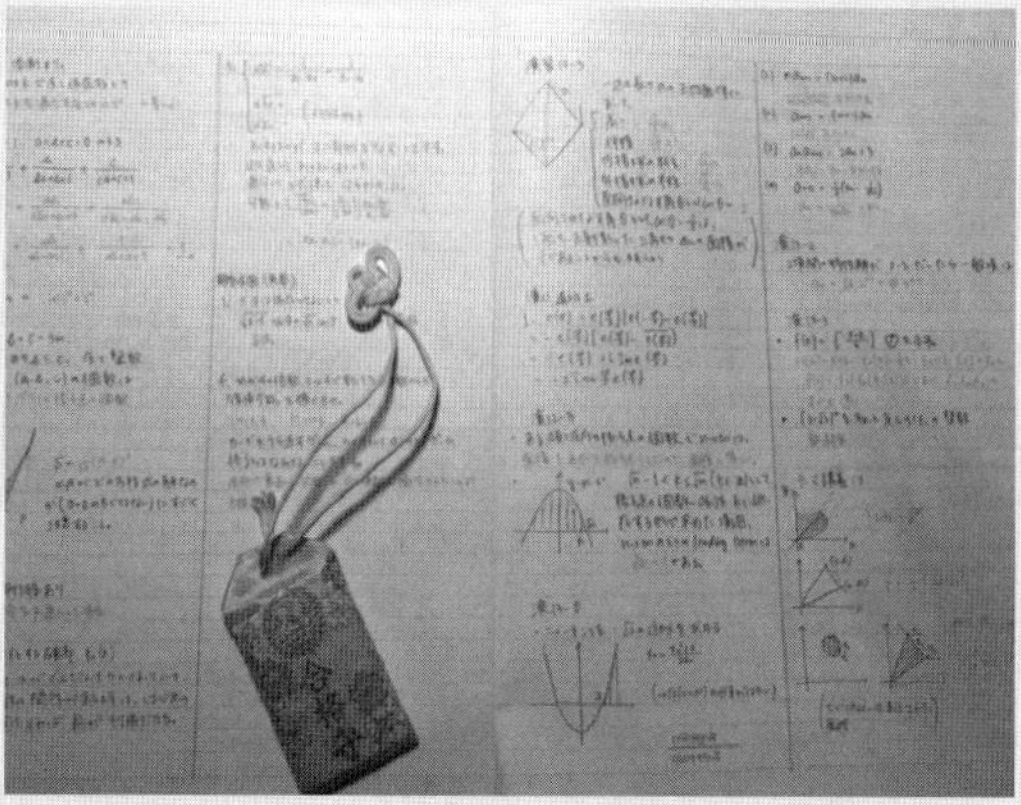

高校時代のノートとお守り

現役時代は演習量不足で不合格 センター直前でも2次対策に注力

地方×公立×浪人　理科Ⅲ類

現役時代

東大への憧れを抱いたのは、小学生の時に家族旅行で本郷キャンパスを訪れたのがきっかけでした。小さい頃から通っていた小児科医の先生に憧れて医師を志していたので、理Ⅲを受験しました。

現役時代は部活のバスケットボールが生活の中心でした。塾には通わず自分で勉強し、授業の予復習を中心に学校で配られる問題集などを解いて勉強をしていました。しかし高3の5月ごろに部活を引退した後も、高2の冬の模試でA判定が出たことによる気の緩みなどが原因であまり勉強に身が入らなかったため、夏の東大模試ではD判定となりました。そこで危機感を覚えて、9月の運動会が終わった後から本格的に勉強を始めました。

しかし、実際にはその後もダラダラと勉強を続けてしまいました。さらに公立高校では理科の進度が中高一貫校と比べて遅かったので、1日の問題数を決めて過去問を解くなど重点的に対策をしたものの、演習量が不足していました。また英語は大問を解く順番を決めていなかったため得点が安定せず、国語の対策は過去問を少し解く程度しかしませんでした。本番では1日目の失敗を引きずってしまったこともあり、不合格となってしまいました。

浪人時代

後期試験で信州大学医学部に合格したものの、もう一度だけ東大受験に挑戦したいとの思いから浪人を決め、東京で予備校に通いました。数学は「大学への数学シリーズ」(東京出版)、理科は『難問題の系統とその解き方　物理』(ニュートンプレス)や『理系大学受験　化学の新演習』(三省堂)など、問題量が豊富な最難関レベルの参考書を用いて問題の解法を身に付けるようにしました。英語や数学、理科は

根《ね》井《い》晴《はる》樹《き》さん
県立筑紫丘高校(福岡県)

夏ごろから過去問を解いて演習を重ね、特に英語は解く大問の順番を決めて問題を解くリズムを固めました。さらに英作文などを寮の友人と添削し合うことで、良い刺激を受けることができました。現役時代に対策がおろそかになっていた国語は古文単語などの基礎を固めるとともに6月ごろから過去問を解き、予備校で添削を受けました。

センター試験は不安があった地理は問題集を買って解きましたが、現役・浪人時代ともに全体として模試の得点が高かったため、他の教科はあまり対策に時間をかけませんでした。東大入試では2次試験の得点がより重視されるので、センター直前でも1日の勉強時間（11〜12時間）のうちセンター対策は1、2時間に抑え、2次対策に力を入れました。

浪人時代には自分の力が付いてきているという手応えがあり、模試の結果も良かったため、現役の時よりも落ち着いて本番を迎えることができました。現役の時とは違い、1日目でミスがあっても、1年間演習を積んできた理科で取り戻すことができると自信を持つことで2日目は切り替えて臨むことができました。

受験生活の支えとなったのは、友人や家族の存在でした。予備校の寮での生活では、友人と何気ない会話をすることが息抜きになりました。試験当日には家族からもらったメッセージカード（写真）を見てリラックスしてから会場に向かいました。

得点表

センター	849点
国語	46点
数学	86点
英語	87点
物理	43点
化学	54点
合計	419.8点

大学受験で重要なことは、地道に勉強を続けることです。特に理科や数学については、演習を多く積むことで力が着実に付いていきます。皆さんも第一志望を諦めることなく、目標を見失わずに勉強を頑張ってください。

家族からのメッセージカード

不合格体験記

現役時代から予備校へ行けば……

〈文Ⅱを受験したAさんの場合〉

僕の通っていた公立高校は毎年東大合格者を何十人か出す進学校でした。「予備校に行く暇があったら授業の予習復習に集中しなさい。それで十分東大に合格する実力が身に付くから」と学校の先生が口癖のように言っていたので、僕も授業だけを頼りに受験勉強に取り組みました。それでも結局東大には落ちてしまい、浪人して初めて予備校に通ったのですが、その時に思ったのは「現役時から予備校に通い始めていればよかったな」ということです。今高校生に戻れるなら、高2の春から苦手科目の数学と世界史の予備校に通っていると思います。高2の時は部活を一生懸命やっていたため、時間的にも体力的にもかなり厳しかったかもしれませんが、それでも根性を出して予備校に通うべきだったと思います。

　それというのも僕が現役時に東大に落ちた最大の理由は「時間が足りず、演習が不十分なまま試験を迎えてしまった」からだったと分析しているからです。これは予備校で知り合った公立高校出身の浪人生も口をそろえて同じ言い訳（？）をしていました。「東大入試があと半年遅かったら、受かっている自信があるのに……」。真面目だった彼らの多くは浪人して無事、東大合格を果たしています。

　やはり私立と比べ授業の進みが圧倒的に遅い公立高校は、遅れているペースを取り戻せるよう各自で対策を講じないと、現役合格は難しいんじゃないかなと思います。例えば僕の高校では高3の11月に世界史の全範囲が終わったけれど、今振り返るとやはりそれでは遅すぎる。知識のアウトプットに集中できる期間が不十分でした。早い段階で予備校に通って授業の内容を先取りし、演習問題に取り組める時間を増やせばよかったと反省しています。

2014年度入試得点表:文Ⅱ

国語	73
英語	78
数学	33
世界史	23
地理	27
2次合計	234
センター	747
総合成績	325.30
合格者最低点	331.57

「そこそこ」に満足しなければ……

〈文Ⅰを受験したBさんの場合〉

中学校まで陸上・野球・音楽にうつつを抜かしていた私が東大受験を決めたのは、高校入学直後でした。私立の中堅校に入学した私は、モチベーションを高く保つためにも東大を第1志望にしました。そんな私が東大受験に失敗したのは何が原因だったのでしょうか？　今になって振り返ってみると、何に関しても「そこそこ」に満足してしまったためだと思います。

例えば、高校で毎日行われた小テストに向けてそこそこ勉強していた私。合格点を取ることさえ出来ればよいと考えていた甘さがありました。この甘さが、入試において僅差で不合格になるという結果を生んだのです。

「そこそこ」で満足した私は特に地歴の勉強で大失敗。東大の地歴は思考力が試される問題だと聞いた私は、高2の段階ではそこそこの暗記で満足しました。けれど高3になって過去問を解き始めると、基礎の徹底がモノをいう問題だということが発覚。授業内容はその場で完全に暗記するような気持ちで普段から勉強するべきでした。

「そこそこ」で満足した自分が憎い。

直前に伸びるはずの地歴を後回しにしようと考えていたことが2次試験対策に影響しました。直前期はとにかく地歴に時間を割いたため、他教科（特に国語）の勉強不足を招いたのです。

さらに、この期に及んでも例の「そこそこ」節が登場。多少のマイナスは得意教科でそこそこ取れれば補えると信じていました。しかし、勉強不足になっていた国語で自己最低点をたたき出したほか、数学でのケアレスミスも炸裂し、結果は不合格。浪人中は、英語の例文のような表現をしばしば思い浮かべたものです。もっと普段から抜け目のない勉強さえしていれば、今頃は楽しい大学生活を送っていたのに、と。

2015年度入試得点表:文Ⅰ

国語	46
外国語	83
数学	25
日本史	31
世界史	31
2次合計	216
センター	777
合計	310.97
合格者最低点	325.34

学校の成績を信用し過ぎなければ……

〈理Ⅱを受験したCさんの場合〉

東大に入学したい、とどんなに強く願っていても合格できないことがある。これは、不合格を体験して学んだ最も大きなことです。過去問などの演習量が足りないことによる不安を「絶対に合格する！」という気持ちで抹消しようとしていた私にとっては、とても辛い事実でした。不合格を知った時はずっと泣き続けましたが、真剣に勉強して最後まで諦めなかった入試だったので、次のステップへは前向きに進むことができました。

2015年度入試得点表:理Ⅱ

国語	38
英語	73
数学	35
物理	23
化学	25
2次合計	194
センター	778
合計	289.09
合格者最低点	311.50

東大を目指し始めたのは高2の冬からです。塾へは通わず、学校と自分だけを信じて勉強していました。模試の成績は振るいませんでしたが定期試験の成績はかなり良かったので、何とかなるだろうと思っていました。けれどその考え方は甘かった。学校や定期試験を信用し過ぎていた、と言ってもいいかもしれません。学校での勉強はどうしても進度が遅く、問題演習が不十分で、入試情報も少ない傾向にあると思います。塾へ通わなくとも、予備校の夏期講習などを受講し、入試の最新情報や、入試で戦うであろうライバルの実力や勉強量を知っておくべきだったと、入試に落ちて痛感しました。

自分で学習することは大切ですが、よほど自分に厳しくない限り、勉強内容に偏りが出てしまうと思います。私の場合、習ったばかりの数学ⅢCや理科の知識を問題でどのように使ったらよいか分からず、後回しにしていました。よってそれらの問題演習量が少なくなり、過去問を解こうとしても歯が立たないため違う科目の勉強に逃げる、という負の連鎖に陥りました。教科書を読むだけでなく、実際に問題、特に過去問をたくさん解くことができなかったことが東大入試の最大の敗因だったなとつくづく思います。

中学受験と東大入試

東大合格者に占める私立中高一貫校の割合は52・5%。

私立中高一貫校と公立中学・高校間では一般にどのような違いがあるのか。

また、東大の合格実績でそれぞれ有名な私立中高一貫校の開成と公立高校の日比谷を取材し、学校の特徴を探った。

森上展安《もりがみのぶやす》さん
（森上教育研究所）

近年の中学受験事情

男女別学の人気低下

近年の中学受験の動向について森上展安さん（森上教育研究所）は、「中学受験は景気で左右されます」と分析する。中学受験で必要な塾の費用は、家計の大きな負担となる。中学受験をする子どもの割合は景気低迷で減少後、ゆとり教育への批判から増加したが、2008年のリーマンショックで減少し、今年は微増。今年の傾向としては、20年の大学入試改革を見据え、大学の付属中学に人気が集まったという。

「近年男女別学の学校の人気が下がっています」。特に女子校の人気低迷は顕著だ。例えば、関東の名門女子校である学習院女子中の倍率は2倍程度に留まる。背景には近年の女性のキャリア志向があり「中学・高校時代から男性と同じ土俵で戦うことを意識して、母親は娘を共学校に入れたがる傾向が高いです」と森上さんは分析する。男子校では、質実剛健を校風とすることで有名な巣鴨中、城北中の人気は下がり、自立を生徒に求める教育が特徴の武蔵中、海城中などに人気が集まっている。

子どもの精神的ストレス深刻

そもそも中学受験自体が盛んになったのは、93年以降だ。急激に少子化が進み大切に子どもが育てられるようになると、もともと私立高校が多かった首都圏を中心に中高一貫化が進み、中学入学時点から人生を設計する「出口戦略」が重要視されるようになった。同時に、塾がチェーン展開するようになり、中学受験者数が大幅に増加した。

中学受験で中高一貫校に入学することには、入学以前から親が子供の人生を設計し子供が体現する、マネジメントがしやすいというメリットがある。また、高校受験がない分、中高6年間を通した学習計画を立てることができ、結果的に大学受験に有利だという。

一方で、塾代や中高の学費など相当なお金がかかり、中学受験ができるかどうかは親の年収に左右されると森上さんは指摘する。「子どもの教育は親の年収で左右されるべきではありません」と主張するが、中学受験は教育・経済格差を顕在化するという。

　また、子供の精神的ストレスも深刻な問題だ。10歳から13歳くらいは、物心がつき学習することに向いている時期ではあるが、中学受験に向けて好成績を過度に求めると子供に多大なストレスを与えてしまう。「母と娘、父と息子の同性同士の親子関係は特に緊張を生みやすいでしょう」と森上さんは指摘する。中学入学後も、中高一貫校の中3、高1時に勉強に興味が向かなくなり成績が下がる「中だるみ」が起こりやすいという問題がある。

　一方「15歳で自分の進路を選択する高校受験を経た方が、自分で主体的に行動できます」と森上さんは指摘する。特に成長が平均より遅い子には、高校受験のタイミングが一番適しているという。また、高校受験で入学した公立校は後援会の支援が手厚く、ＯＢ・ＯＧの結束が強い。社会に出る時や出た後で大きな力になってくれることが多いというメリットがあるという。

◇

　伝統的に東大合格者を多く輩出してきた開成や灘などの中高一貫校。やはり知識を6年間体系的に学べるメリットは大きい。しかし、公立校の中高一貫校化や入試選抜方法の変化、20年の大学入試改革によって、公立校の進出が予想される。子供の意志や成長の仕方に合わせて中学受験をするかどうか決める必要があるだろう。

柳沢《やなぎさわ》幸雄《ゆきお》校長
（開成中学校・高等学校）

開成中学校・高等学校

友達や先輩からの学び

　開成といえば東大入学者数35年連続1位の日本屈指の私立進学校だ。高校からの入学者もいるが、大多数は中学受験を経て入学する。柳沢幸雄校長に中高一貫校としての開成の特徴や強みなどについて話を聞いた。

　「英国のイートン校など世界のリーダーを育てたのは中高一貫校でした」と指摘した上で、人間の成長に一番適した教育は中高一貫校によって実現できると主張する。「中高一貫校では、教師に限らず友達や先輩から多岐にわたることを教わります」。中高一貫校での高3の年齢は、中1の1・5倍。この倍率は社会における部下と上司の年齢差に近い。年の離れた先輩は後輩たちの憧れとなる。例えば部活などで、年の離れた先輩と接すと自然と敬語や振る舞いを覚え、自分が先輩となった時のいいモデルとなる。

先輩が自分の目指すモデルとなるのは部活動に限ったことではない。東大に入学した先輩の姿を見て生徒は自然と東大を目指すようになるという。「学校側から東大を目指せと言ったことはありません」

モデルとなるのは教員も同じだ。各教科の教員は自由に副教材を決め工夫して授業を行える上に自分が興味のある部活の顧問になる。生き生きと日々を過ごす姿は将来を思い描く上で重要だという。柳沢校長は「開成には目指すべきロールモデルになるような人物が多種多様にいます」と目指すべき人物との出会いの大切さを強調する。

部活や学校行事に注力

実際に開成中学・高校に通っていた生徒に話を聞くと、小6のときは週6日塾に通っていたが、中学に入ってからは「勉学よりも部活に力を入れていました」と語る。中学受験の時に勉強し頑張れたという経験は大きく、自信につながったという。

日本屈指の進学校の開成では、勉強ばかりしているという印象が強いが、「そういうイメージは捨てた方がいいです」と柳沢校長は笑う。部活が盛んで、運動会や文化祭など学校行事に力を入れる。特に運動会は高3主体で5月に開催されるが、力の入れようには驚かされる。8色のチームに分かれ競い、色ごとに巨大な看板や、各クラスの紹介を載せた分厚い冊子、応援歌などを作る。「運動会は運動が得意な子だけでなく、美術・音楽が得意な子などが積極的に参加していますね」。卒業生同士の自己紹介は卒業年度の次に運動会のチームの色を言うほど、開成生には運動会が染みついている。柳沢校長は「運動会の企画・運営を通して社会で必要とされる能力を学びます。社会で活躍することを見据えて、開成で学んでほしいです」と語る。

勉強だけでなく部活動や学校行事に力を入れる開成の教育について、柳沢校長は「生徒の素質を発掘し、生徒が自分で立てた目標を達成できるよう支えてあげるようなものです」と話す。「〜しろ」と言われるとへそを曲げる生徒が多い。生徒に命令するのではなく、生徒が主体的に行動し、目標をやり遂げ、自己肯定感を強めるような教育を校風としているという。

98％の中1「学校が楽しい」

開成では全生徒を対象にアンケートを行っているが、中1でも、5月時点で98％の生徒が「学校が楽しい」と答えた。中学受験で入学するのは大変だが、入学した後は勉強だけでない「楽しい」毎日が待っているのだろう。

都立日比谷高等学校

グローバル化した社会でのリーダーを育成

武内彰《たけうちあきら》校長
（都立日比谷高等学校）

37人から53人へと今年大幅に東大合格者を増やした東京都立日比谷高校。全国公立学校で3年連続最高の日比谷高校の特徴や校風などについて武内彰校長に話を聞いた。

日比谷高校の校風は「文武両道」、「自主自律」。部活の加入率は95％以上、体育大会や合唱祭などの学校行事に力を入れており、勉強だけでなく、生徒それぞれの能力を伸ばすよう心掛けている。「『知の日比谷』をスローガンに、グローバル化した社会でのリーダーを育成する教育をしています」と武内校長。例えば、スーパーサイエンスハイスクール（ＳＳＨ）と呼ばれるプログラムに文部科学省から指定され、理系の生徒が研究の最先端に触れられる機会を設け、学びを深めるよう促している。文系の生徒も参加でき、東大の安田講堂での特別講演会などさまざまな取り組みを行っている。

日比谷高校は他にもハーバード大学、マサチューセッツ工科大学を訪問し現地の学生と交流したり、同校の卒業生で宇宙物理学者の小平桂一氏が創設したハワイの「すばる天文台」を見学したりする国際研修を用意している。生徒のモチベーションを高め、将来国際的に活躍する人材を育てる狙いだ。

また、OB・OGとの交流が活発で、法学、経済学、心理学、文学、工学、医学など多岐にわたる分野の授業を卒業生が少人数で行う「星陵セミナー」を設置している。生徒は高校で学ぶ知識がどのように研究につながっていくのか理解し、学ぶ楽しさを実感できる。

実際に日比谷高校に通っていた東大生に話を聞くと、「SSHや学園祭の実行委員会に参加するなど高校時代はやりたいことを全てやりました」と振り返る。一番大きな教訓は「失敗」。実行委員会で責任のある立場を任されたが、思い通りに進まないことも多くあった。一緒に悩んでくれる仲間の存在は大きく、「自分なりに努力した経験は自信になった」と語る。

中だるみする暇なんてない

武内校長は「本校で過ごす3年間には、勉学の他、いろいろな行事や部活などめじろ押しです。生徒は『中だるみ』なんてする暇はない充実とした日々を送っています」と訴えかける。

中高一貫校に比べ、高校受験がある分中学と高校の勉強内容の断裂など不利な点はあるが、高校受験の時点で日比谷高校に適した活発な生徒が自分で判断して入学を希望することが多いという。日比谷高校は中3やその保護者を対象に講演会を実施し、教育方針を絶えず発信しているが、こうした努力のおかげで日比谷高校に入りたい生徒と高校が求める生徒像がうまく一致したという。「今年度の東大入試での成功は、同校の長年にわたる努力が実った形だと私は思っています」と語る。日比谷高校の実績は年々伸びており、さらなる躍進も期待できる。

「日比谷高校の教育の特色は、面倒見の良さです」と武内校長は語る。年4回の個人面談に加え、土曜講習、夏期講習を実施。生徒の成績の推移や経年変化を分析した進学指導検討会を行い、個人面談の内容や生活面の情報と合わせたデータとして全教員が共有している。「担任だけでなく、部活の顧問を含め一人の生徒に関わる教員全員が生徒をサポートしていける体制を心掛けています」。生徒は自分を見てくれている人がいるんだと実感できるともっと頑張ろうという気になる。成績が校内で低くても、最後まで諦めず頑張り合格できた生徒がとても多いと武内校長は語る。グローバル化など時代の潮流に合わせ、日比谷高校は進化を遂げている。今後の動向に注目だ。

東大の情報を集めよう

東大には東京近郊だけでなく全国各地の高校から学生が集まる。

しかし、現在地方に住んでいて、周りに東大生や東大を目指す友達が少ないため東大受験の情報が得にくいと感じている人もいるだろう。

ウェブサイトやイベントをうまく活用して情報収集し、受験前の不安を最小限にしておこう。

地方で東大に触れる

東大や学内の団体はネットなどで地方の学生も無料で気軽に参加・閲覧できるコンテンツを提供している。ここではそのうちいくつかを紹介する。

高校生のための金曜特別講座

東大教養学部や生産技術研究所の教員が、自分の専門とする分野の研究について高校1・2年生にも分かりやすく解説する。高校の学期中の金曜日午後5時半から午後7時まで、不定期に年間20~30回ほど行われる。駒場Ｉキャンパスで参加できるが、一部の高校などにインターネット配信されるため、地方の学生も近くの中継している高校で参加可能。現地・中継にかかわらず双方向の講義なので、分からない部分や興味を持ったことをすぐに質問できるのが魅力だ。

東大ＴＶ

東大で行われた公開講座や講演会の映像を誰でも閲覧できる、東大公式のウェブサイト。東大教員の話はもちろん、プロ棋士の羽生善治氏や「ハーバード白熱教室」を展開するマイケル・サンデル氏、『21世紀の資本』で知られるトマ・ピケティ氏など国内外の著名人の講義や講演も見られる。

東大ナビ

学内で行われる講演会などの情報を掲載する東大公式のウェブサイト。

東大新聞オンライン

東京大学新聞社に所属する現役東大生が書いた東大に関する記事を掲載するウェブサイト。東京大学新聞の紙面掲載記事の一部も公開している。学内のニュースや東大関係者へのインタビューを中心に載せているが、入試シーズンになると高校生向けの記事を毎日連載する。

ＵｍｅｅＴ

「東大・東大生の魅力・面白さを発信し、社会における『東大はつまらない』というイメージを変えたい」などをコンセプトに記事を掲載するウェブサイト。高校生向けの記事は少ないが、公式の説明会などでは触れられない東大生の内部事情に密着した記事が多い。

主要大学説明会

例年夏に全国の主要都市で開催される高校生や保護者対象の説明会。東大をはじめ、全国の国公私立大学数十校が講演や個別相談会を行う。

イベント

五月祭と駒場祭はそれぞれ十数万人もの人が来場する東大最大級のイベントだ。来場者には各地から集まった高校生も少なくない。テレビでも特集されるため、見たことのある読者もいるのでは。五月祭・駒場祭にはどんな企画があるのか概観し、機会があれば足を延ばしてみよう。（ここで紹介する過去の企画が今後も続くとは限りません）

五月祭

五月祭は本郷地区キャンパスで毎年5月の土曜・日曜の2日間行われる。最も多くの来場者を集めるのが、安田講堂前ステージや講堂内で行われる音楽系サークルの発表だ。他にも数カ所の野外ステージで歌やダンスが披露される。普段は静かな学内もこの日だけはお祭り騒ぎだ。各学部・学科やサークルによる学術展示も目玉の一つ。東大の最先端の研究を分かりやすく解説したものが多く、特に高校生には進路の参考にもなる。また、学内にびっしりと並んだタピオカドリンクや焼き鳥などの模擬店のほとんどが現役東大生

によるもの。受験を終えたばかりの1年生の店も多く、思い切って受験相談をしてもいいかもしれない。

駒場祭

駒場祭は駒場地区キャンパスで毎年11月下旬に3日間行われる。五月祭と同様サークルやクラスなどによる企画、模擬店運営などが行われるが、主に1・2年生が通う駒場での開催なので、彼らが趣向を凝らした若々しくエネルギッシュな企画が多いのが特徴だ。ミスコン・ミスターコン（写真上）文Ⅲ各クラスの「文Ⅲ劇場」など伝統の企画も多い。東大に入学したらまず通うことになる駒場の空気を一度体験しておくのもいいだろう。

2015年度駒場祭の運営委員長を務めた秋月優里さん（工学部・3年）の話

五月祭や駒場祭では、テレビなどでは見られない、祭を全力で盛り上げようとする「東大生の生の姿」が見られるのが魅力です。ぜひ、お祭りに遊びに来て東大生を身近に感じてください。私も高校までは東京から遠く離れた福岡県にいました。でも、大学の友達に出身地の話をして盛り上がったり、高校の同級生が全国に散らばった結果各地に友達ができたりと地方出身ならではのいいこともたくさんあります。地方の高校生の皆さんは、東京や東大を怖がらず勉強頑張ってください！

オープンキャンパス

オープンキャンパスは毎年8月上旬に行われ、高校の夏休みと重なるため全国から1万人以上の高校生らが訪れる。文系学部を中心に高校生にも分かりやすい話題を厳選した模擬講義、理系学部を中心に本物の実験設備を見せてもらえる研究室見学などが行われる。これらの学部企画は予約制のものが多いので、６月ごろからウェブサイトを確認しておこう。学部の企画以外にも各部活動などの学生との受験相談会など予約不要の企画もある。

２０１５年度の企画例

・女子高生向け説明会（工学部）
・模擬講義（教育学部）
・イメージバンクコンテスト（理学部）

高2の夏休みに熊本県からオープンキャンパスに参加したHさん（薬学部・3年）の話

東京の各施設を見学する高校の行事で参加しました。キャンパス内を適当に散策しながら面白そうな企画を見て回りました。当時は京都大学など他の大学も考えていましたが、東大の雰囲気が嫌いではないと感じて東大受験の決意が固まりました。僕は地方の公立高校出身で塾など通っていなかったので何となく東大に「有名校出身者が集う雲の上の存在」というイメージがありましたが、オープンキャンパスで以前よりは身近に感じ始めましたね。

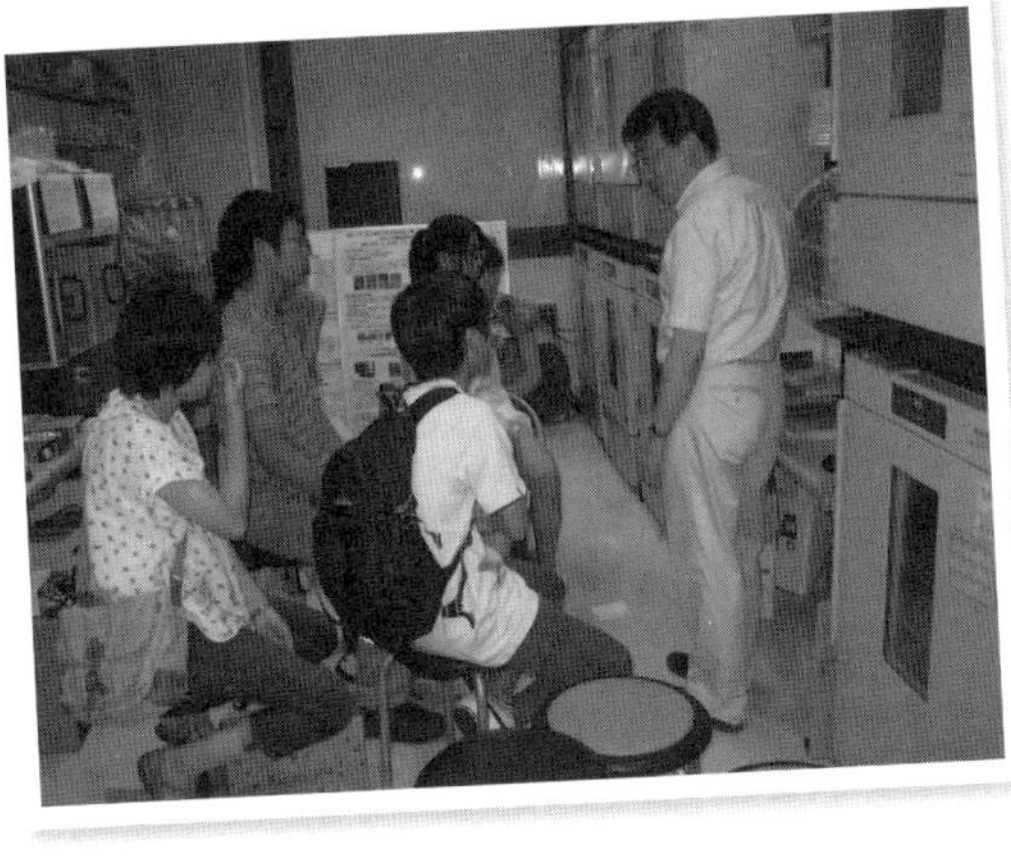

一日で東大の博物館を満喫するプラン

東大には通年公開している博物館もある。機会があれば見学し、東大の研究の一端に触れるのもいいだろう。ここでは都内の三つの無料で入れる博物館を一日で回るプランを提案する。

まずは丸の内線茗荷谷駅から徒歩8分の「総合研究博物館小石川分館」。午前10時から開館している。建築模型などが展示してあり、建築の歴史や思想が学べる。天気が良ければ隣接する植物園を散歩するのもいいだろう。次にバスで本郷キャンパスに向かおう。昼食を取ったらキャンパス南端の東大最大の博物館「総合研究博物館本郷本館」へ。自然科学や考古学などの東大の研究成果が分かる資料が多数展示されている。最後に東京駅横のＪＰタワーにある「インターメディアテク」。骨格標本などがある常設展のほか、東大の研究成果を中心とした特別展が同時に数件開かれている。

インターメディアテクでの展示

総合研究博物館小石川分館
文京区白山３-７-１
［開館時間］午前10時～午後４時半
［休館日］月曜日、火曜日、水曜日（いずれも祝日の場合は開館）

総合研究博物館本郷本館
文京区本郷７-３-１　本郷キャンパス内
［開館時間］午前10時～午後５時
［休館日］月曜日（祝日の場合は開館し翌日休館）

総合研究博物館本郷本館の外観

インターメディアテク
千代田区丸の内２-７-２　ＪＰタワー２・３階
［開館時間］午前11時～午後６時（金・土は午後８時まで開館）
［休館日］月曜日（祝日の場合は開館し翌日休館）

お金がなくても東大に行ける

東大に入学するためには入学金や授業料などを支払わなければならない。

２０１６年度の学部学生の入学料は２８２０００円、授業料は年間５３５８００円となっている。

１人暮らしをする場合には家賃、生活費なども必要だ。経済的負担を減らすにはどうすればいいのか。

入学料・授業料免除

入学直後に受けられる支援制度としては入学料免除、入学料の徴収が半年ほど猶予される入学料徴収猶予、そして授業料免除の3つがある。

学部生の入学料免除については「入学前の1年以内において、申請者の学資を主として負担している者（以下「学資負担者」という）が死亡し、又は申請者若しくは学資負担者が風水害等の災害を受け、入学料の納付が著しく困難であると認められる者」もしくは「その他、やむを得ない事情があると認められる者」に申請資格がある。入学料徴収猶予申請の場合は2つの条件に加え、「経済的理由により入学料の納付が困難であり、かつ学業優秀と認められる者」にも申請資格が認められる。

授業料については学力、家計に基づいて選考が行われ、適格者と認められた場合は全額もしくは半額が免除される。新入生は入学試験の合格をもって学力基準を満たしていると見なされ、家計のみで選考が行われる。授業料免除申請は2年生以降もできるが、定められた成績を取る必要がある。

家計基準については、総所得金額から特別控除額、収入基準額を除いた家計評価額が0円以下になる場合は適格者となる。特別控除額では自宅通学者は28万円、自宅外通学者は72万円が控除となるなど、それぞれの事情に応じて控除される金額が定められている。収入基準額は世帯人数に応じて、４人家族ならば２０３万円というように定められている。詳細は大学のウェブサイト（http://www.u-tokyo.ac.jp/content/400010242.pdf）で確認できる。

入学料免除、入学料徴収猶予、授業料免除の申請は駒場Iキャンパスのアドミニストレーション棟1階窓口で行う。ここで申請書を受け取り、必要事項を記入の上、必要書類と共に提出する。申請期限後は一切申請が認められないため、期限を確認の上、ゆとりを持って申請しよう。本郷キャンパスに通う学生が申請を行う場合は本郷キャンパス御殿下記念館にある学生支援センターで申請を行うことになる。

奨学金

これらの制度の他には奨学金をもらうという方法がある。奨学金にはさまざまな種類があるが、代表的なのが日本学生支援機構による奨学金だ。日本学生支援機構による奨学金は貸与式で、利息の付かない第一種奨学金と、利息の付く第二種奨学金の2種類がある。第二種奨学金は全ての学部学生、大学院生が対象となるが、第一種奨学

▶学部生が受けられる支援制度

入学料免除、入学料徴収猶予 授業料免除	授業料の半額、もしくは全額免除
日本学生支援機構	入学時特別増額貸与奨学金では 10 万円、20 万円、30 万円、40 万円、50 万円から貸与額を選択。第一種奨学金は自宅生が月額 4 万 5000 円または 3 万円、自宅外生は月額 5 万 1000 円または 3 万円。第二種奨学金は月額3万円、月額5万円、月額 8 万円、月額 10 万円、月額 12 万円から貸与額を選択
公益法人、一般財団法人、 各種団体による奨学金	貸与式と給与式、東大内部で選考があるものと学生が直接応募するものなどがある。詳細は学内掲示板に掲示

金は「特に優れた学生及び生徒で経済的理由により著しく修学困難な者」に貸与するとしている。第一種奨学金では東大の場合、自宅生は月額４万５千円もしくは３万円、自宅外生の場合は月額５万１千円もしくは３万円の貸与を受けることができる。第二種奨学金では５種類の貸与額から選ぶことができる。第一種奨学金、第二種奨学金の他に、利息付きで入学時特別増額貸与奨学金を受けることもできる。これは入学時の一時金として貸与される奨学金で、５種類から貸与額を選択できる。

その他の奨学金としては、公益法人の奨学金がある。これらの奨学金には貸与式だけでなく、給与式のものもある。公益法人奨学金には東大内部で選考を行って大学側から推薦を行う奨学金と学生が直接応募する奨学金がある。公益法人奨学会の一覧など詳細は学内掲示板に掲示されるため、掲示板を定期的に確認するようにしよう。内部選考を行う奨学金については、駒場Ｉキャンパスアドミニストレーション棟、本郷キャンパス学生支援センターで手続きをする形となる。直接応募する奨学金については各奨学会が指定している申請方法に従い、申請を行う。

公益法人の奨学金以外にもさまざまな奨学金が存在する。東大を志望する優れた女子生徒などを対象とした東京大学さつき会奨学金、地方から東大に通う学生を支援する地方公共団体による奨学金、外資系金融機関であるゴールドマン・サックスからの寄附に基づく「ゴールドマン・サックス・スカラーズ・ファンド」奨学金などだ。東大が紹介するこれらの奨学金以外でも、一般財団法人による奨学金など、例を挙げれば切りがない。必要な奨学金を入手するためには自分で情報を集め、行動することが大切だ。いずれの奨学金も申請期限を過ぎると原則申請できないため、早め早めに申請しよう。

大学院生向けの支援

学部だけでなく、大学院に進んでからも多くのお金が必要だ。大学院に進んでからは保護者の支援が受けられるとも限らず、より一層経済支援について知る必要があるだろう。

大学院生への支援として東大ではティーチングアシスタント（ＴＡ）やリサーチアシスタント（ＲＡ）の募集を行っている。ＴＡは実験、演習などの補助を行い、ＲＡは研究プロジェクトに参画し、研究補助を行う。支給される金額は学部、研究科ごとに変動する。博士課程生への支援としては博士課程研究遂行協力制度が08年度より新設され、毎年２０００人ほどの博士課程の学生に月額５万円を最長６カ月間支給している。

博士課程生は日本学術振興会特別研究員制度を利用することもできる。この制度は博士課程生や、博士研究員（ポスドク）という博士号を取得したが正規の研究職に就けていない人たちを対象とした支援制度だ。特別研究員に採用されると博士課程在学生の場合月額20万円が研究奨励金として支給される他、１５０万円以内の研究費が年度ごとに支給される。ポスドクの場合は月額36万２０００円と１５０万円以下の研究費が支給される。ポスドクの中でも極めて優秀と判断された人には月額44万６０００円の研究奨励金と３００万円以内の研究費が支給される。

日本学術振興会特別研究員制度は将来の学術研究を担う優れた若手研究者を養成、確保する目的で創設された。審査対象は研究能力、将来性、研究業績、研究計画などだ。採用率は20％前後で、採用されるには厳しい審査を乗り越える必要がある。

留学支援

東大では海外に留学する学生への支援も行っており、海外派遣奨学事業では月額６万円から10万円が支給される。「東京大学国際本部奨学金付き夏季短期留学プログラム」ではプログラムの開催地や開催期間、参加費用に応じて、授業料、宿泊費、航空費の一部として６万円から48万円までの奨学金が支給される。ただし、ＴＯＥＦＬ ｉＢＴやＩＥＬＴＳなどの英語検定試験で所定の成績を取る必要があるなど、奨学金を受け取るには定められた条件を満たす必要がある。その他にさまざまな財団法人による奨学金が存在するが、留学先、留学期間などにより支給金額、応募条件は変わってくる。

教えて赤門！
《受験編》

赤門の前には小学生、身長が170超えてそうなのは気にしたらだめだぞ!

雲一つない青空の下、本郷キャンパスのシンボル「赤門」の前に一人の小学生がやって来た。名前は成績のび太というらしく……。のび太の質問に赤門は答えられるのか？

赤門　どうした、のび太くん。

のび太　教えて赤門！　僕、東大に入りたいんだけど、いつから本格的に受験勉強を始めればいいの？

赤門　オレは、部活や学校行事が一区切りついた高3の夏から本格的に勉強を始めたよ。東大入試の過去問は、遅くとも高3の夏休みまでに1回解いた上で、東大入試レベルに達するために今後の学習計画や自分なりの戦略（どれくらいのスピードで問題を解くかなど）を立てる人が多数派かな。

のび太　まだまだ、先だね！　僕は毎日9時間寝ているんだけど、受験生って睡眠を犠牲にして勉強するの？

赤門　オレは6時間以上寝ていたな。体調管理の面もあるし、記憶は睡眠中に形成されるし。本番の入試は日中にあるから、試験時間に一番頭が働く生活習慣が大事だと思う。

のび太　寝る子は育つね！　模試ってたくさん受けた方がいいの？

赤門　東大の出題形式に慣れるには河合や駿台が夏と冬に実施する東大模試で十分。センター模試も受けた方がいい。復習する時間が確保できないと学習効果が低いから受け過ぎは禁物！

のび太　過ぎたるは及ばざるがごとしだね！　受験直前に一番気を付けるべきことって何かな？

赤門　体調管理が一番だよ。万全の状態で臨まなきゃ。そんなのび太くんに秘密道具の常備薬〜〜

のび太　秘密道具っていうほどのものじゃないよ〜〜

※常備薬は大事です

銀《ぎん》杏《なん》グラフィティー

① 受験編

作・satsumaimo（東大まんがくらぶ）

【キャラ紹介】

・横田

浪人を機に上京し一人暮らし。高校では毒舌のせいでマッドサイエンティストと呼ばれていた。自炊を始めたが、母に写真を送ると毎回ダメ出しされる。

・保坂

都内男子校出身。まわりに理系が多かったので何となく流されたが、数ⅢCと物理が嫌すぎて浪人を機に文転した。妹を始め家族全員にオタク扱いされているが、本人は否認している。

【作者】satsumaimo

東大文学部卒、修士2年。金の亡者なので原稿料を2倍に釣り上げた。

http://satsumaimo92.web.fc2.com/

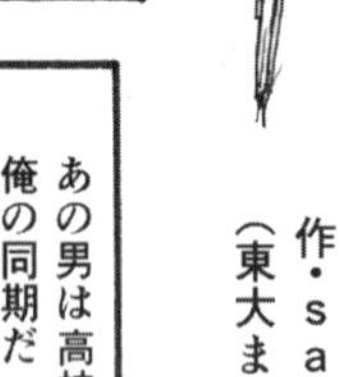

用語解説

【D判】合格率30%。「絶対に受からないとまでは言わないが、基本的に無理なので、観念しとけ」という意味。

【文転】数学嫌い理系が安易に選ぶ道。しかし東大入試は文系にも数学があるので所詮は逃れられず、焼け石に水である。

【予備校カップル】「一緒に東大合格しようね❤」と固く契りを交わすが、大抵男女どちらかが落ちて二浪し、もう片方が大学デビューする結果、早々に別れる。

【男子校】異性を宇宙人か何かだと思っており、共学を病的に敵視している。諸悪の根源である。

【女子校】男子校に劣らずこじらせているが、周囲からのイメージだけは「お嬢様」なのでギャップが激しく、男子校より悪い。

【共学】オタクと変人の居場所がスクールカーストの最下層にしかなく、個性のない者だけがのさばるディストピア。一番悪い。

一七五ページに続く

第2章

ーする

東大に入学すると
全員最初の1年半は駒場Iキャンパスで過ごすことになる。
授業は？　サークルは？　休暇の過ごし方は？
自分が東大生になったつもりで疑似体験してみよう。

駒場編
大学生デビュ

東大生アンケート　駒場編

【出典】・「2014年学生生活実態調査」（学部生を対象としている）
・東京大学新聞社が16年度入学者に実施した新入生アンケート（新入生の95%に当たる2995人に回答を得た）

新入生が大学生活で最も重視したいこと

「学業」が69・8%で最多だった。他に「サークルなど学生が組織する団体」「恋愛」などが挙がった。入学時点では受験で燃え尽きて勉強したくないという人は少ないようだ。入学してしばらくたつと学業以外を重視している人が多数派と記者は感じるが……。

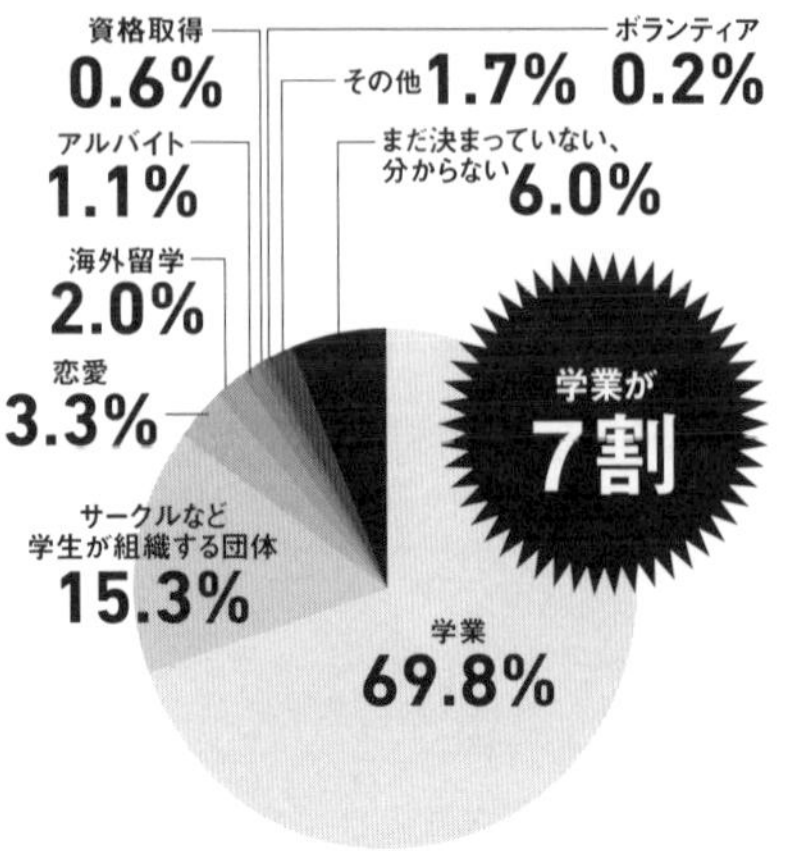

アルバイト

在学生のうち、男子の自宅生が最もアルバイトをしていた。女子の場合は住居形態による大きな差が見られない。アルバイトの目的は、自宅生の場合「学生生活を楽しむため」、自宅外生「生活費を稼ぐため」がそれぞれ4割を超え最多だった。

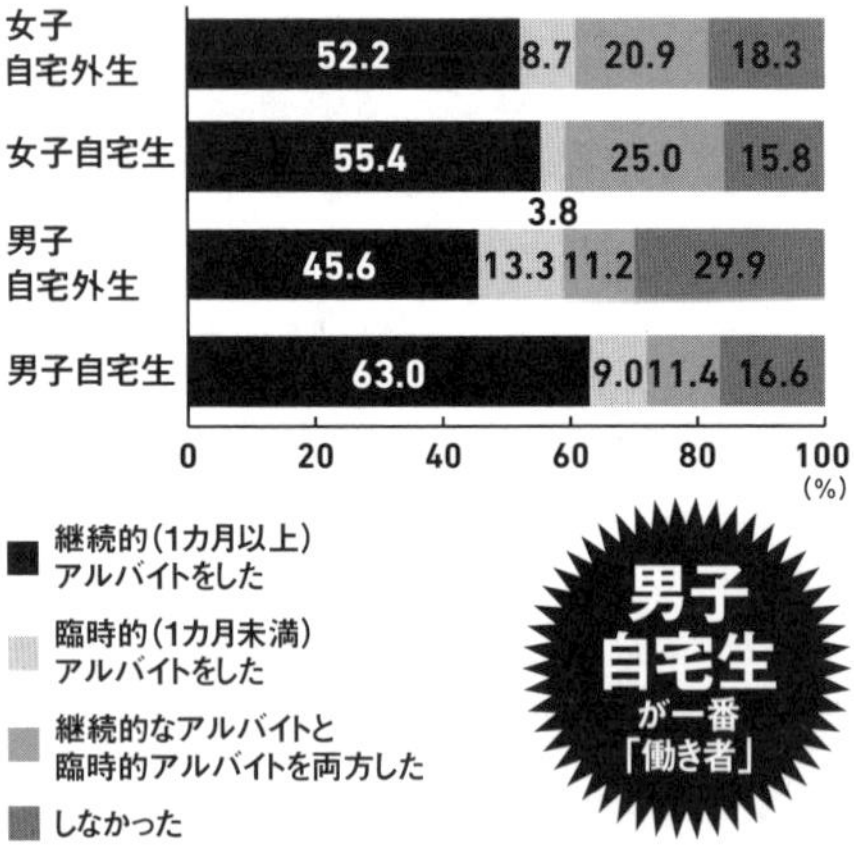

不安・悩み

在学生の悩みとして最も多かったのは「将来の進路や生き方」。続いて「就職」「勉学（成績・単位など）」「経済的なことや経済的自立」「性・異性・恋愛・結婚」が挙がった。多くの質問項目で女子の方が男子よりも悩む割合が高かった。

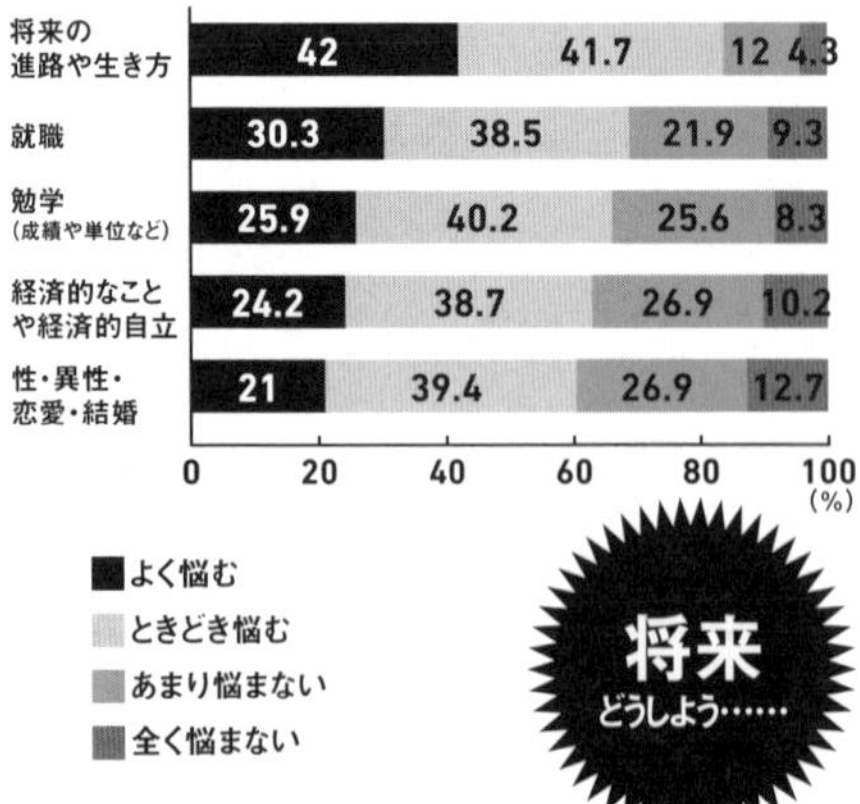

ぶっちゃけ！科類紹介

科類ごとの違いは一見分かりにくい。「ぶっちゃけ話」も加えつつ学生生活を解説した。

用語解説

4、5月をS1ターム、6、7月がS2ターム、S1・S2をまとめてSセメスター、9月末から11月中旬がA1ターム、11月中旬から1月がA2ターム、A1とA2をまとめてAセメスターと呼ぶ

文Ⅰ＝法学部進学は思い込み？

主な進学先
法学部、教養学部

後期教養も人気

　文Ⅰ生はみんな法学部に進学すると世間では思われがちだが、それは徐々に思い込みとなりつつある。文Ⅰから法学部へ進学する枠は合計３９０～４００人分で、文Ⅰ生の人数よりも若干少ないが、２０１２年、14年、15年実施の進学振分け（現在の進学選択）では定員割れ。15年は11人分定員より少なく、一方で教養学部の後期課程へ進学する学生が15年実施の進学振分けでは30人ほどいた。特に教養学部教養学科総合社会科学分科国際関係論コースは、外交官を目指す学生の憧れとなっている。単位さえそろえれば成績が低くても文Ⅰから法学部へ進学できる傾向は昔から強かったが、定員割れを起こしている現在は、ますます低い成績で進学可能となっている。

　クラスはほとんどが文Ⅱとの合同クラス。どの第二外国語を選ぶかで差はあるが、女子比率はおよそ2割。文Ⅰ生は文Ⅱ生と比べ授業の出席率が高く、おとなしい人が多い傾向がある。カリキュラムは法学部進学が意識され、法Ⅰ・Ⅱ、政治Ⅰ・Ⅱが文Ⅰ生専用の授業として開講されている（文Ⅱ・文Ⅲ向けの法や政治の講義もある）。

資格予備校に通う人も

　2年のＳ１タームから法学部の専門科目が駒場で開講され、進学選択で法学部進学が確定する前から後期課程の単位を取得できる。法学部専門科目は９００番教室という駒場で一番多くの人数を収容できる教室で行われ、進度が速くて付いていくのが大変だとのこと。それを見越してか文Ⅰ生の多くは前期課程の単位を1年のうちにほとんど集めてしまう。

１年Ａ１タームの時間割

渡《わたり》 勇大《ゆうだい》さん
（文Ⅰ・2年）

	月	火	水	木	金
1			法Ⅱ		
2		中国語初級（インテンシヴ）	中国語一列2	中国語初級（演習）2	中国語初級（インテンシヴ）
3	政治Ⅱ	社会生態学	英語一列2	英語中級	適応行動論
4		現代教育論		教育臨床心理学	
5		歴史Ⅰ			

昼間にバイト、夜に部活

研究室に引きこもるよりも社会で働く方が自分は合っていると思い高校の文理選択で文系を選択。将来の夢が明確に決まっていなかったので、例年成績が低めでもいろんな学部学科に進学しやすい文Ⅰを選択しました。現在は法学部への進学しようと考え、２年のＳ１タームから駒場で受けられる法学部の専門科目を主に履修しています。他の人が講義ノートは取ってくれているので教室に行かないこともありますが（笑）。

入試の英語の成績が良かったので、トライリンガル・プログラム（ＴＬＰ）という第二外国語を集中的に鍛える教育プログラムの中国語クラスにいます。クラスには真面目で自分のやりたいことに打ち込んでいる人が多いですね。サークルは運動会バレー部で、クラスとは反対にチャラチャラしていて恋愛ガツガツな人が多いかな。

大学の講義を終えてから夜にアルバイトをする人が多いですが、私の場合、夜に部活があるので昼間にバイトしています。講義の空きコマの時間にバイトへ行けるので、駒場キャンパスの近くにあるスーパーが職場です。

卒業後の進路としては、法科大学院を経て法曹を目指すか、国家公務員になることを考えている人が多い。司法試験・予備試験などの資格試験や公務員試験対策として、1年のうちから予備校に通う学生もいる。

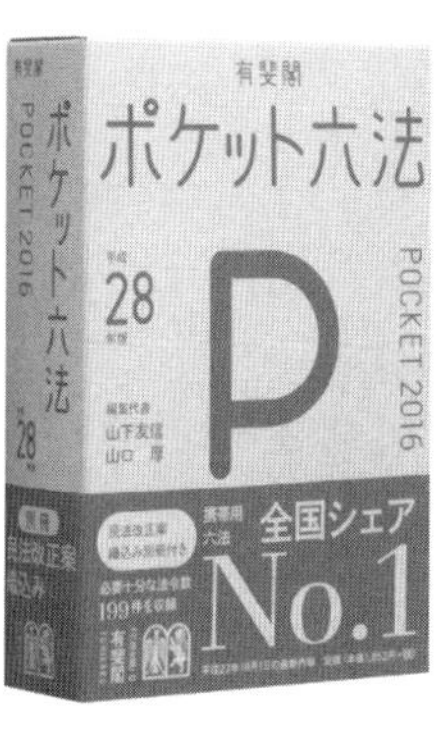

日本国憲法などの授業を取ると買うことになる

『ポケット六法 平成28年版』
有斐閣、税込2000円

サボり過ぎると経済学部へ行けない？

主な進学先
経済学部、教養学部

ネコより暇なのはもう昔

「ネコ文Ⅱ」という言葉をご存じだろうか。昔の文Ⅱ生は単位さえそろっていれば経済学部へ進学できるため、講義に出席せずに暇そうにしている文Ⅱ生が多かったためできた、「ネコより暇な文Ⅱ生」を略した表現だ。しかし、２００７年実施の進学振分け（現在の進学選択）以降は、文Ⅱ生約３５０人に対し、文Ⅱからの進学枠はおよそ２８０人に削減。文Ⅱ生のほとんどは経済学部進学を志望するため、成績下位の70人ほどは経済学部に行けなくなった。経済学部へ文Ⅱ生が進学するには例年約70点必要となっている。駒場生の平均的な成績は70点から75点くらいと言われており、ネコより暇な生活をしていたら経済学部へは行けなくなった。経済学部へ進学できなかった人は文学部などの他学部へ進学したり、降年し次の年の進学選択で経済学部への進学を狙ったりする。

とはいえ、他の文系科類と比べたら文Ⅱは暇だ。文Ⅰ生は2年のＳ１タームから開講される法学部の専門科目を履修し、文Ⅲ生は人気のある学部学科が集中していて進学のため好成績を取らないといけない場合が多い。文Ⅱ生の場合は、2年のＳセメスターの間、一つも講義を履修しない人もおり、サークルやアルバイトを満喫できる。

社交的、あるいはチャラい

クラスは文Ⅰとの混合で、男女比は4対1程度。文Ⅱ生は真面目というよりは社交的、あるいはチャラい人が多いと言われている。経済学部に全員行けなくなったとはいえ、講義への出席率は他科類と比べ低いようだ。しかし、優秀な文Ⅰ生や、一定数いる真面

1年A1タームの時間割

中山絵美子《なかやまえみこ》さん
（文Ⅱ・2年）

	月	火	水	木	金
1		英語中級		現代生命科学Ⅰ（文科生、理Ⅰ生）	
2	健康スポーツ医学		英語一列②	身体運動・健康科学実習Ⅱ	イタリア語初級（作文）
3	経済Ⅱ	イタリア語一列②			イタリア語初級（演習）
4		現代教育論			
5		歴史Ⅰ			

微積が出てきて経済学が難しく

理科の実験が好きでなかったので文系を選択し、法律や文学に興味がなかったので消去法で文Ⅱを志望しました。高校の時も政治・経済を勉強しましたが、大学に入ると微分や積分を使って経済を分析するので高校より大分難しくなります。期末試験前に内容を詰め込んだので単位を取ることはできましたが、内容の本質的理解はできず経済学部への進学はやめました。看護に興味があるので医学部健康総合科学科への進学を考えています。

サークル活動としては運動会アメリカンフットボール部のマネジャーをしています。練習中は、選手の飲み物の補充や、後で見返したり反省材料にしたりするためにビデオ撮影をしています。

私が所属する文Ⅰ・Ⅱイタリア語クラスには、文Ⅰから法学部に行きたい人と文Ⅱから経済学部に行きたい人が少なくて、理系学部や後期課程の教養学部へ進学したいなどイレギュラーな進路を取りたい人が多いです。イタリア語のように履修する人が少ない言語を取る人は進路も少数派な場合が多いように感じます。

目な文Ⅱ生からノートや試験対策プリント（シケプリ）を集めて何とか試験だけは乗り越える。経済学部に最小の努力で進学しようとするのが現在のネコ文Ⅱ生だといえる。

キャンパス内でたまにネコを見かける

文科Ⅲ類

多岐にわたる進学先

主な進学先
文学部、教育学部、教養学部

目指せ、好成績

主な進学先は文学部や教育学部、後期課程の教養学部など。文Ⅰ・文Ⅱよりも教養学部への進学枠の人数が大きいが、進学を希望する文Ⅲ生が多くて枠に入りきらず、文Ⅰ・Ⅱよりも良い成績を取らないと希望の学科・コースへは進学できない。特に人気なのが教養学科総合社会科学分科国際関係論コース。外交官になるための登竜門で、例年80点以上の成績が必要だ。

他には文学部行動文化学科社会学専修課程や教育学部総合教育科学科心身発達科学専修教育心理学コースが人気。文学部を卒業しても就職先を見つけるのは大変だと言われる風潮を反映してか、就職に結び付きやすい経済学部や法学部を目指す学生もいる。ただ、例年80点以上の高成績が進学に必要だ。人気学科進学を狙う学生は、友人が作った試験対策プリント（シケプリ）収集や口コミ、学内メディアを駆使した情報戦を繰り広げる。そのためか「文Ⅲ生は真面目」「点取り虫」などの烙印《らくいん》を押されてしまうこともある。

固いクラスの団結

一方で文Ⅲ生が他の科類と異なるのは、男女比が約２対１で比較的女子が多い点。東大の学部全体では女子比率が約２割なのを考えれば、特殊な点といえる。特にフランス語を選択する女子が多い傾向がある。

必修として取得しなければならない単位が文Ⅰ・文Ⅱよりも４単位少ないが、その分自分で選んで履修する総合科目が文Ⅰ・文Ⅱより４単位多く必要だ。クラスの団結は比較的強い傾向があり、３年になっても１・２年のころ

１年Ａ１タームの時間割

松本《まつもと》咲《さ》葵《き》さん
（文Ⅲ・２年）

	月	火	水	木	金
1					
2	イタリア語一列②			英語二列W（ALESA）	歴史社会論
3	心理Ⅱ	イタリア語初修（演習）②			身体運動・健康科学実習Ⅱ
4		英語一列②／英語中級		イタリア語初級（会話）	
5	美術論	社会行動論	人文科学ゼミナール（テキスト分析）	全学自由研究ゼミナール（ブランドデザインスタジオ13 ～「渋谷土産」を創る）	惑星地球科学Ⅱ（文科生）

多様な分野の授業を自由に履修

高校の英語の授業で文法に興味が湧き、言語学を学びたくて文Ⅲを志望しました。入学後は美術論などに興味が移っていますね。多様な分野の授業を比較的自由に履修でき、興味を広げられるのが文Ⅲの良いところです。１年次は必要な単位を早く取得したくて、履修できる上限数まで授業を取りました。

所属するイタリア語クラスは女子が約４割と多く、気楽ですね。クラスの友人の希望進路は文学部から教養学部や農学部、工学部まで多様で、互いに刺激を受けられます。私自身は文学部の美学芸術学専修と社会学専修、教養学部の表象文化論コースで悩んでいます。

サークルは米ハーバード大学の学生と交流する「HCAP Tokyo」に所属しています。ハーバード大生が日本に来た時は、移民問題など学術的な話題での議論、鎌倉観光などのプログラムを実施しました。東大女子学生向けのフリーペーパー「biscUiT」にも所属し、年２回発行しています。両サークルは友人の隠れた能力を実感し、自分を叱咤《しった》する良い場です。

のクラスで集まり模擬店を学祭に出店する場合も多い。11月の駒場祭では毎年「文三劇場」と呼ばれる有志による演劇が行われている。その練習のために夏休み中も連絡を取り合ってキャンパスに集まり、練習を重ねるクラスもあるようだ。

語学の教科書の一例

『イタリア語のスタート　文法と練習』
白水社、税込2700円

理科Ⅰ類

1学年千人を超える大所帯

主な進学先
工学部、理学部、教養学部

東京短期男子大学？

理Ⅰは、数学や物理を得意とし、工学部や理学部進学を志望する学生が大部分を占める。駒場の授業を通じて自分に合った学科を模索するが、例えば入学時には理学部物理学科を目指していても物理学科へ進学するには前期教養課程で80点以上の成績が必要なので、成績が振るわなくて諦める人もいる。他に人気の学科は、工学部宇宙工学科や工学部電子情報工学科・電子電気工学科、理学部生物情報科学科など。

どの科類よりも多い、1学年1100人を超す学生が集まり駒場生の約3分の1を占める。「東京短期男子大学」と揶揄《やゆ》されることもある理Ⅰの女子の割合は5～10％ほどで、女子が1人のクラスも。フランス語クラスとスペイン語クラスは比較的女子比率が高い。男子にとっては付き合う女子を見つけることが難しく、女子にとっては同性の友人がなかなかできないという、両性にとって過酷な環境。他の科類から同情の目で見られているが、当の理Ⅰ生の中には「恋愛なんてどうでもいい」と言う人も多く、開き直っている場合もある。付き合う相手の欲しい男子は、他大学の女子もいるインカレサークルや、学内系でも女子の多いサークルに所属する傾向がある。

長引くと大変な基礎実験

1年の時は必修の科目が多いため忙しい生活を送ることになるが、出欠が成績評価に含まれない講義はサボる人もしばしば。数理科学は、理科全類で必修の5科目に加え「数理科学基礎演習」も必修。進度は非常に速く、板書もすさまじい量になる。1回でも休むと授業に付いていけなくなり、数学が

１年Ａ１タームの時間割

石《いし》丸《まる》夏《か》奈《な》さん
（理Ⅰ・2年）

	月	火	水	木	金
1		構造化学			
2	英語中級				
3	基礎実験Ⅰ（化学）	英語二列S	身体運動・健康科学実習Ⅱ	スペイン語一列②	線型代数学②
4	基礎実験Ⅰ（化学）	微分積分学②			電磁気学A
5		微分積分学演習			

宇宙関係の学科に進みやすい

理Ⅰへ進学することにしたのは、高校で物理を履修したからという消極的な理由からです。けれど、大学で講義を受けて自分が昔から宇宙に興味を持っていたことが分かり、宇宙に関わる学科（工学部の航空宇宙工学科、理学部の天文学科や地球惑星物理学科、地球惑星環境学科など）に進学しやすい理Ⅰは結果的に良い選択でした。

選択した第二外国語はスペイン語で、クラスの男女比は33人対３人。理Ⅰの中では多い方です。授業中ダラダラとスマートフォンを見たり、途中で教室から出て行ったりなど一見不真面目そうな人が一緒に授業を受ける理Ⅰ生には多いです。しかし期末試験前になると過去問やシケプリ（クラスの担当者が作る試験対策プリント）を解いて、いい成績を取るので「みんな優秀だな」と感じます。

所属している部活は運動会陸上運動部で週に４回練習があります。地方出身で東京に慣れていないのに部活と講義を両立するのは大変でしたが、今は試験の添削や家庭教師のアルバイトもしています。

嫌になる人も。必修科目で最も過酷と言われているのが、1年のA1タームから始まる基礎実験。基礎実験（物理学）、基礎実験（化学）を必ず履修しなければいけない。3、4限が当てられているが、特に物理学の場合、実験が失敗などで長引けば18時以降も残される場合がある。2人1組で実験するのでパートナーと連携することが大切だ。

基礎実験で使う

『基礎物理学実験〈2016秋-2017春〉』
学術図書出版社、税込1944円

理科Ⅱ類

進学先は生命系学部から文系学部まで

主な進学先
農学部、薬学部、理学部、教養学部

女子率が高め

　主な進学先は農学部や理学部、薬学部。薬学部は比較的人気が高く、80点以上が進学に必要な年が多い。中には理Ⅲ以外から医学部医学科へ進学する「医進」を目指している学生もいる。医学部医学科へは理Ⅱから進学できる枠が10人分と全科類から進学できる枠が3人分あり、理Ⅱ生なら例年90点以上の成績を取らないと医進するのは難しい。90点以上の成績を取るためにサークルやアルバイトをせずに勉強時間を確保する場合が多く、医進は「普通の大学生活」の何かを犠牲にするかもしれない。理Ⅲ生は単位さえそろっていれば基本的には医学部医学科へ進学できるので、理Ⅲに入り直した方が楽だという説もある。法学部や経済学部など文系学部への進学を希望する学生も目立つなど理Ⅱ生の進学先は多様だ。

　多様性といえば、学部生全体では2割以下しかいない女子が、理Ⅱでは約3割を占めているのも特徴。「女子がしっかりしていると、クラスがまとまる」とも言われている。五月祭や駒場祭などの学祭への出店の時も、まず女子が男子を集め、意見を聞き、企画をまとめ上げることが多い。

生物選択者「それ高校で習ったよ」

　クラスは天下の理Ⅲ生と合同クラス。ただし、韓国朝鮮語など履修者が少ないクラスでは、理Ⅲ生がいない場合も。雲の上の存在かと思いきや付き合っていくうちに普通に友達になれる。理Ⅲ生は医学部医学科へ行くなら成績は最低限あればいいので、講義には出席せずに遊び回っている人も少なくない。そのためテスト前に頼りにな

１年Ａ１タームの時間割

大村《おおむら》瑛《えい》太《た》さん
（理Ⅱ・２年）

	月	火	水	木	金
1			線型代数学②	化学平衡と反応速度	スペイン語一列②
2			英語一列	身体運動・健康科学実習Ⅱ	
3	構造化学	基礎物理学実験	微分積分学②		英語二列S
4	生命科学Ⅱ		微分積分学演習	線型代数学演習	電磁気学A
5					

物理系の授業は理Ⅰより易しめ？

理Ⅰと理Ⅱどちらに進学するか迷いましたが、東大に行っていた高校の先輩から「明るくて活発な大村なら理Ⅱの方が合っている」と言われたので理Ⅱを志望しました。理Ⅲ生の知り合いが欲しいというのも志望理由です。将来的に一緒に何かしらの仕事ができたらいいな、と思って。入学して理Ⅲ生と話すようになりましたが、「変な人」が多いですね。自分のやりたいことを楽しんでいてぶっとんでいる人が多いです。

サークルは、駒場祭委員会という東大の学祭を運営する団体とTEDxUTokyoという講演会を企画する団体、東大HALEというテニスサークルに入っています。駒場祭委員会では、もともと興味があったデザインに関わる部署に所属しています。テニスサークルは練習頻度がそこまで高くないので、他のサークルと掛け持ちしやすいです。

力学や電磁気学などの物理系の講義を１年の間に受けますが、理Ⅰ生が受けている同名の講義よりも少し易しくなっているようです。理Ⅱ生は生命科学系の学科に進む人が多くて、理Ⅰ生より物理の知識を使わないからかと思います。

るのは、真面目な理Ⅱ生というクラスが多い。

カリキュラムは理Ⅰと似ている。しかし、理Ⅰよりも数理科学の必修が2単位少なく、生命科学の必修が3単位多い。基礎生命科学実験を2年の前半に多くの人が履修する。生物選択で受験した学生は理Ⅱでも少数派なので、講義や実験は高校時代に生物を習っていない学生でも理解できるように進められる。生物選択者からすると「それ高校で習ったよ」の連続だとのこと。

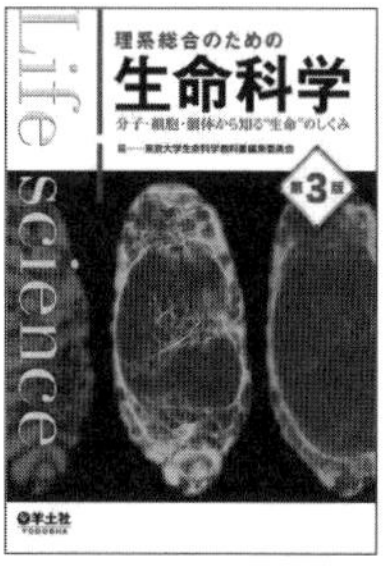

生命科学Ⅰ・生命科学Ⅱの授業で使う

『理系総合のための生命科学 第3版～分子・細胞・個体から知る"生命"のしくみ』羊土社、税込4104円

理科Ⅲ類

キャンパスで見かけない「超エリート」

主な進学先
医学部

入学後は勉強しなくなる？

　１学年３０００人いるうちの１００人しかいない、俗にいう「超エリート集団」。人数が少ない上に「鉄門」という名がつく理Ⅲ・医学部限定の部活やサークルに参加しているため、クラスメートでない限り理Ⅲ生以外はキャンパスでめったに出会うことがない。塾や家庭教師のアルバイトをしても他の科類とは待遇が別格で、時給４０００円を超えることがしばしば。他の科類では時給２０００円程度な場合が多く、学歴の差が表れている。

　では、最難関の入試を突破した理Ⅲ生は大学に入ってからも勉強熱心かというと、必ずしもそうではない。もちろん好成績を収める人もいるが、理Ⅲ生は単位をそろえれば基本的には医学部医学科へ進学でき、前期課程の間はそれほど勉強する必要がない。そのため、過酷な受験勉強の反動からか授業にほとんど出席せず遊び回っている理Ⅲ生もいる。

医学への情熱は高い

　医学に対する情熱はとても強く、教養にいるうちから早く医学の専門的な内容を学びたいと楽しみにしている人が多い印象。教養学部でも医学に関するゼミが開講され、積極的に参加している。

　医学部に進学すると、必修科目が増えて勉強が忙しくなる。月曜日から金曜日までがほとんど必修の講義や実習で埋まってしまい、これらの授業のために、毎日帰宅後には復習と翌日に向けた予習が必要。他の大学ならば6年間かけて習得する医学の知識を、東大では4年間で習得しなければならないと言えば、その大変さは伝わるだろ

1年A1タームの時間割

窪《くぼ》田《た》成《せい》悟《ご》さん
（理Ⅲ・2年）

	月	火	水	木	金
1			線型代数学①		生命科学Ⅱ
2	スペイン語一列②	西洋思想史	英語一列	身体運動・健康科学実習Ⅱ	宇宙科学Ⅰ（理科生）
3	構造化学	基礎実験Ⅰ（物理学）	微分積分学②		英語中級
4			線形代数学演習		電磁気学A
5					

鉄門サークルとアルバイトが生活の中心

小さい時からサッカーをやっていたのですが、よくけがをして整形外科の先生にお世話になりました。その先生に憧れて医師を志したのが理Ⅲを志望したきっかけです。中高は進学校で周囲に東大を目指す人が多く、東大を目指すのは自然な流れでした。

1年夏は週14コマ履修しました。第二外国語はスペイン語にしました。必修授業の多くはクラスの理Ⅱの人たちと受け、自分が理Ⅲというだけでシケタイ（試験対策委員）を任せられて大変でした（笑）。1限がある日は8時半ころから登校し、授業後は部活やアルバイトに行き、夜10時とかに帰宅する生活を送っていました。

現在は授業も減り、鉄門バスケットボール部と塾講師のアルバイトが生活の中心です。塾講師として小学生に算数を週1で教えています。小学生でも理解できるように説明する必要があり、人に物事を説明するのが少しだけうまくなった気がします（笑）。進学選択では医学部医学科への進学を考えています。周りの理Ⅲ生の多くも同じ考えです。進化学や生態学など興味がある学問の勉強もしたいと考えています。

う。前期課程で理Ⅲ生があまり勉強せずに済むことは、医学部へ進学する前の息抜きになっているようだ。また、根っからの数学好きが理学部数学科へ進学するなど、駒場の2年で自分を見つめ直して医学部以外に進学する学生もいる。

本郷キャンパス・医学部附属病院の近くにある鉄門

東大から海外の大学へ

さまざまな国際大学ランキングで、東大は国際性の評価が低いため、
国際化の必要性が叫ばれている。
ここでは実際に東大が国際化を促進するために行っていることを紹介する。

東大が海外に学生を送り出す制度としては、初年次長期自主活動プログラム（FLY Program）が挙げられる。FLY Programは東大に入学してすぐに1年間休学し、課外活動に取り組む制度で、濱田純一前総長が2013年度から実施した。欧米の大学で行われている「ギャップイヤー」を参考にしたもので、ボランティア活動や国際交流活動などを行うことを目的としている。FLY Program利用者は最大50万円の奨学金を受け取り、自分で考えた計画に沿って活動する。五神真総長はこれからも続けていく姿勢を示している。

交換留学も近年は盛んになっている。東大からの交換留学で海外の大学に在籍している人の数は、09年は学部生と大学院生を合わせて108人だったが、13年には231人と倍増している。全学交換留学の協定校としては、シンガポール国立大学や北京大学などがある。その他にも学部ごとに提携している大学がある。

東大は留学の情報を提供する場として「Go Global 東大留学フェア」や「ミニ留学説明会」など、留学説明会を開催している。Go Global 東大留学フェアやミニ留学説明会では、留学経験者や外国の大使館の人の話を聞くことができる。

海外で活動する手段としては、海外インターンもある。インターンは学生が一定期

FLY Program活動報告会で修了証を渡す五神総長

間企業などで研修生として働き、就業体験を行う制度。海外の企業や研究所で研修することで、専門知識や技術、実用的な英語力や国際感覚を身に付けることができる。

海外に留学する人や海外インターンシップに参加する人には「Go Global 奨学基金」など経済的支援を行っている。教育上有益と認められる場合は、学生が休学せず海外の大学で授業を履修し単位を取得できるという規定を作るなど、制度改革も行われた。

駒場生活の基礎知識

東大入学後、全員が経験することになる駒場での前期課程。
授業の履修計画や単位の取り方など覚えることがたくさんあるが、
それらの情報を知っていると計画的に学生生活を過ごせる。
有意義な２年間を過ごすためにも駒場の基礎知識を知っておこう。

入学後の前期教養課程では、クラス単位での交流・生活が主となる。クラスで参加するイベントや諸手続きや健康診断といった入学時の行事の様子を1年生に語ってもらった。

話し手
S・Yさん（文Ⅲ・1年）
都内の私立中高一貫男子校出身。

聞き手
K・Yさん（教育学部・3年）
地方の私立中高一貫男子校出身。某新聞社で受験生向け情報誌を編集している。

諸手続き

諸手続きでは学生証番号やクラスの確認、シラバスの配布など入学に必要な事務手続きを一日で行う。諸手続きが終わるとそのままクラスの顔合わせやテント列（サークルの勧誘）へと誘導される。

　諸手続きはとにかく長かった記憶がありますね。もらう書類が多くて大変でしたが、正直シラバスと「履修の手引き」以外要らないんじゃないかと思います（笑）。先輩から書類を入れるために大きな袋を持っていけと言われていたので、そうしました。

――テント列は行ってみた？　あれはいろんなサークルがバリケードを作って半ば強引に勧誘してくるよね？

　せっかくの機会なので行ってみました。僕はどのサークルの話もちゃんと聞いた方なので抜けるのに3時間くらいかかったかな。5時間かかったと言っていた友人もいましたね。結局サークルは詰めビラ（諸手続きで、各サークルのビラが一まとめになった冊子が配られる）を見て決めたのでテント列はあんまり効果がないのかもしれませんね（笑）。

　諸手続きの翌日には健康診断と学部ガイダンスがありました。簡単なものでしたが待ち時間が多く結構終わるまでに時間がかかった気がします。健康診断の日とその次の日はサークルオリ（各サークルが勧誘のためにブースを設置している）がありましたが、僕は体調不良で行きませんでした。

プレオリ・オリ合宿

4月には、各クラスの2年生が新入生の親睦を深めるため、プレオリという懇親会とオリ合宿という旅行を開催することが恒例となっている。

　健康診断の日にはプレオリがありました。ここでクラスの皆の顔を初めて見ましたね。夕飯を一緒に食べることでそれなりに仲良くなれた気がします。

そして数日後にオリ合宿へ。僕のクラスは尾瀬に行きました。バスの中で新入生の皆と話せて、その時気が合った人とは今でも特に仲がいいです。オリ合宿のメニューの中に体育館でチーム対抗でドッジボールなどをするレクリエーションがあったんですが、その後もそのチーム単位で行動することがあったので、チームメートとても仲良くなりましたね。２年生も20人くらい来ていたかな。

──20人も来てたんだ。僕のクラスはそんなにいなかったなあ。オリ合宿が上手くいくかは２年生次第なところがあるよね。

僕のクラスのメニューは結構グダグダでしたよ（笑）。それでもオリ合宿では皆楽しんでいたし、合宿が終わってからも普通に仲良くなっていった。そんなにみっちりとメニューを組まずに、緩い予定で動いた方が、皆と話す時間も増えてかえって仲良くなる気がしました。オリ合宿ではクラスの役職決めもあり、僕はシケ長（試験対策のプリントの管理を務める）になりました。

入学後・五月祭

本年度は４月５日が授業の開始日。入学式はそれより後の12日に開かれた。その後、ほとんどのクラスが模擬店として参加する五月祭が開催される。

入学後は主に空きコマに、食堂でクラスの皆と履修会議を開催したりしました。履修システムは最初は難しいので、周りと相談しながら決めていった方が良いかと思います。僕はシケ長だったので、特に真剣に行いました。

入学式はクラスで写真を撮りましたけど、休んだやつもいましたよ（笑）。

──入学式を休む人、毎年１００人以上はいるらしいね（笑）。五月祭は何のお店を出したの？

時間がなかったのでクラスの五月祭委員が勝手に「シャカシャカポテト」に決めました。宣伝用のＣＭを作りしましたが、特にそれ以外直前まで準備はしていませんね。

──調理の練習をするために試食会とかもやらなかったんだ。

そうですね、食材も前日に買いに行ったんで（笑）。１日目の朝は、作り方を分かる人が少なくてお店が回らなかったです。でもクラスの皆はすでに仲良くなっていて五月祭には協力的でした。

概要

東大に入学した学生は、共通してまず2年間の教養学部前期課程に所属する。専門分野に進む前に幅広い学問に触れることで、豊かな知識と広い視野を学生が身に付けることが狙いだ。

前期課程から後期課程に進学する際には、進学選択という制度がある（15年度実族以前は進学振分け）。教養学部で広い知見を得た学生が自分の行きたい学部・学科を選択できるという制度だが、これは前期課程での成績が影響してくる。自分の行きたい学部・学科、とりわけ人気のあるところに進学するためには、入学後もそれなりの成績を取ることが要求される。

ここでは、前期課程の授業の内容や、科類ごとに何の単位がどのくらい必要とされるのかを見ていく。15年度からは4ターム制の導入や授業時間の延長などにより14年度以前とは大きく変わっているため注意が必要だ。

◇

15年度から4ターム制の導入に伴い、前期教養学部では図のように1年がＳ１、Ｓ２、Ａ１、Ａ２の四つのタームに分かれることになった。それぞれのタームは2カ月ほどで、各科目は１０５分×13回の授業で構成される。Ｓ１、Ｓ２のように連続するタームを合わせてセメスターというが、セメスター単位での授業も開講される。4ターム制導入と同時にＣＡＰ制も導入され、1セメスター当たり30単位までしか履修できないことになった。

◇

4月	S1ターム	Sセメスター
5月		
6月	S2ターム	
7月		
8月		
9月		
10月	A1ターム	Aセメスター
11月		
12月	A2ターム	
1月		
2月		
3月		

前期教養課程で履修できる科目は大きく4種類に分けられる。一つ目は基礎科目で、前期課程で最低限身に付けておくべきとされる基本的な知識・技能などを習得するための科目。いわゆる「必修科目」で、割り当てられた基礎科目は必ず履修しなければならない。

二つ目は総合科目。総合科目はさまざまな学問分野に関して、文理合わせて7系列に分かれて開講されている。15年度からこれまでのＡ～Ｆ系列に加えて、Ｌ系列が新設されている。Ｌ系列は英語や第三外国語、古典語の授業で構成されている。これまでは進振りの際に成績上位8科目が重率１、その他の科目は重率０・１で平均点に算入されていたが、16年度実施の進学選択からは全ての科目が重率１で平均点に算入されるようになったため、注意が必要だ。

三つ目は主題科目である。主題科目は講義形式のものから実習形式のものまで、自由度の高い授業が展開される。四つ目は15年度から新しく導入された展開科目だ。展開科目は前期課程の基礎科目と後期課程の専門科目とをつなぐことを目的に、社会科学ゼミナール、人文科学ゼミナール、自然科学ゼミナールの三つが秋以降に開講される。

総合科目、主題科目、展開科目については、自分の興味に沿って選んだり、将来を見据えて選んだりと、比較的自由な選択が可能になっている。ただし、自分の好きな科目だけというわけにはいかない。前期課程修了に必要

▶前期課程修了要件（2016年度入学の場合）

<table>
<tr><th colspan="3">理科</th><th colspan="3" rowspan="2">科目</th><th colspan="3">文科</th></tr>
<tr><th>理Ⅲ</th><th>理Ⅱ</th><th>理Ⅰ</th><th>文Ⅰ</th><th>文Ⅱ</th><th>文Ⅲ</th></tr>
<tr><td></td><td></td><td></td><td colspan="3">基礎科目</td><td></td><td></td><td></td></tr>
<tr><td></td><td></td><td></td><td colspan="3">文理共通</td><td></td><td></td><td></td></tr>
<tr><td>5</td><td>5</td><td>5</td><td colspan="3">既修外国語</td><td>5</td><td>5</td><td>5</td></tr>
<tr><td>6</td><td>6</td><td>6</td><td colspan="3">初修外国語</td><td>6</td><td>6</td><td>6</td></tr>
<tr><td>2</td><td>2</td><td>2</td><td colspan="3">情報</td><td>2</td><td>2</td><td>2</td></tr>
<tr><td>2</td><td>2</td><td>2</td><td colspan="3">身体運動・健康科学実習</td><td>2</td><td>2</td><td>2</td></tr>
<tr><td>2</td><td>2</td><td>2</td><td colspan="3">初年次ゼミナール</td><td>2</td><td>2</td><td>2</td></tr>
<tr><td></td><td></td><td></td><td colspan="2">理科</td><td>文科</td><td></td><td></td><td></td></tr>
<tr><td>3</td><td>3</td><td>3</td><td>基礎実験</td><td rowspan="4">自然科学</td><td>社会科学</td><td>8</td><td>8</td><td>4</td></tr>
<tr><td>10</td><td>10</td><td>12</td><td>数理科学</td><td>人文科学</td><td>4</td><td>4</td><td>4</td></tr>
<tr><td>10</td><td>10</td><td>10</td><td>物質科学</td><td></td><td></td><td></td><td></td></tr>
<tr><td>4</td><td>4</td><td>1</td><td>生命科学</td><td></td><td></td><td></td><td></td></tr>
<tr><td></td><td></td><td></td><td colspan="3">総合科目</td><td></td><td></td><td></td></tr>
<tr><td>3</td><td>3</td><td>3</td><td colspan="3">L　言語・コミュニケーション</td><td>9</td><td>9</td><td rowspan="4">※</td></tr>
<tr><td colspan="3" rowspan="3">2系列以上にわたり6</td><td colspan="3">A　思想・芸術</td><td colspan="2" rowspan="3">2系列以上にわたり6</td></tr>
<tr><td colspan="3">B　国際・地域</td></tr>
<tr><td colspan="3">C　社会・制度</td></tr>
<tr><td colspan="3" rowspan="3">2系列にわたり6</td><td colspan="3">D　人間・環境</td><td colspan="2" rowspan="3">2系列以上にわたり6</td><td rowspan="3">2系列以上にわたり8</td></tr>
<tr><td colspan="3">E　物質・生命</td></tr>
<tr><td colspan="3">F　数理・情報</td></tr>
<tr><td>2</td><td>2</td><td>2</td><td colspan="3">主題科目</td><td>2</td><td>2</td><td>2</td></tr>
<tr><td>2</td><td>2</td><td>3</td><td colspan="3">その他に取得しなければならない単位</td><td>4</td><td>4</td><td>4</td></tr>
<tr><td>63</td><td>63</td><td>63</td><td colspan="3">合計</td><td>56</td><td>56</td><td>56</td></tr>
</table>

※3系列にわたり、Lから9を含め17

な単位数を確保できるよう考えながら、好きな科目を履修しよう。

◇

15年度からは、前期課程を修了し、後期課程に進学するためには前ページの表に示されている必要最低単位数以上の単位を2年生のＡ２タームまでに取得しなければならない。文科生は全部で56単位、理科生では63単位が必要となる。

履修する科目の登録はウェブサイトで行う。セメスターごとに文科生、理科生それぞれで履修登録期間が設けられており、この期間内に登録を行わないと履修した扱いにならないので注意が必要だ。履修登録期間から数週間後には履修訂正期間があり、ここで履修する科目を変更することが可能だ。

用語解説

【ターム・セメスター】

1年間が四つのタームに分かれている。連続する二つのタームを合わせてセメスターと呼ぶ。

【コマ】

授業時間1枠の単位。前期課程では1コマは１０５分。多くの授業は平日の1限から5限に開講されており、午前中は1限が8時30分から、午後は3限が1時から始まる。教員免許を取るために必要な教職科目など、6限に開講されている授業もある。

前期課程では基本的に1コマを履修して2単位を取得できる。ただし、実験・実習に該当する科目は1コマ1単位となる。

【単位】

科類ごとに決められた一定の単位数を2年間で取得しなければ、前期課程を修了することはできない。

基礎科目・総合科目では、授業を履修し、１００点満点中50点以上の評価を得ると単位が認められる。初年次ゼミナール理科、主題科目は点数が付かず、合格・不合格のみの評価となる。

【クラス】

前期課程の学生は、科類や入学前に選択した初修外国語ごとにクラスに分けられる。基本的に文Ⅰと文Ⅱ、理Ⅱと理Ⅲは同じクラスになり「文Ⅰ・Ⅱ10組」「理Ⅰ15組」などと呼ばれる。ただし、履修人数の少ないイタリア語などは文科生全体、理科生全体で1クラスとなることもある。

外国語などの基礎科目や一部の総合科目はクラスを基に履修するコマが決められているため、クラスメートとは授業で顔を合わせる機会が多い。

【必修科目】

その名の通り、必ず履修しなければならない科目。主に基礎科目からなる。

【準必修科目】

文系と理系で意味が異なる。文科生の準必修とは、社会科学・人文科学のこと。基礎科目として必修ではあるが、履修するコマや科目に選択の余地があるため準必修と呼ばれる。

理科生にとっては、総合科目Ｅ・Ｆ系列のうち、クラスごとにコマが指定される科目を指す。これらの科目は例年履修者が多いため、あらかじめどの教員がどのクラスを担当するかが決められている。カリキュラム上は必修ではないが、後期課程の理系学科に進学する上で必須となる知識を学ぶため、大半の理科生が履修する。

基礎科目

文理共通

▼既修外国語

既修外国語は大部分の学生が英語を選択するので、ここでは英語を既修とした場合について説明する。既修外国語は必ずしも英語というわけではなく、英語以外の言語も選択できる。

前期課程で必修の英語の授業には、「英語一列」「英語二列」「総合科目Ｌ系列」の3科目がある。

英語一列の講義は、教養学部英語部会が作成する教科書の読解をベースに、全クラス共通の視聴覚資料を併用して行われる。教科書は年ごとに変更する予定だ。クラスは習熟度別に3段階に分けられ、1年生のＳ1・Ｓ2タームは入試英語の点数、それ以降は英語一列のＳセメスターの期末試験の成績が基準として用いられる。成績上位者のグループ1は全体の10％、次のグループ2は全体の30％、グループ3が60％になるようにクラスの振り分けがされる。グループ1の授業は英語を母国語とする教員により全て英語で行われ、ディスカッションも交えた応用的な授業が展開される。また、グループ2やグループ3でも希望者は授業が全て英語で行われるイングリッシュオンリークラスを履修できる。希望者が多い場合には抽選になる。

英語二列は2単位のＷ（ライティング）、1単位のＳ（スピーキング）により構成されている。Ｗは英語で学術論文を執筆する方法を学ぶ、文科生対象のＡＬＥＳＡ（Active Learning of English for Students of the Arts）、理科生対象のＡＬＥＳＳ（Active Learning of English for Science

Students）を行う。ALESAでは人文・社会科学系の英語論文を読み込み、実際に論文執筆・発表を行うもので、13年度から新たに必修となった。ALESSは各自実験を行い、英語で論文にまとめ、発表・討論をするものだ。ALESSでは15年度からFLOW（Fluency-Oriented Workshop）が始まった。FLOWは授業が全て英語で行われる少人数制の授業で、学生のスピーキング力を鍛えることを目的としている。

総合科目L系列には中級と上級が用意され、習熟度に合わせて学生が選択できるようになっている。リスニングや読解などさまざまな授業があり、学生が履修したい授業を選べるようになっている。

▼初修外国語（第二外国語）

新入生が入学手続き時に決めなければならないのが初修外国語だ。ドイツ語、フランス語、中国語、ロシア語、スペイン語、韓国朝鮮語、イタリア語の七つから選択できる。

文科生・理科生共に、主に文法などの内容を扱う「一列」「二列」を履修し、文科生はそれに加えて会話練習などが中心の「演習」の授業を履修する。これまでは文科生の方が理科生よりも多くの単位を取る必要があったが、15年度から文科生も理科生も要求されるのは6単位となった。

▼情報

高校の必修科目「情報」の延長となる科目。全科類で2単位の取得が必要となる。

授業は情報教育棟で実際にiMac端末を利用した実習を交えて行われる。実際の授業の内容は担当教員によって異なるが、文科生は社会システムとの関わりを重視し、理科生はアルゴリズムなども扱う。

▼身体運動・健康科学実習

高校までの「体育」に相当する科目。運動による健康増進を目的としている。全科類で2単位の取得が必要となる。

授業は種目ごとに分かれて実施。種目はサッカー、ソフトボール、バドミントン、バスケットボールなど複数の中から選択できる。運動が困難な学生向けに、要許可制のメディカルケアコースも開講されている。応急手当ての仕方など、「保健」のような実習形式の授業も何度か行われる。

学生の間では「スポ身」という略称で呼ばれているが、これはこの科目の旧称「スポーツ・身体運動実習」に由来する。

▼初年次ゼミナール

初年次ゼミナールは15年度から1年生を対象に始まった必修科目だ。初年次ゼミナールは20人程度の少人数で行われ、「初年次ゼミナール文科」では担当教員に近い分野についてテーマを設定し、最終的には小論文を執筆する。理科生向けの「初年次ゼミナール理科」では各教員が自身の専門を生かした授業を展開する。問題発見・解決・論文読解・実験データ解析など複数の手法で科学的な研究を体験する。学生はグループワークによる討論を行い、最終的には論文やプレゼンテーションの形で他者に伝える方法を学ぶ。

《文科生のみ》

▼社会科学

講義形式の授業で、「法」「政治」「経済」「社会」「数学」の5分野に分かれる。履修できる分野には制限があり、例えば文Ⅰは「法」2科目か「政治」2科目、文Ⅱは「経済」「数学」から2科目を必ず履修しなければならない。

同じ科目名でも、担当教員や開講時期によって内容は異なる。16年度は「社会における法の役割（法Ⅰ）」、「発展途上国における経済と社会（経済Ⅰ）」、「社会学入門（社会Ⅰ）」などが開講されている。

▼人文科学

「哲学」「倫理」「歴史」「ことばと文学」「心理」の5分野の講義がある。文科生はこの中から2分野以上にわたり2科目以上を履修しなければならない。

社会科学と同様、同じ科目名でも担当教員や開講時期によって内容は異なる。16年度は「哲学の根本諸問題（哲学Ⅰ）」、「東アジア世界の中の琉球（歴史Ⅰ）」、「心理学入門（心理Ⅰ）」などが開講されている。

《理科生のみ》

▼数理科学

高校の「数学」の内容を発展させた科目。「数理科学基礎」「微分積分学」「線型代数学」「微分積分学演習」「線型代数学演習」が理科全科類で必修となっており、理Ⅰではさらに「数理科学基礎演習」「数学基礎理論演習」が必修となる。より上級の内容については2年生の総合科目で学ぶことができる。

▼物質科学

「力学」「熱力学」「電磁気学」という物理科目と「構造化学」「物性化学」「化学熱力学」という化学科目に分かれる。「大学では化学は物理に、物理は数学になる」という言葉通り、物理科目では法則に基づいた微分積分などの計算が主となり、化学科目では量子論など高校では物理として扱う項目を学ぶ。なお、理Ⅰは主に「熱力学」を履修し、理Ⅱ、理Ⅲは「化学熱力学」を履修する。

入試の時に物理を受験していない学生については、「力学」、「電磁気学」の2科目で初歩から学べるBコースが用意されている。

▼生命科学

高校の「生物」の延長だ。理Ⅰは「生命科学」1単位のみが必修だが、理Ⅱ、理Ⅲは「生命科学Ⅰ」「生命科学Ⅱ」の計4単位が必修となる。

内容としては分子生物学、遺伝学を中心に、幅広く生命現象について理解を深めていく。

▼基礎実験

物理学、化学、生物学についての基礎実験を行う。各科目で1単位ずつ、計3単位が必修となる。

理Ⅰの「基礎実験（物理学）」・理Ⅱの「基礎物理学実験」では実験の他に関数電卓を用いた複雑な計算を行ったり、データの処理などを行ったりする。

理Ⅰの「基礎実験（化学）」・理Ⅱの「基礎化学実験」では無機化学、有機化学の両方について多岐にわたる実験を行う。実験後には教員と面接する「試問」があり、実験をどれだけ理解しているかが見られる。試問を行う教員の数は限られているため、実験が終わってから試問ができるまでに待機しなければならないこともある。基本的に2人1組で行うが、要領が悪いと実験が長引き、時間通りに終わらないこともある。

「基礎生命科学実験」は個人で行い、試問もない。植物や動物の組織をスケッチしたり、カエルの解剖をしたりする。電気泳動を行ったり、大腸菌の遺伝子を改変させたりする実験もある。

総合科目

総合科目はこれまで見てきた基礎科目が入っていないコマで履修することができる。学年や科類による履修制限のない科目が多いが、進級・進学の際には文系と理系でそれぞれ取得しなければならない単位の条件が決まっているので注意が必要だ。

総合科目は学問分野ごとに7系列に分かれている。L系列は英語や第三外国語、古典語で構成されており、15年度に新設された。A～C系列は文系寄りの講義となっており、A系列は思想・芸術、B系列は国際・地域、C系列は社会・制度となっている。D系列は人間・環境となっていて、文系と理系の中間に当たる。E〜F系列は理系寄りの講義で、E系列が物質・生命、F系列が数理・情報となっている。ここからは16年度に開講された講義名の一例に触れ、各系列の内容を見ていこう。

▼L系列

・アメリカの黒人解放運動を読む（英語中級）
・英語で読むモダンアート（英語中級）
・フランス語初級（会話）（フランス語初級）
・近現代中国の短篇小説を読む（中国語中級）
・ヘブライ語文法初歩（ヘブライ語初級）

▼A系列

・記号論理入門（記号論理学Ⅰ）
・西洋絵画の見方（伝統絵画篇）（美術論）
・フランス文学のエチュード（外国文学）
・オペラを観る・オペラを知る（音楽論）

▼B系列

・東アジア国際関係史（国際関係史）
・国際秩序と紛争解決（現代国際社会論）
・歴史の中の現代中国（地域文化論Ⅰ）
・フィールドワーク論（現代文化人類学）
・日本語史の原理と方法（日本語日本文学Ⅰ）

▼C系列

・日本国憲法概説（日本国憲法）
・日本の政治：安倍内閣の権力構造を探る（日本の政治
・臨床と教育の心理学（現代教育論）
・経済分析の基礎：ミクロ経済学・マクロ経済学・数理統計学と高校数学の愉快な出会い（現代経済理論）

▼D系列

・認識と知識の実験心理学（人間行動基礎論）
・スポーツ動作を科学する（身体運動メカニクス）
・建築空間のデザイン&リサーチ（社会システム工学基礎）
・生物多様性と保全（環境と生物資源）
・ダムと森林（森林環境資源学）

▼E系列

・量子コンピューター入門（物質・生命工学基礎ⅠB）
・電波観測による天文学研究（宇宙科学Ⅱ）
・固体地球と生命圏進化（惑星地球科

学Ⅰ）
・食に関する生命科学（食の科学）

▼F系列

・透視図作成と模型製作（図形科学演習Ⅰ）
・統計学入門（基礎統計）
・コンピューターモデルで社会を観る―社会システムデザインのための化学的アプローチ―（モデリングとシミュレーション基礎）
・ベクトル解析（ベクトル解析）

主題科目

主題科目には「学術フロンティア講義」「全学自由研究ゼミナール」「全学体験ゼミナール」「国際研修」の4種類がある。全科類で2単位が必修だが、何科目でも履修することができる。

「学術フロンティア講義」とは最先端の研究動向や領域横断的なテーマについて、複数の教員が分かりやすく解説するオムニバス式講義だ。「全学自由研究ゼミナール」は教員や学生が選んだ、学問分野にとらわれない幅広いテーマの下、演習や議論、講義を行うもの。「全学体験ゼミナール」ではより体験重視の授業が展開され、研究室に数日間体験入室して研究内容の一端を体験するというものから、トランプを用いたゲームを学ぶものまで、内容は実に多彩だ。「国際研修」は国際交流、グローバルな視野の養成を目的とし、海外の大学との共同実習や短期の海外研修などさまざまな形で授業が行われる。

主題科目は夏休みに3日間使って集中的にやるなど、普段のコマとは別の時間帯にあることも多い。

まさに「何でもあり」な主題科目。ここではその一部を紹介する。

「学術フロンティア講義」

・心に挑む――東大の心理学
・海研究のフロンティアⅠ
・エコで安全で健康な社会を実現する機械工学
・科学技術が拓く未来社会
・数理工学のすすめ
・航空宇宙工学――社会を豊かにする総合工学

「全学自由研究ゼミナール」

・国際法模擬裁判演習
・ベルカント研究ゼミナール
・農作物を知る
・読み破る政治学
・障害者のリアルに迫る～答えなき問いを前に～
・グラフィックデザイン概論――グラフィックデザインの歴史と基礎から

実用まで

「全学体験ゼミナール」

・ラテンアメリカ音楽演奏入門1
・飛行ロボットを作って飛ばす
・将棋で磨く知性と感性
・癒しの森を創る（夏）
・数理物理への誘い――解析力学と相対性理論
・じっくり学ぶ数学I
・ロボット競技を体験しようC
・医学に接する
・空間デザイン実習

「国際研修」

・Tokyo:Representation and Reality
・イタリア語イタリア文化海外研修

展開科目

展開科目は15年度から新設された科目だ。大きく社会科学ゼミナール、人文科学ゼミナール、自然科学ゼミナールの三つに分かれており、それぞれがさらに国際関係論、歴史学のように分かれている。内容としては基礎科目での学びを主体的に展開させるための素地となる能力を身に付け、専門的な学びへの動機付けを図るとされている。15年のA1タームで初めて授業が行われた。なお、展開科目は必修科目ではない。

16年度に開講される予定の科目は以下のようになっている。

▼社会科学ゼミナール

・法学・政治学
・経済学・統計学

▼人文科学ゼミナール

・哲学・科学史
・歴史学
・テキスト分析

▼自然科学ゼミナール

・生命科学
・化学
・数理科学
・情報科学

初年次ゼミナール紹介

15年度から始まったばかりの初年次ゼミナール。
具体的にどんなことをするのかイメージしやすいよう授業二つを紹介する。

「他者」について考える

津田浩司《つだこうじ》准教授（総合文化研究科）

この授業のメインテーマとなる「他者」。しかしその定義づけは難しい。「『他者』とは何かという問いに答えはない」と話すのは、担当の津田准教授。「『他者』を血縁や性別などの観点で安易に線引きするのでなく、何かが『他者』として立ち現れる契機を考えると身の回りの仕組みを捉え直すことができます」

昨年の授業では、セメスター前半に理論的な文献に基づきグループ討論を、後半に各自論文準備とプレゼンテーションを行った。津田准教授は特に、文献研究の重要性を唱える。「先人たちの考えを学ぶことが、『初年次ゼミナール文科』で身に付けるべき学問の作法の基本です」

最終論文では、明確な答えを結論付けることを受講者に求めなかったと津田准教授は言う。「辞書的な説明に満ちた発表だけはするな、と学生には言いました。自力で考察し、あえてチャレンジングな論立てをして議論を喚起するような論文を高く評価しましたね」

この授業一番の魅力は「テーマが何でもありな点」。身近なものでも実は知らないこと（＝「他者」）ばかり。だから学問になるのだ、ということを実感してもらいたいと津田准教授は語る。

通説の真偽をさぐる

坂口菊恵《さかぐちきくえ》特任准教授（総合文化研究科）

「子どもにクラシック音楽を聞かせると頭が良くなる」「子どもの健やかな発達の為には、3歳までは母親が付きっきりで面倒を見ることが理想である」このような通説の、具体的な議論の経緯や科学的根拠を探るのがこの授業だ。「身近な内容を科学の文脈で捉え直すことで、『正しいかインチキか』の極端な二分論を超えた科学的思考を体験します」と担当の坂口准教授は言う。

昨年はセメスターの前半と後半でそれぞれグループをつくり、テーマ設定や論拠となる論文収集、発表やレポート執筆を行った。「男女別学には学習効率を高める効果があるのか」など、日常の疑問を基にテーマが設定された。

一方で「英語の原著文献を十分に収集、読解できず、目についた古い議論をそのまま使ったり、性別に関する脳科学的な議論を期待したのに教育や歴史など社会的な議論止まりになっていたり」と専門性に課題を感じたという。

今年はこの授業に加え、初年次ゼミナール理科「『性』を科学する」も開講し、専門的な学びを目指す。「研究は知的好奇心なしでは成り立たない。常にアンテナをはり、疑問を持つようにしてほしい」と語る。

初修外国語紹介

大学1年生の間は週に2コマ以上初修外国語の必修で受ける講義があり、
文科生も理科生も勉強の時間の多くを割く。
自分の興味のある言語を見つけて楽しみながら学ぼう。

フランス語

研ぎ澄まされた知性と感性を学ぶ

皆さんはフランス語にどのようなイメージを持っているでしょう。流麗で耳に心地よいけれど英語に比べて勉強は難しそう、と思う人もいるかもしれません。実はフランス語は英語を学んだことのある人にとって学びやすい外国語の一つです。表記で用いられるアルファベットがほぼ同じで、語彙《ごい》では英語で親しんだ単語をしばしば見かけるはずです。綴《つづ》りに規則性が高く、その規則さえ覚えてしまえば正しく読むことができます。

「明晰《めいせき》ならざるものフランス語にあらず」と言われるフランス語は、その研ぎ澄まされた感性と知性ゆえに18世紀には欧州各国の宮廷でひろく愛され、19世紀のロシア上流階級ではフランス語で会話をするのが当たり前だったほどでした。今日でも国際連合や国際オリンピック委員会のように多くの国際機関において、フランス語は英語に次ぐ公用語として用いられています。ヨーロッパでは、フランスのほかにスイス、ベルギー、ルクセンブルク、モナコが、北米ではカナダが、そしてアフリカ諸国ではガボンやコートジボワールなどの多くの国がフランス語を公用語としています。公用語に指定されていなくても、歴史的な理由からアルジェリアやチュニジア、あるいはレバノンのような国ではフランス語が広く使われています。また、モードやグルメ、小説や思想、映画や演劇、さらに科学技術や数学の分野でも、国を問わずフランス語が大きな魅力を放っています。さまざまな分野の第一線で国際的に活躍するための言語だと言えるでしょう。

東大ではネーティヴ・スピーカーの授業もまじえて充実したフランス語の授業が展開されていますが、今年からはあらたにトライリンガル・プログラム（TLP）フランス語が始まり、高い運用能力を目指すこともできます。「偉大さなくしてフランスはフランスたりえない」と豪語する力強い精神と文化の奥深さを窺《うかが》い知ることこそ、フランス語学習の醍醐味《だいごみ》です。さあ、この美しく魅力にあふれたフランス語の世界を皆さんも楽しんでみませんか。

（寺田寅彦・総合文化研究科教授）

ドイツ語

英語との類似と相違

合格おめでとう。誰にも邪魔をされずに自由に過ごせる時間がやってきた。こんな時こそ、ドイツ語圏の言語、文化、歴史の深みにはまってみるのはどうだろう。ドイツは哲学の国、詩人の国、音楽の国、芸術と文化の国。ドイツ語は、ドイツだけではなくオーストリア、スイス、リヒテンシュタイン、ベルギー、ルクセンブルクにまたがる地域で公用語として使用されているヨーロッパ最大の言語だ。「中欧」をドイツ語だけで旅行するのは難しくはない。

でも大学でのドイツ語は、地域の文化に取り組むためだけのものではない。超域的な学問言語としてのドイツ語の地位も確固たるものがある。ドイツ法が日本の法制度に与えた大きな影響も、ドイツがＥＵの主要構成国、環境先進国であることもご存知だろう。移民の問題に取り組む姿とその複雑な背景が詳細に扱われるのはこれからかもしれない。哲学や社会学や心理学といった文系諸学問でも、その発展にドイツ語圏は大きく貢献してきた。医学、自然科学や工学での先進性は、made in Germany の名で知られている。なにを選び取ってもよい。そんな自律的な学問の悦びも知ってもらいたい。

教養学部のドイツ語では、昨年登場した総合教科書「Einblicke（アインブリッケ）」（英語なら insight）がさらに充実して、必修授業でもトライリンガル・プログラム（ＴＬＰ）でもこの教科書が使われる。それぞれの専門で第一線の研究者として活躍するドイツ語教授陣が、ドイツ語圏の言語と文化を伝えようと工夫を施した。インテンシヴ・コースなど選択授業も幅広く開講されるから、どんどん腕を磨いてもらいたい。本学の交換留学制度や、ドイツ語圏の各国による奨学金なども利用できるので、とにかく本当のドイツ・ヨーロッパを見てきてほしい。ドイツ語は往々にして文法が難しいと言われるが、ことばに難易などない。その組立ての背後にある道理を知れば目から鱗が落ちるような経験もできる。英語との類似と相違を味わえるのもドイツ語の面白さだ。語順や語の作り方に日本語に似たところもある。それにはそれなりの理由がある。これまで暗記の呪縛の中で見えなかった普遍的な「言語」が見えてくる瞬間だ。

Bis bald.

まもなくお会いできるのを楽しみにして。

（森芳樹・総合文化研究科教授）

イタリア語

歴史ある文化を知る

①イタリア語の特徴

ラテン語を母とするロマンス語の一つで、フランス語やスペイン語は姉妹になります。イタリア語は文法が他の近代語にくらべて非常に規則的な形で保存されている、「きれいな」ことばでもあります。

言語の「体系」を学ぶのに、非常に論理的で、かつ快いリズムと音を備えています。母音は日本語の「あいうえお」に近く、聞き取り易く、しばしば音楽的と形容されることばです。

②イタリア語の学習が生かされる研究分野など

イタリア語を学ぶと、古代ローマから中世、ルネサンス、近代から21世紀まで連綿と続いて来たという意味で稀有なイタリア文化に直接アクセスができるようになります。他のロマンス語や古典語にも近づくことができます。

そして、ヨーロッパ、イタリアの歴史、文学、言語はもとより、美術、科学史、哲学、デザイン、音楽、映画、食、スポーツなど、豊穣なイタリア文化から学ぶことのできる教養を悦びとともに深めながら、西洋文化の根幹に関わる各専門分野への有効パスポートが手に入ると言ってよいでしょう。

またイタリアン・レストランの本物度やサッカー中継インタビューなどがわかるようになり、メニューを理解したりひとに説明できたりして、美味しいものがますます美味しくなり、人生がちょっとその分楽しくなります。どうもイタリア語を学ぶと、いろいろな意味でのおしゃれ度とコミュニケーション能力があがる人が多いようです。

③駒場のイタリア語授業について

初修外国語として２０１２年度から文理すべての科類で開講されています。演習はネイティブスピーカーの先生が担当しています。

必修以外の総合科目の語学としては、初級・中級インテンシヴ、第三外国語、初級・中級会話、作文、表現練習、演習などとして開かれています。ＰＥＡＫとの合併授業も開講します。

特に初級段階からネイティブの先生との授業をできるだけ多く開講し、それ以外の授業でも文法だけでない生きたイタリア語の学習をめざす履修がしやすく配慮しています。イタリア語を学んで、教養を楽しみつつ深め、国際的な表現力で自分をプレゼンテーションできる東大生を目指してほしいです。

（村松真理子・総合文化研究科教授）

スペイン語

世界各地で用いられ、母語人口が多い

スペイン語へのいざない

　スペイン語は学びやすい言語だといわれ、入り口に障害物が少ないという意味ではたしかにそのとおりです。発音は「アイウエオ」五母音で日本語と同じ、綴り字は完全に規則的なので、入門したその日からローマ字を読むように文章が読めます。文法は英語より複雑で、動詞の活用を時制・人称ごとにいちいち覚えるのが骨ですが、過去時制を過ぎるころから楽になります。ラテン語から分かれたロマンス語のひとつなので、学べば同じ仲間の仏語・伊語も見当がつくようになり、ロマンス語から多くの語彙を取りいれている英語との学習相乗効果も高いです。公用語としている国は20カ国、母語人口は3億5千万人といわれます。スペイン自体が豊かな文化と文学をもつ国ですが、メキシコ、ペルー、アルゼンチン、キューバなどラテンアメリカ諸国もそれぞれ独自の文化を発達させ、最近はアメリカ合衆国にも話者が多いので意外な場面で役にたちます。アンデスの高みからパンパの大草原、カリブ海の島々からイーストLAの街角にまで広がるスペイン語話者の世界は、日本とも、英語話者の世界とも、多くの点で非常に違っており、学習者の視野を格段に広げてくれるはずです。1年生の授業は統一教科書を用いて体系的に進められます。この教材は部会のウェブページ（http://spanish.ecc.u-tokyo.ac.jp/）と密接に連関しており、どうぞたった今アクセスしてみてください。文法解説、音声、語彙集、質問用掲示板、過去の質問と回答などの教科書支援教材が充実し、ほかにも多様な文化コンテンツを掲載してあります。

（高橋均・総合文化研究科教授）

ロシア語

マイノリティは団結する

駒場は多くの言語が学べる環境で、1年生の時に少なくとも二つの言語を学ぶことになります。多くの方は英語とそれ以外、一つを選択するのでしょう。では、ロシア語の魅力は何でしょう？

言語はその担い手の人々、彼ら彼女らが住んでいる国によって、たいていの場合、イメージが付けられています。例えば、フランス語だと「おしゃれ」とか、ドイツ語だと「堅物」とか。ロシア語なら、多分、「暗そう」でしょうか。いいじゃないですか、暗くたって。今の時代、暗くないほうが変です。一度、暗く沈潜したあと、一歩一歩、前進していきましょう。

「暗そう」というイメージのせいか、ロシア語履修者は多くありません。そのため、クラスの人数も少なく、コンパクトにまとまった形になります。マイノリティは団結する、という命題は、駒場においては真です。例年、ロシア語クラスの雰囲気は和気《わき》藹々《あいあい》で、強い仲間意識を互いに育んでいるようです。

「暗そう」というイメージのほかに「付き合いにくそう」というのもあるかもしれません。確かにロシア語は、はじめはとっつきにくいです。まずアルファベット。どこかギリシャ文字に近い、ロシア文字（正確にはキリール文字と言います）が使われます。全部で33の文字がありますが、覚えるのは難しくありません。勉強の難所としては、名詞と形容詞の格変化、動詞の活用変化と動詞の体（英語にはない概念です）がありますが、何事もゆっくり、しかし着実に進めていけば、必ず習得できるものです。

ロシア語を習得すれば、ロシアの文学・音楽・絵画、宇宙工学、政治（忘れてはならないことに、ロシアは隣国です）、歴史、民族（ロシアは多民族国家で、様々な民族がいます）、さらにチェスや、近年流行しているキャラクターЧебурашка（チェブラーシカ）等などの世界が開けます。駒場でロシア語を勉強して、広い世界へと羽ばたいていってほしいと思います。

（渡邊日日・総合文化研究科准教授）

中国語

現代中国語から出発

　大学入学、それは言うまでも無く人生に於ける一つの節目です。学生時代とは、専門的な技能や知識との出会いを契機に、それまでとは異なった価値や哲理を追い求める、人生で最も可能性に溢れた時期なのではないでしょうか。その新たなる出発点に立った今、新たなる自分を模索するに当たり、皆さんは気を鋭にしていることでしょう。

　1年生で学ぶ初修外国語は、学生時代だけでなく、卒業後の進路にまで影響を与える点で多分に重要な要素と言えます。その将来へ向けた出発点として現代中国語を選択してみませんか？

　現代中国語は漢文（古典中国語）と随分と異なった発音・語彙・文法を有しますが、学究の世界で東洋学系を目指すならば、分野を問わず必須と言ってよい言語です。卒業後に社会へと巣立つ場合でも、商社や旅行代理店をはじめ、今や中国語能力が尊重される業種は多く、グローバルな現代に於いて中国語は不可欠な存在になっています。東大では昨今「タフグロ」という略語が通用していますが、正しくタフでグローバルなあなたに相応しい言語なのです。

　教養学部つまり駒場には、初修外国語として以外に、既修外国語としても現代中国語の授業が用意されています。また、インテンシヴ、ＴＬＰ、といったタフグロ向きの授業も開講されています。必ずや目的やレベルに合った授業が見つかる贅沢な環境なので、是非とも駒場という最良の学習環境を存分に活用してほしいと思います。

　現代中国語を学ぶ場合の留意点を少し挙げておきましょう。中国語はタイ語やベトナム語と同じく声調言語であり、四つの声調が意味の弁別に関わっています。正しく聞き取るためには練習が必要です。子音や母音は日本語にない音が多いので、最初の学期に発音をきちんと身につけることが大切です。また、期末試験で単語、ピンイン（漢字の発音を表すローマ字）、文法のどれか一つに注力しすぎると危険です。

　漢字も中華人民共和国独自の筆画の簡略化を経た「簡体字」を学ぶことになり、覚える負担は増えます。「東大駒場」は簡体字で「东大驹场」となります。ですが簡体字を覚えると、中華料理店でメニューを見て意味が分かるようになるため、楽しい気持ちに浸れるかもしれません。その時は是非とも習得した中国語を声に出してオーダーすることをお勧めします。

（吉川雅之・総合文化研究科准教授）

韓国朝鮮語

語彙や文法が日本語に似ている

古来、日本と朝鮮半島との関係は深く、韓国朝鮮語学習の歴史も長いものがあります。それは、韓国朝鮮語の知識が、隣国の社会や文化を知るだけでなく、関係の深い日本の社会や文化を理解するうえでも、大きな役割を果たしてきたからです。今日、日本と大韓民国、朝鮮民主主義人民共和国との関係は、必ずしも良好とは言えませんが、このようなときこそ相手に対する理解が必要になります。その意味では韓国朝鮮語の知識の重要性はいまだ失われていないといえます。

さて、韓国朝鮮語は、語《ご》彙《い》や文法面で日本語と似たところが多いという点でも特徴的です。例えば、「オジェヨンファルル　パッソヨ（昨日映画を見ました）」という文があります。これを分析すると、「オジェ」＝「昨日」、「ヨンファルル」＝「映画を」、「パッソヨ」＝「見ました」となり、まず語順が日本語と同じであることに気づきます。また、「ヨンファルル」は「ヨンファ＋ルル」の組み合わせで、「ヨンファ」が「映画」、「ルル」が「を」の意味となり、日本語と同様、体言と助詞という組み合わせが見られます。もう一つ、「ヨンファ」は漢字語の「映画」を韓国朝鮮語音で読んだもので、このように日本語と共通する漢字語が多いというのも興味深いところです。

最近、駅の案内表示などでもよく見られる、韓国朝鮮語をあらわす文字、ハングルは15世紀半ばに作られたものです。子音を表す文字と母音を表す文字の組み合わせで音節を形成する合理的な文字です。一見とっつきにくそうですが、努力さえすれば案外すぐに覚えられます。

なので、初めて学ぶ人でも1年間しっかり学べば、辞書を引きながらかなり高度な論説文の類が読めるようになります。より応用力をつけようという人向けにはインテンシヴの授業も設置されています。駒場の韓国朝鮮語教育では、初級から上級にいたるまで、文法、会話、講読、作文などの多彩なメニューを取り揃えていますので、初級を終えた人もそれぞれの関心に応じて学習を継続することができます。ぜひ学んでみてください。

（三ツ井崇・総合文化研究科准教授）

サークル紹介

学生の多くがサークルに所属し、勉強以外のことにも打ち込む。

各ジャンルのサークル紹介や一覧を見てどんな学生生活を送るか想像してみてはいかがだろうか。

スポーツ

東京大学運動会 ラクロス部女子

東京大学ラクロス部女子は運動会に所属する女子部の中で最大の団体です。チーム名はCeleste。スペイン語やイタリア語で「空」という意味の言葉です。昨年度二部昇格を果たし、今年度の目標はリーグ全勝です。そのために掲げたチームスピリットは「我こそが」。我こそがチームを勝たせる。我こそがリーグ全勝させる。一人ひとりが「我こそが」という強い思いを持った集団であろうという意味を込めています。

東京大学運動会 競技ダンス部

競技ダンスをご存知ですか?競技ダンスは社交ダンスをスポーツとして洗練させたもの。男女一組になって踊り、その美しさを競います。

東大競技ダンス部は２０１５年には全国大会３連覇を達成した全国有数の強豪です。東京女子大、日本女子大、跡見学園女子大と提携している運動会唯一のインカレ部で、部員数は約１２０人です。

皆さんも日本一のダンサーを目指してみませんか?

東京大学運動会 相撲部

東京大学運動会相撲部は、週３回(月・水・土)駒場キャンパス格技場の土俵で稽古に励んでいます。部員数は10人程度で、稽古前に皆でテレビで大相撲を見るなどとても仲が良いのが特徴です。大会は団体戦がメインですが体重別の個人戦もあり、昨年は65キロ未満級で全国準優勝を果たした部員がいるなど体重が軽くても十分活躍できます。プロの力士に稽古をつけてもらうことも。男女不問、途中入部大歓迎。

パフォーマンス・趣味

AnotherVision

参加者が物語の主人公となって謎を解き、危機的状況からの脱出を目指す「体感型謎解きゲーム」が現在、世界各地で大流行しています。

私達はその「謎解きゲーム」を制作する団体です。学園祭での公演はもちろん、学外で自主公演を行ったり、企業の委託で謎を制作したりと、活動は多岐にわたります。必要なのは知識ではなく、閃く力。興味のある方は、以下へご連絡下さい！ another.vision.ut@gmail.com

東京大学 Jazz Junk Workshop

ビッグバンドジャズをご存じでしょうか？ ドラムやベース等に、サックスやトランペットといった管楽器隊を加え、総勢20名ほどで演奏するジャズバンドで、大迫力と複雑なハーモニーが魅力です。東大JJWは、学内唯一のビッグバンドジャズサークルとして活動をしています。練習は週に2回、月に1度ほどのペースでライブを行っています。ウェブサイトやツイッター等で確認して是非聴きに来てください！

東大 特撮映像研究会

東大特撮映像研究会は、東大に存在する唯一の特撮系サークルです。特撮が好きな人であれば、どなたでも歓迎しております。主な活動としては、月に数回行われる上映会や、夏冬2回開催されるのコミックマーケットに向けての同人誌作成があり、更に、東大のご当地ヒーローであるトーダインを主人公にした自主製作映画の作成も行っています。

是非、我々と共に特撮の世界を楽しんでみませんか？

東大コーロ・ソーノ合唱団

コーロ・ソーノは、東大と東京女子大の学生からなる１００人規模の混声合唱団です。６月と11月に行われる演奏会に向け、週２回（水・土）の練習をしています。プロの常任指揮者の指導、ボイトレ、歌う体を作り上げる体操・発声練習により、合唱経験の有無を問わず団員全員が実力を伸ばしています。混声合唱団ですが男声・女声曲も扱い、非常に多様な曲を演奏します。お問い合わせは info@corosono.info まで。

東京大学ミュージカルサークル Clavis

Clavis は毎年12月に行われる本公演を目標に木曜、土曜の週２回、駒場学生会館等で活動しています。Clavis では公演で使用する道具や衣装を一から団員が手作りしており、その中での創意工夫や得られる一体感も Clavis の魅力の一つではないかと思います。ミュージカルを知らなくても大歓迎！演じているうちに、あるいはオタクの話を聞いているうちに（?）その魅力に引き込まれていくはずです。

東大学生俳句会

俳句は、17文字という短い形式から無限の世界を表現できる日本ならではの文芸です。東大学生俳句会は全国でも最大級の学生句会で、月２回の句会を中心に活動しています。会員は初心者から10年以上続けている人まで幅広く、句会ではお互いの作った俳句への意見交換を通じて創作、鑑賞を楽しんでいます。

言葉や文芸に興味のある方は、以下まで気軽にご質問・ご連絡ください。

haiku.u.tokyo@gmail.com

国際交流・社会奉仕

HCAP東京大学運営委員会

ＨＣＡＰは、ハーバード大学に本部を置く、ハーバード大学とアジア各国のトップ大学生との交流を目的とした学生団体です。単なる国際交流に留まらず、毎年２回開催されるカンファレンスでの学術企画や文化企画、交流企画を通して、深い相互理解を達成することを目指します。

ＨＣＡＰ東京大学運営委員会では同大学の1年生が主体となり、ハーバード大学にメンバーを派遣、東京カンファレンスを企画・運営しています。

駒場子ども会

駒場子ども会は１９６３年に発足をした歴史深い学生団体です。目黒区公認の社会教育関係団体として日々活動を行っています。東京大学と日本女子大学の学生、計２００人以上で構成される大きな団体です。

日曜日に隔週の頻度で、駒場周辺の小学生を様々なところへ連れていくのが主な活動です。アスレチックやバーベキューなど、子どもたちが笑顔になれる活動を企画し実行するのはやりがいにあふれることです。

東大ドリームネット

東大ドリームネットは、東京大学、東京大学三四郎会と共同で行う「知の創造的摩擦プロジェクト」に参画する学生団体です。東大生が主体的なキャリア選択をし、より有意義な学生生活を送れるようになることを目指し、卒業生と東大生との交流イベントを企画・運営しています。職業に関する話だけではなく、卒業生と学生が価値観をぶつけ合い、本音で語り合う場をデザインできることが最大の魅力です。

サークル一覧

▼運動系（アメフト・ラグビー）

・東京大学運動会アメリカンフットボール部
・東大LightBlueRugbyClub
・東京大学VIKINGS
・東京大学運動会ラグビー部

▼運動系（ゴルフ）

・東京大学運動会ゴルフ部
・医学部鉄門会鉄門ゴルフ部
・東大ボギーズ
・東大イーグルスゴルフチーム

▼運動系（サッカー・フットサル）

・東大ツーパーズ
・東京大学FCBlueSpot
・東京大学運動会ア式蹴球部女子（女子サッカー）
・東京大学バブルサッカークラブ
・東京大学サンデーキッカーズ
・東京大学HotSpurs
・麻布United
・東京大学スポーツ愛好会サッカーパート
・東京大学さんぱち先生
・ビッグスカイウイングス
・鉄門フットサル
・東京大学運動会ア式蹴球部
・医学部鉄門会サッカー部
・東大PASSERS
・東京大学SperanzaFC

▼運動系（テニス）

・東大ALLDC
・東大JOKER
・東大GroupFlates
・東京大学スポーツ愛好会軟式テニスパート
・東大COSMOS.T.T.
・東京大学スポーツ愛好会硬式テニスパート
・東大BESTER
・東大シグマテニスサークル
・東京大学トマトテニスクラブ
・東京大学運動会女子庭球部
・東京大学運動会軟式庭球部
・A-DASH
・東大エルピラータ
・東大ウッドペッカー
・東大アムレット
・東京大学運動会庭球部
・東大weekend
・東京大学レモンスマッシュ
・東大サンフレンド
・東大アプリコット
・東京大学HALE
・東大Anotherway
・東京大学SmashAndSpur

▼運動系（バスケ）

・医学部鉄門会鉄門バスケットボール部
・東京大学運動会女子バスケットボール部
・東京大学スポーツ愛好会バスケットボールパート
・東京大学運動会男子バスケットボール部
・東大ありう〜ぷ
・AirWalk
・ペイサーズ

▼運動系（バドミントン）

・東京大学スポーツ愛好会バドミントンパート
・東大パンプキン
・東京大学バドミントン同好会
・ひこうせん
・東京大学運動会バドミントン部
・東大スペースシャトル

▼運動系（バレー）

・医学部鉄門会バレーボール部
・東京大学運動会男子バレーボール部
・東京大学バレーボールサークルmaru
・SUNSET
・東京大学運動会女子バレーボール部
・東京大学スポーツ愛好会バレーボールパート
・東京大学ゆーふぉりあ
・東大バレーボールサークルSHOCKER

▼運動系（野球・ソフトボール）

・東大軟式野球サークルBigBox's
・東京大学運動会軟式野球部
・東京大学運動会硬式野球部
・医学部鉄門会野球部
・東京大学丁友会硬式野球部
・東京大学セローリ
・東京大学運動会準硬式野球部
・東大タクティクス
・東京大学ベルスターズ
・東京大学軟式野球レオパーズ
・東京大学運動会ソフトボール部

▼運動系（その他の球技）

・東京大学運動会ホッケー部女子
・東京大学運動会ホッケー部男子
・東京大学運動会ラクロス部女子
・東京大学運動会ハンドボール部
・東京大学運動会ラクロス部男子
・東京大学ビリヤード友の会
・東京大学BeachBoys
・東京大学セパタクロークラブ
・東京大学ハンドボールサークルMEINZ
・東大パシフィカス
・東京大学運動会ボウリング部
・東京大学運動会卓球部
・東京大学スポーツ愛好会卓球パート

▼運動系（ウィンタースポーツ）

・東京大学運動会スキー部
・東京大学クラウドナイン
・東京大学運動会スケート部フィギュア部門
・東京大学LBJskiteam
・東大ラビットアルペンスキーチーム
・東京大学運動会スケート部アイスホッケー部門
・医学部鉄門会鉄門スキー部

▼運動系（山岳）

・TECKTECK
・東京大学山登りサークルTREX
・TrialandErrorAssociation
・東京大学運動会スキー山岳部
・山岳愛好会雷鳥
・東京大学オリエンテーリングクラブ
・東京大学運動会ワンダーフォーゲル部

▼運動系（自転車・乗り物）

・東京大学運動会自動車部
・東京大学なかよしさいくる
・東京大学運動会自転車部旅行班
・東京大学ハンググライダーサークルfalsada
・東京大学運動会自転車部競技班
・東京大学運動会航空部

▼運動系（水上・水中）

・東京大学運動会ヨット部
・東京大学運動会水泳部競泳陣
・医学部鉄門会鉄門水泳部
・東京大学海洋研究会
・東京大学海洋調査探検部
・東大SEAWIND
・東京大学運動会水泳部水球陣
・インカレ水泳サークルCoconuts
・東京大学運動会漕艇部
・東京大学GrandBleu

▼運動系（ダンス）

・東京大学Step
・東京大学運動会競技ダンス部
・東大娘
・東京大学運動会応援部チアリーダーズ
・東京大学社交ダンスサークル銀杏会
・東京大学BOILED
・東京大学民族舞踊研究会
・T.U.DancingClubWISH
・東京大学ジャズダンスサークルFreeD
・東京大学ダブルダッチサークルD-act
・東大フラサークルKaWelina

▼運動系(武道・格闘技)
・柔会
・東京大学合気道気錬会
・東京大学ゆみの会
・東京大学運動会ボクシング部
・東京大学運動会躰道部
・東京大学スポーツ合気道クラブ
・東京大学運動会合気道部
・東京大学運動会弓術部
・東京大学運動会洋弓部
・東大剣友会
・東京大学テコンドーサークル「てこん会」
・東京大学古流武術鹿島神流
・東京大学弓道同好会
・東京大学運動会柔道部
・東京大学運動会少林寺拳法部
・東京大学運動会剣道部
・東京大学運動会空手部
・東京大学颯剣会
・東京大学運動会相撲部
・東京大学合氣道会
・東京大学運動会レスリング部
・東京大学護身武道空手部

▼運動系(陸上)
・東京大学運動会陸上運動部女子パート
・医学部鉄門会鉄門陸上競技部
・ホノルルマラソンを走る会
・東京大学運動会陸上運動部
・東京大学Doo-Upトライアスロンチーム

▼運動系(その他)
・SkyWalkers
・東京大学運動会馬術部
・東京大学射撃部
・東京大学運動会フェンシング部
・東京大学運動会総務部
・東京大学運動会応援部リーダー
・UT-hacks
・東京大学運動会体操部
・東京大学運動会ボディビル&ウェイトリフティング部
・東京大学すぽると
・東大Burst

▼運動系(鉄門)
・東京大学鉄門漕艇部
・医学部鉄門会鉄門バドミントン部
・医学部鉄門会卓球部
・医学部鉄門会アメリカンフットボール部
・医学部鉄門会鉄門山岳部
・医学部鉄門会ハンドボール部

▼音楽系(合唱・アカペラ)
・東京大学混声合唱団コール・ユリゼン
・東京大学音楽部合唱団コールアカデミー
・東京大学コーロ・ソーノ合唱団
・東京大学柏葉会合唱団
・東京大学歌劇団
・国際フラッシュモブ(アイフラ)
・東京大学白ばら会合唱団
・中世ルネサンス無伴奏混声合唱団ムジカサクラ
・東京大学法学部緑会合唱団
・東京大学音楽部女声合唱団コーロ・レティツィア
・東京大学アカペラバンドサークルLaVoce

▼音楽系(ロック・ポップス)
・東京大学ビートルズ研究会アビーロード
・東京大学ジャズ研究会
・東京大学JazzJunkWorkshop
・東大音感
・東京大学FGA
・東大東大POMP
・BritishRock研究会
・東京大学フォークソング研究会
・東大オリジナルバンド研究会

▼音楽系(民族音楽)
・東京大学民族音楽愛好会
・民族芸能研究会東大山城組
・UT-Fuaim
・エストゥディアンティーナ駒場

▼音楽系(古典音楽)
・東京大学三味線くらぶ
・東京大学箏曲研究会
・東京大学ピアノの会
・東京大学オルガン同好会
・東京大学古典音楽鑑賞会
・古典ギター愛好会
・東大リコーダー同好会
・東京大学尺八部

▼音楽系(吹奏楽・管弦楽)
・東京大学フィロムジカ交響楽団
・東京大学クラリネット同好会
・東京大学運動会応援部吹奏楽団
・東京大学歌劇団管弦楽団
・東京大学吹奏楽部
・東京大学フィルハーモニー管弦楽団
・東京大学フォイヤーヴェルク管弦楽団
・東京大学音楽部管弦楽団
・東京大学ブラスアカデミー
・東京大学フルート同好会
・東京大学室内楽の会

▼音楽系(その他)
・東京大学合唱団あらぐさ
・東大アンプラグド
・東大エレクトーンクラブ
・東京大学マンドリンクラブ
・DTMGrandioso
・TOKYOCOM

▼文化系(アウトドア)
・東京大学旅行研究会
・東京大学地文研究会地理部
・TokyoSkyWalker
・東京大学生物学研究会
・東大CONOZCO

▼文化系(アニメ・ゲーム)
・東京大学アイドルマスター研究会
・コミックアカデミー実行委員会
・東大幻想郷
・まるきゅうProjec:
・ぷよぷよサークルHOPE
・東京大学テトリス研究会
・東大特撮映像研究会
・ゲームサークル大都会
・東京大学ビジュアルノベル同好会
・東京大学ゲーム研究会
・東京大学アニメーション研究会
・東京大学MTG同好会

▼文化系(イベント・企画)
・AnotherVision
・駒場子ども会
・東大ドリームネット
・BusinessContestKING実行委員会
・東大ガイダンス運営委員会
・UTミライウォーカー
・東京大学女装子コンテスト実行委員会
・TEDxUTokyo
・東大TAT
・STEMSUT
・東大みかん愛好会
・東京大学Fruth
・宇宙開発フォーラム実行委員会

▼文化系(演劇・映画)
・東京大学映画制作スピカ1895
・劇団Radish
・劇工舎プリズム
・劇団綺畸
・東京大学ミュージカルサークルClavis
・劇団高校四年生
・TheatreMERCURY
・Nonperiod.

▼文化系(起業・投資)
・東大ビジネス企画サークルAXIS
・東大起業サークルTNK
・Share-Project
・東京大学株式投資クラブAgents

▼文化系(広報・出版)
・東京大学入試研究会
・東京大学見聞伝ゼミナール
・東京大学広告研究会
・discUiT
・東京大学新聞社
・東京大学放送研究会
・時代錯誤社
・合格サプリ編集部
・学生が作る東大HPUTLife
・『東大美女図鑑』編集部
・出版甲子園
・東大wiki

▼文化系(国際交流)
・東京大学国際交流サークル茶柱
・OVALJAPAN
・IAESTETLSC
・模擬国連駒場研究会
・学生NGOHaLuz
・NPO法人MIS

・東京大学海外旅行サークルSail
・アイセック東京大学委員会
・Smile
・ウガンダ野球を支援する会
・FICS
・東京大学ESS
・MPJYouth
・東京大学英語ディベート部
・AFPLA
・Bizjapan
・ステラジャパン
・HCAP東京大学運営委員会
・日本ロシア学生交流会
・グローバル・ネクストリーダーズフォーラム
・日本学生協会（JNSA）基金
・アジア法学生協会（ALSA）

▼文化系（自然科学）

・東京大学工学部丁友会iGEM
・UT-Tokyo
・東京大学ECHO
・LiveinSPACEProject
・東大カワウソ同好会
・東京大学地文研究会天文部
・環境三四郎
・東京大学キムワイプ卓球会
・東京大学工学部丁友会RoboTech
・SCIFUNS
・東京大学サイエンスコミュニケーションサークルCAST
・東京大学アマチュア無線クラブ
・理論科学グループ
・東京大学教養学部化学部
・東大TeX愛好会
・東京大学物理学研究会
・東京大学地文研究会地質部
・東大マイコンクラブ
・東京大学地文研究会気象部

▼文化系（社会奉仕）

・東京大学手話サークルしゅわっち
・東大ハウス支援団体マイハウス
・東大Roots
・ぽらんたす
・障害者のリアルに迫るゼミ
・UniculLaboratory
・駒場点友会
・東京大学TableForTwo
・東京大学復興ボランティア会議
・東京大学むら塾
・FairWind
・アジア開発学生会議
・JapanGlocalAlliance
・乗鞍サマースクール
・TSCP学生委員会
・夢のつばさプロジェクト

▼文化系（趣味娯楽）

・東大釣友会
・ふぁんそん太極会
・BEMANI4UT
・東大ホースメンクラブ
・手芸サークルあっとはんど
・東大温泉サークルOKR（おける）
・東京大学欅坂46同好会
・東大料理愛好会
・東大LEGO部
・東大飛燕会
・東京大学興巨会
・東京大学戦史研究会
・東京大学囲碁部
・東大帝虎会
・東京大学アイドル同好会
・東京大学宝塚同好会
・東京大学乃木坂46同好会
・東京大学将棋部
・東京大学鉄道研究会
・東大うどん部
・東京大学漫画調査班TMR
・東大三国志研究会
・東京大学カンダム愛好会
・カラメルビター
・東大ベイスターズ応援サークル（仮）
・東京大学カープ応援サークルスラィリー
・東大ビルボード研究会
・東大ディズニー同好会
・東大ハロプロ研究会
・東大昇竜会
・東京大学百人一首同好会
・若獅子東人会

▼文化系（人文社会学）

・東京大学現代国際法研究会
・東大行政機構研究会
・TOSMOS（現代社会研究会）
・日本民主青年同盟東大駒場班
・東大社会を考えるゼミ
・高山ゼミ
・日本の医療の光と影～医療と福祉の現場から見る現代社会～ゼミナール
・医ゼミに行く会
・東大スウォーム
・学生団体GEIL2016
・ビラ研究会
・東京大学訪問勉強会
・NPO法人日本教育再興連盟
・東大瀧本ゼミ政策分析パート
・東京大学法と社会と人権ゼミ
・アデオジャパン
・第一高等学校・東京大学弁論部
・安保法制廃止を求める東京大学人アピール実行委員会

▼文化系（創作活動・芸術）

・東大美術サークル
・東大まんがくらぶ
・東大イラスト研究会
・東京大学写真文化会
・東京大学服飾団体fab
・ノンリニア
・倶楽部楽
・designingplusnine

▼文化系（伝統文化）

・東京大学江戸料理研究会
・東大褌クラブ
・東京大学狂言研究会
・東京大学茶道部
・阿波踊り東大連
・東京大学神社研究会
・東京大学香道部
・東京大学能狂言研究会観世会
・東京大学能狂言研究会宝生会
・東京大学日本舞踊研究会
・東京大学裏千家茶道同好会
・東京大学書道研究会
・東京大学薫風流煎茶同好会
・東京大学坐禅部陵禅会
・着物サークル和結
・東京大学フラメンコ舞踏団
・東京大学折り紙サークルOrist

▼文化系（文学）

・東大文芸部
・東京大学創文会
・東大学生俳句会
・書評委員会ひろば
・東大ペンクラブ
・古文サークルすずのや
・東京大学児童文学を読む会
・東京大学SF研究会
・東京大学新月お茶の会
・東京大学本郷短歌会
・東京大学文学研究会

▼文化系（パフォーマンス）

・マラバリスタ
・東京大学奇術愛好会
・東京大学プロレスリングBAKA道場
・東京大学お笑いサークル笑論法
・東京大学落語研究会

▼文化系（マインドスポーツ・パズル）

・東京大学ポーカー同好会
・東京大学珠算研究会
・東京大学麻雀サークル白
・東京大学ルービックキューブサークル
・東京大学クイズ研究会
・東京大学人狼研究会
・東京大学チェスサークル
・東京大学遊戯王デュエルサークル
・コントラクトブリッジ同好会
・東京大学ペンシルパズル同好会
・東大オセロサークルGORO

▼文化系（その他）

・東京瀧本ゼミ企業分析パート
・知力の再構築
・（社）KIP知日派国際人育成プログラム
・東京大学生キリスト者青年会
・東大キリスト者学生会
・UT食再考
・フリスク同好会
・鉄門倶楽部
・東京大学しやわせ研Q会
・哲学カフェサークルonecafe

▼自治団体

・東京大学第67期駒場祭委員会
・東京大学学生会館運営委員会
・東大生協駒場学生委員会

※2016年度東京大学教養学部オリエンテーション委員会に登録している団体のみを掲載

1人暮らしを始めよう

大学生になって、初めて1人暮らしをする学生も多いだろう。1人暮らしをしながら東大に通う学生の暮らしぶりと、引っ越し、自炊、家具選びといった1人暮らしを始めるにあたって知っておいてほしい基礎知識について解説する。

東大生の住まい紹介

1人暮らしをする5人の東大生に、
自分の住む部屋での暮らしを紹介してもらった。
それぞれ駒場周辺に住む学生、駒場へ電車で通う学生、寮に住む学生、
本郷周辺から本郷に通う学生、本郷へ電車で通う学生だ。
どんな部屋でどう1人暮らししたいかイメージしてみよう。

【用語解説】
1R：一つの居室があり、その居室の一部にキッチンがある間取りのこと
1K：一つの居室と、その居室から仕切られたキッチンという構成からなる、間取りのこと

京王井の頭線で駒場東大前駅の隣の駅、池ノ上から徒歩1分のアパートに住むKさん。駒場までは自転車で、本郷までは電車で通う。部屋探しでこだわったのは駒場への近さと南向きで日が入ること。「カーテンを開けても部屋が暗いのは気分が沈むので」部活が駒場であるため部活が終わってすぐ帰れるのが良い。部活を引退したら引っ越す予定だ。入学当初は調布から通っており、1年の11月に引っ越した。合格発表の前に部屋を決めたため、他大学にも通いやすい土地を選んだという。「合格発表後でも間に合うので、大学が決まってから選ぶことをお勧めします」

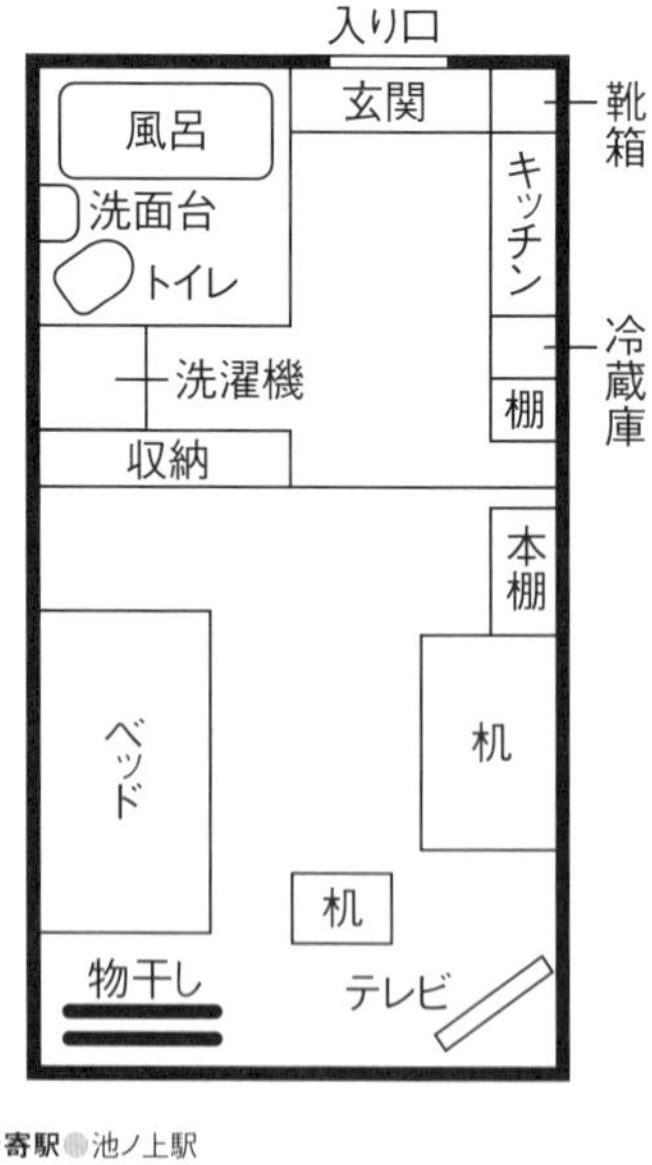

最寄駅　池ノ上駅
アクセス　駒場キャンパスまで自転車で5分
家賃　69000円／月
間取り　1K（18.5平方メートル）

駒場東大前駅まで9分の永福町でアパートを借りて1人暮らしをするNさん。部屋選びの決め手は駅から近いこと。永福町駅から部屋まで徒歩1分だ。「駅から近いため通学や外出が苦ではありません。永福町は京王井の頭線の急行も止まり便利です」

合格発表の次の日に上京し、駒場の生協主催の不動産会社のイベントで部屋を決めたNさん。その日に部屋を見学し即決した。選ぶときに条件としたのが、駅からの近さ、家賃、2口のガスコンロが置けること。「自炊がしたかったので。自分がどんな生活をしたいかで部屋選びの条件を考えると良いと思います」

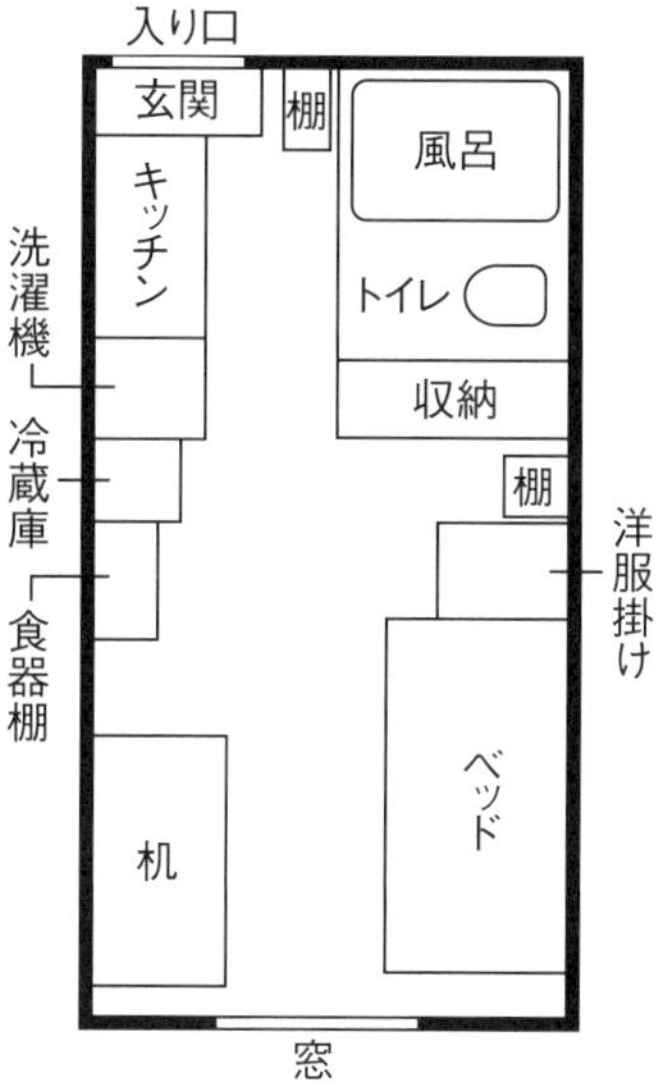

最寄駅　永福町駅
アクセス　駒場キャンパスまで電車で15分
家賃　53000円／月
間取り　1K（20.0平方メートル）

東京大学三鷹国際学生宿舎、通称「三鷹寮」。大学が管理する公式の学生宿舎だ。三鷹寮に住むためには合格発表後に応募し、選考に通る必要がある。

三鷹寮に住むSさんによると、三鷹寮の魅力は費用の安さ。基本経費は月に11500円で、使った分の光熱費が加算されるが、賃貸での1人暮らしより安い。家具も備え付けだ。「難点は13平米と狭いことと、交通の便が悪いことです」とSさん。最寄り駅まで自転車で15分、バスだと20分ほどで、駒場までは50分ほどかかる。

留学生も住んでおり知り合いになれることもあるという。

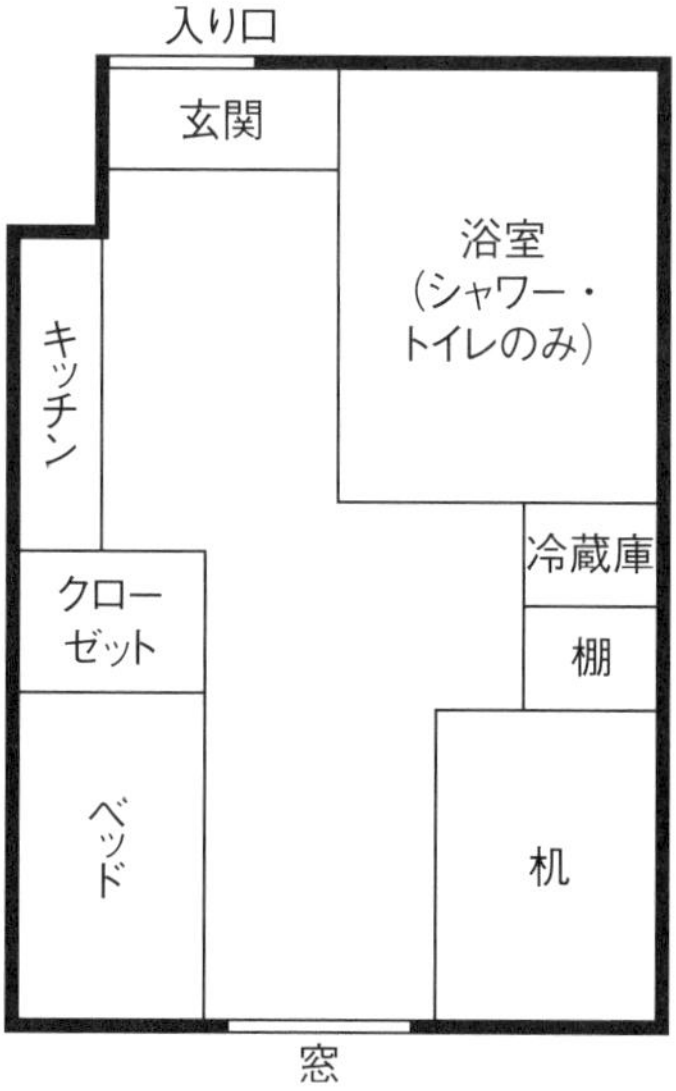

最寄駅　三鷹台駅、吉祥寺駅
アクセス　駒場キャンパスまで公共交通機関で50分
家賃　基本経費11500円／月
間取り　1R（13平方メートル）

本郷キャンパスまで歩いて15分の部屋で１人暮らしをするＯさん。この部屋を選んだ理由は徒歩通学でき、収納が多く、バストイレ別だったからだ。駒場に通っていた時は下北沢に住んでおり、２年の11月に引っ越した。

家賃は８万円。本郷付近は地価が高く、相場ぐらいだという。最寄り駅は本郷三丁目駅で徒歩５分ほど。「家賃は高めでも通学時間や運賃、満員電車のストレスなどを考えて、学校に近いところを選びました」。部屋の近くにスーパーがあるが、土日に業務用スーパーで買いだめするため、近所のスーパーはあまり使わないという。

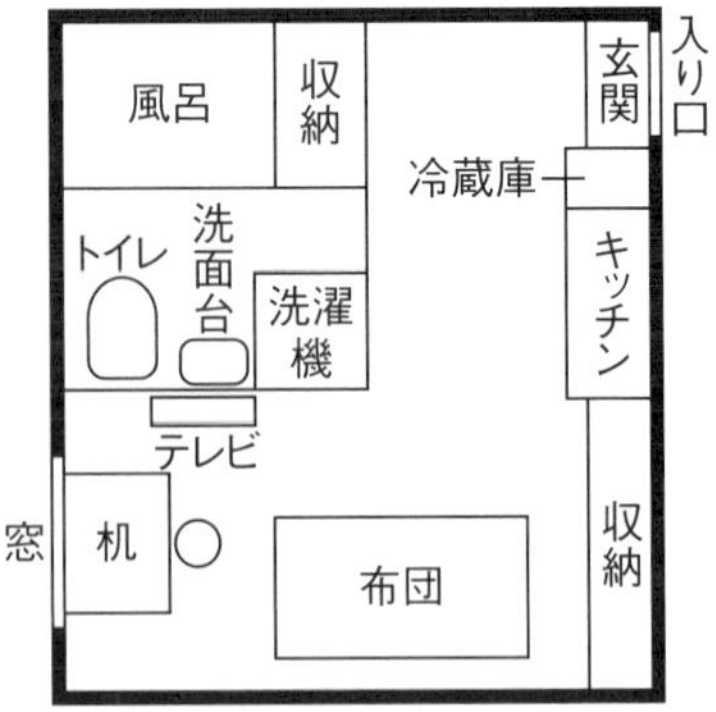

最寄駅●本郷三丁目駅
アクセス●本郷キャンパスまで徒歩15分
家賃●80000円／月
間取り●1K（20.24平方メートル）

東京メトロ千代田線の北端、綾瀬で１人暮らしをするＮさん。「家賃の安さで選びました」。本郷付近は家賃相場が高く、綾瀬では２万円ほど安く住める。登校時間は約30分だ。「この部屋は２部屋あり、キッチンも広く、収納も多いため気に入っています」「千代田線の朝のラッシュは壮絶で満員電車が苦手な人は本郷付近をお勧めします」とＮさん。それを気にしなければ、物価も都心部より安く、快適に住める。

定期券のおかげで行動範囲も広がることも電車通学の利点だ。「綾瀬の場合、乗り換えや買い物に便利な北千住が定期圏内にあるのが良いですね」

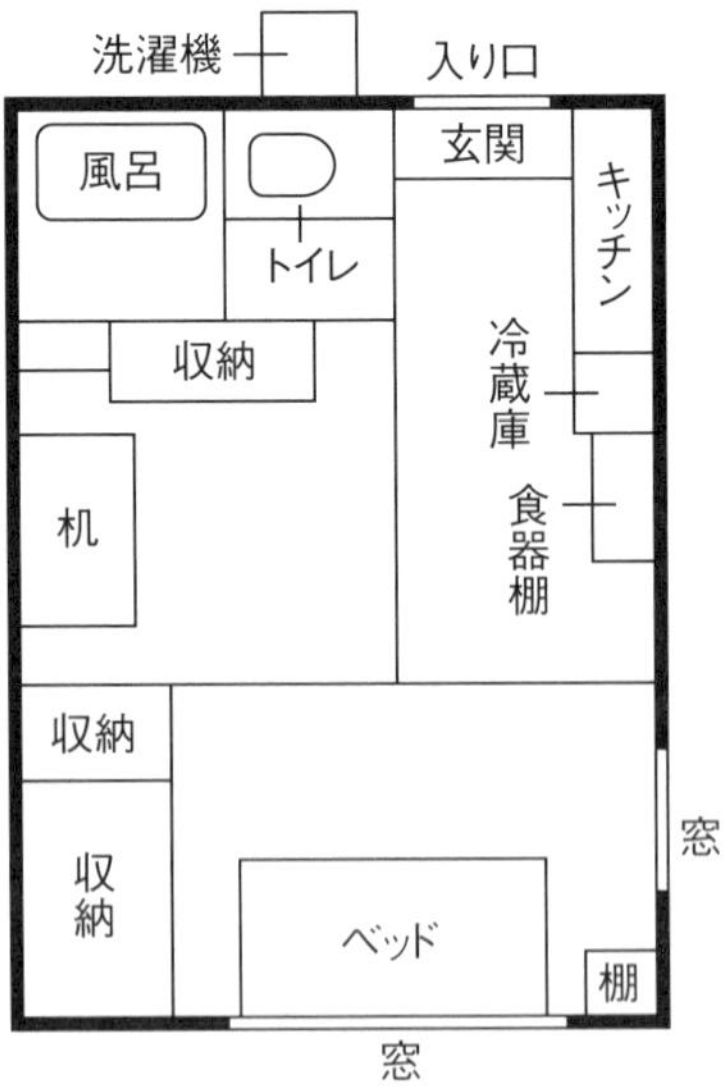

最寄駅●綾瀬駅
アクセス●本郷キャンパスまで地下鉄で30分
家賃●60000円／月
間取り●2K（33.05平方メートル）

《記者が解説1》

引っ越しのイロハ

合格が決まったら部屋探しをします。合格発表前に部屋を押さえる人もいますが、合格発表直後でも良い物件は見つかります。合格発表から1週間は、駒場Iキャンパスで不動産会社の部屋探しのイベントが開催されます。三鷹寮に応募するという選択肢もあります。不動産業者に家賃や駅までの距離といった自分の希望する条件に合う部屋を紹介してもらい、部屋に見学に行って決めます。3部屋以上は見学して比較することをお勧めします。周辺にどんな施設があるかも確認しましょう。

引っ越し準備として家具や家電をそろえる必要があります。寸法などは部屋を決める際の見学時に測っておくと良いでしょう。家具屋や家電量販店によっては引っ越しの日に配送してくれるサービスもあります。3年以降に本郷キャンパスへ引っ越すことを考えている場合、運ぶのが簡単な家具を選択することをお勧めします。

3月末から大学の諸手続きなどが始まります。入居前に電気・ガス・水道の開設の依頼、郵便局での住所変更手続きをし、住民票の転居届を実家の方の自治体に提出しましょう。住民票を移さなくても問題はありませんが、移すと新居付近で選挙の投票ができ、運転免許の試験も東京で受けられます。

洋服や書籍などの小物は実家から郵送で送り、家具は購入したものを組み立てることで新生活を始めます。本郷への引っ越しでは業者に依頼し、小物を段ボールに詰め、家具は直接運んでもらうことになります。

引っ越しの流れ

合格発表直後(駒場から本郷へ引っ越す場合、2〜3週前)	・不動産会社で部屋探し、契約、最初の家賃、敷金・礼金、仲介手数料の振込み ・転居日の決定
部屋の決定〜引っ越しまで	・大きい荷物があれば引っ越し業者に依頼 ・寸法に合わせた家具・家電選び ・電気・ガス・水道、インターネットの開設の手続き ・郵便局での住所変更、旧居の自治体へ転居届の提出 ・(本郷への場合)旧居の契約の解約手続き、電気・ガス・水道などの移転手続き
引っ越しの日	・新居の鍵の受け取り ・部屋の状態の確認(入居前から破損などがあれば不動産会社に報告) ・家具の搬入、組み立て ・ガスの開設の立ち会い
引っ越し後	・(本郷への場合)旧居の清掃。部屋の明け渡しの確認の立ち会い(明け渡し日は契約の解約の時に決め、この日まで家賃が発生)

《記者が解説2》
自炊をしよう

外食では脂肪や糖分が多く、また値段も高くなるため、健康的にも経済的にも自炊をした方がお得です。

自炊をするためには道具が必要です。炊飯器と電子レンジ、冷蔵庫は1人暮らしを始める段階で用意しておきましょう。フライパンと片手鍋、まな板と包丁は必要になります。調理用油と塩・砂糖・こしょう・しょうゆなどの調味料も用意しましょう。これだけあれば野菜炒めや親子丼など簡単な料理は可能です。大きなフライパンがあればパスタをゆでることもできます。

おかずだけスーパーで買うのも経済的

料理をしなくても、ご飯を炊いておかずだけスーパーなどで買うのも経済的です。スーパーでは賞味期限が近い魚が割り引かれることもあるため、グリル付きのコンロであれば焼き魚もできてお勧めです。

記者は、夕飯は料理し、朝ご飯は前日に炊いたご飯を食べ、昼は学校でという食生活です。1人暮らしでは好きなものを好きなだけ食べられてしまいますが、たまには普段と違うものも食べるよう工夫して偏った食生活にならないように気を付けましょう。

《記者が解説3》
家具を選ぼう

1人暮らしにあたりそろえなければならない家具・家電。記者はベッド、机、本棚、食器棚、ベッドの下に入る洋服入れ、洋服掛け、冷蔵庫、電子レンジ、掃除機、洗濯機、テレビ、電気ケトル、プリンター、ガスコンロを買い、引っ越しの日に届けてもらいました。大きな家具は組み立て式のものです。

本を置くスペース確保

寸法は部屋を決める際に測り、入居前にどこにどんな家具を置くか考えます。洗濯をどうするかと、洋服の収納をどうするかが、狭い1人暮らしの部屋を活用する上で工夫のしどころです。東大生だとどうしても本が増えるので本を置くスペースを確保することも必要になります。エアコンはほとんどの部屋に付いていますが、冬になると暖房器具がないと寒い部屋もあります。

駒場から本郷への引っ越しがほぼ確実な場合、引っ越しを見据えた家具選びも重要です。具体的には狭めの部屋になる場合でも対応できる小さめの家具を選び、そもそも物をあまり持たないようにする方が良いでしょう。

進学選択って何だ？

前期教養課程の成績に基づき、自分の希望の学部学科へ進める「進学選択」。東大の大きな特徴でありながら、その制度をちゃんと理解するのは難しい。この企画では七つのポイントに整理して解説してみた。

「進学選択」とは？

進学選択とは２０１６年度に導入された、3～4年の後期課程で所属する学部・学科を決める制度のことだ。15年度まで行われていた「進学振分け（進振り）」に替わり実施される。

東大では「工学部に進学する」のように「進学」という言葉を使うが、ここでの進学とは前期課程の2年（いわゆる駒場生）が後期課程の3年（いわゆる本郷生）になることを指す。

進学先は2年の夏に内定する。後期課程の各学部・学科がどの科類から何人まで受け入れるかは決まっており、全員が単純に希望通りに進学できるわけではない。各学部・学科を志望した人で、成績上位の人から順に内定する仕組みだ。

進学選択は導入が決まって以後仕組みが何度も変更されている。内定に使う成績は16年度実施の進学選択では2年のS1タームまで、17年度以降実施では2年のS2タームまでの点数となっている。

ポイント①
指定科類枠・全科類枠

各学部・学科が受け入れる人数は、2種類の枠で決まっている。一つは「指定科類枠」。特定の科類（「文Ⅰ・Ⅱ」や「理科」など複数の科類を含むこともある）の人のみが対象となる枠だ。例えば文Ⅰなら法学部の、理Ⅰなら工学部や理学部の指定科類枠が多く設けられており、これらの学部に進みやすくなっている。

もう一つは「全科類枠」。全ての科類の人が対象の枠のことで、指定科類枠に比べて受け入れる人数が少ない学部・学科が多い。指定科類枠と全科類枠が両方ある学部や学科では、指定科類で志望して内定しなかった場合は自動的に全科類枠で振り分けられる。この全科類枠を利用すると、例えば「文Ⅰ→工学部」、「理Ⅱ→経済学部」のように、大学に入ってから文転、理転することができる。

ポイント②
3段階方式

進学選択は3段階で行われる。まず第1段階で定員の約7割の進学内定者を決め、残りを第2段階で決定する。第1段階で進学先が決まった場合、第2段階では志望できない。

第3段階は進学選択導入で新たに追加された制度で、第2段階終了時に定数に満たなかった学部・学科の一部が定数を公表し、進学先内定を実施する。第3段階では成績以外の基準を用いる学部・学科もある。文学部・工学部・理学部・医学部といった一部学科は学生の望む学習と実際の教育内容との食い違いを防ぐため、面接や志望理由書などを評価に用いる。

ポイント③ 内定者の決め方

第1段階では、最初に指定科類の志望者のうち、成績上位の人から順に定数まで内定する。次に、指定科類で内定しなかった人と、指定科類以外の科類からの志望者を合わせた人を対象として、全科類枠で内定者を決定する。ここでも成績順だ。

第2段階でも指定科類枠で内定を行った後、全科類枠での内定が行われる。第1段階では第1志望の学科を単願するが、第2段階では志望学部内での複願が認められている。そのため、第1志望に基づいて各学部・学科の内定者が決まった時点で内定者が定数に満たない学部・学科は順次第2志望、第3志望の人を受け入れる。また、一部の学部・学科では特定の科目について重率を高めたり、履修点を加算したりなどして平均点を出すこともある。

第3段階では第2段階までで定数に満たなかった学部・学科を第3志望まで選択することができ、第1志望から順に内定の可否が判断される。

具体例（15年度実施の進学振分けの法学部第１段階、163ページ）

第1段階では、まず文Ⅰからの志望者の上位277人と、理科（理Ⅰ・理Ⅱ・理Ⅲ）からの志望者の上位4人がそれぞれ指定科類枠で内定する。その後、指定科類枠で内定しなかった文Ⅰからの志望者で278位以下の人、および理科からの志望者で5位以下の人、そして指定科類枠のない文Ⅱ・文Ⅲからの志望者を全て合わせ、点数が上位の12人が全科類枠で内定する。

ポイント④ 成績の出し方

16年度実施の進学選択では2年のS1タームまでに履修した科目の単純平均点が利用された。単純平均点とは、各科目について単位数×点数を算出し、その和を取得単位数で割ったものだ。成績評価が「不可」となり、単位を取得できなかった場合もその科目の素点が平均点に算入される。試験を欠席した場合は「欠席」となり、0点として平均点に算入される。

ただし17年度以降実施の進学選択では、特定の科目の点数の比重を重くしたり上限を超えて取得した単位の科目の点数の比重を軽くしたりする「重率」を用いた平均点算出方式に変更される。

ポイント⑤

進学選択用語

◆要求科目・要望科目

文科生が理系の学部・学科を志望する場合、一部の学部・学科では単位を取得していなければならない科目が存在する。これが要求科目だ。例えば、文科から薬学部に進みたい場合、「物性化学」「熱力学もしくは化学熱力学」「生命科学もしくは生命科学Ⅰ」から2科目以上を取る必要がある。

要望科目は進学選択の必須条件ではなく、進学後の学習のために単位取得が望ましいとされる科目を指す。これも一部の学部・学科で指定されている。

◆成績表

各タームの成績はウェブサイト上で確認することになる。成績は100点満点で付けられるが、最初にウェブ上で発表される成績表では優・良・可・不可の4段階評価のみが見られる。優は80点以上、良は65~79点、可は50~64点、不可は50点未満を指す。事前にウェブサイト上で登録しておけば、後日素点を確認することができる。

ポイント⑥

スケジュール(16年度実施)

◆1年

1年次に進学選択での点数に算入される科目の大部分を履修することになるので、高得点を狙うには頑張りどころ。進学選択に関する手続きなどはない。

◆2年

◇4月中旬:手引きの配布

「進学選択の手引き」が配布され、その年の進学選択の定員や進学選択の対象となる条件、登録の日時などの詳細なルールが発表される。

◇5月:ガイダンス

各学部・学科のガイダンスが駒場で行われる。資料が配布され、教員によるカリキュラムや卒業後の進路の説明、在学生による学生生活の紹介などがある。

◇6月下旬:進学志望登録・第1段階志望集計・成績確認・志望登録の変更

2年は全員が進学志望登録を行い、ウェブサイト上で第1段階から第2段階までの志望先を登録する。この段階での志望は後で変更することができる。

「(進学)不志望」を選択して、9月下旬から1年のAセメスターに戻ることもできる。後述の「降年」だ。登録を忘れると、自動的に「不志望」扱いとなり、降年となる。

進学志望登録が終わると、1年次の成績を基に、学部・学科別に第1志望者の人数と、現時点で定員の最下位に当たる人の点数が発表される。

◇8月中旬:成績確認・志望登録の変更

２年のＳ１タームの成績が発表され、進学選択での自分の点数が確定する。志望登録変更期間ではこの点数を受けて第１段階の志望登録を変更できる。進学選択に参加するためには、それまでの取得単位数など科類ごとに設けられた条件を満たす必要がある。この条件を満たしていない場合、進学選択に参加できず自動的に降年となる。

◇8月下旬：第1段階内定者発表

内定したかがウェブ上で発表される。ここで内定すれば進学選択は終了となり、次の第２段階は対象外となる。

第１段階内定者発表と同時に第２段階志望集計表が発表され、第１段階で内定しなかった人は志望を変更することもできる。

進学選択の日程（16年実施）

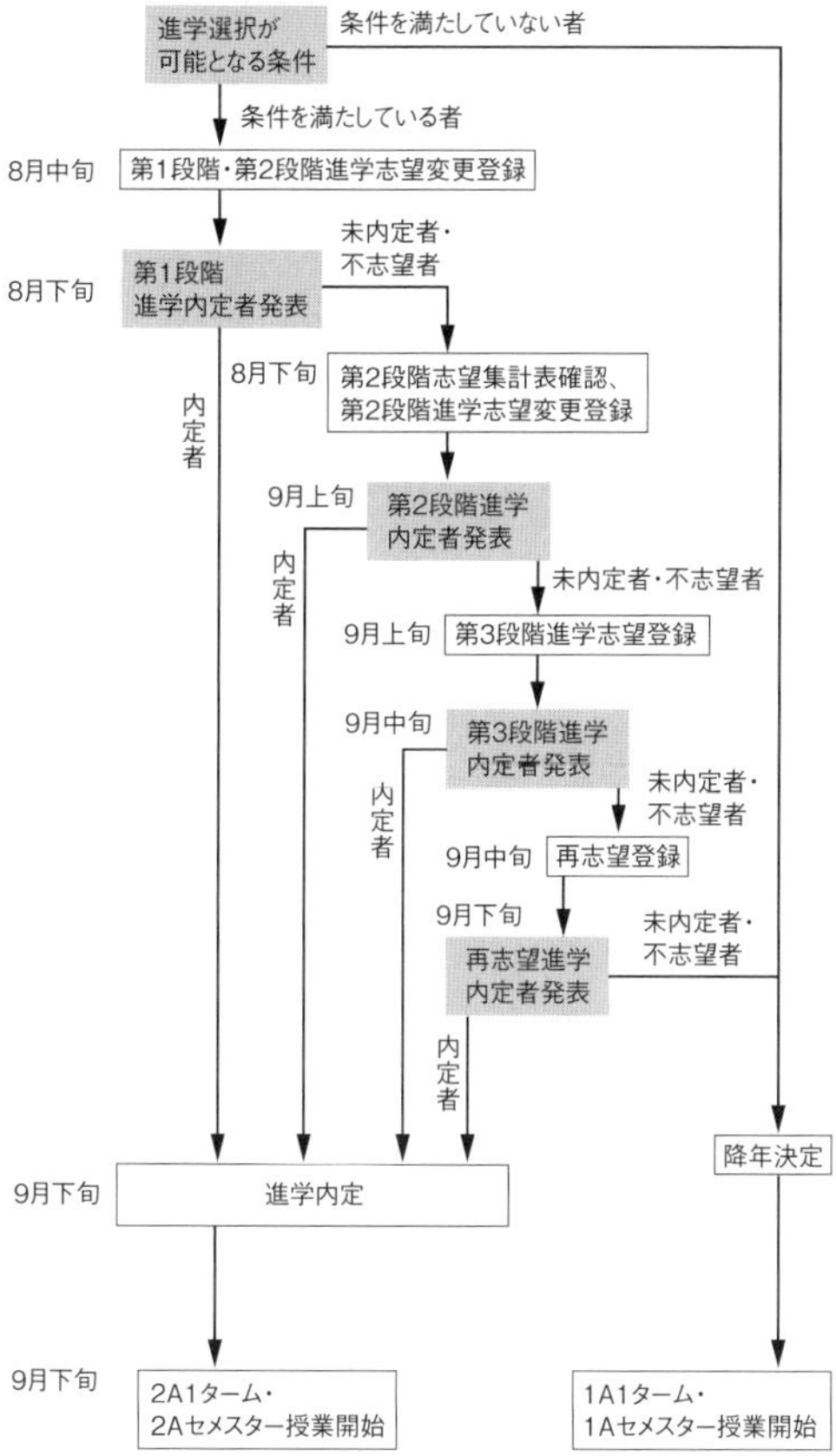

◇9月上旬：第2段階内定者発表

第２段階で内定すればここで進学選択は終わる。第２段階までに定員に達していない学部・学科は第３段階でも選択の対象となる。

◇9月中旬：第3段階内定者発表、再志望登録

第３段階では第１志望から第３志望まで登録でき、第１志望から順に内定の可否が判定される。

第３段階でも内定できなかった人は、まだ定員に達しておらず再志望を募集している学部・学科に出願できる。再志望をしなければ自動的に降年となり、９月下旬から１年生に戻ることになる。

◇9月下旬：専門科目の授業開始

進学内定者は、内定先の専門科目を履修する（法学部など一部の学部・学科では４月から専門科目が始まっている）。専門科目は本郷で開講されるものもある。

◇3月下旬：進学決定

前期課程の修了要件を満たしていれば、4月から晴れて内定先の学部の3年になる。修了要件を満たしていない場合には留年することになり、内定も取り消される。

ポイント⑦ 救済制度

◆追試験

試験を欠席したり、不可（１００点満点中50点以下）を取ったりした場合、理科生の基礎科目を中心とした一部の科目でのみ実施される。追試験で与えられる点数の上限は原則50点。試験を病欠し医師の診断書がある場合などは上限が75点になる。

◆平均点合格

第二外国語や数学などの科目で不可があっても、同系統に含まれる全科目の合計点の平均が50点を超えていれば、全科目の単位を取得できる制度。例えばドイツ語選択の文科生の場合、ドイツ語一列、ドイツ語二列、ドイツ語演習のうちどれかが不可でも、3科目の合計点の平均が50点に達していれば三つとも単位を修得できる。

◆他クラス聴講（「他クラ」）

主に2年が1年次に単位を取得できなかった必修科目を再履修するため、1年のクラスに交じって授業を受けること。追試験と同様、与えられる成績には上限がある。身体運動・健康科学実習の場合は「補修」と呼ばれる。

◆留年・降年

留年とは、新年度に進級せず同じ学年を繰り返すこと。1年はAセメスター終了時に2年への進級条件を満たしていなければ、自動的に留年となる。2年がAセメスター終了時に前期課程の修了条件を満たしていない場合も留年だ。この場合、後期課程への内定も取り消される。

降年とは2年Sセメスター終了時点で進学選択への参加条件を満たしていない場合や進学先が最後まで決まらなかった場合などに、2年のAセメスターに進まず1年のAセメスターからやり直すことをいう。

留年や降年をした場合、過去に不可や未履修となった科目を履修すれば成績は１００点満点で付けられる。進学選択までに志望する進学先に必要な点数に達するか厳しい、と判断した学生が留年や降年をして来年度の進学選択に参加することを選ぶ例もある。

2016年度 進学振分けデータ

16年度進学振分けとは、16年4月に3年生に進学する人を対象とした進学振分けを指す。
※教養学部発表のデータを基に東京大学新聞社が作成

【注記】
(1) 基準点とは、第一志望での内定者の8割目にあたる者の点数。ただし、2人の場合は1番目の点数。
(2) 最低点とは、内定者の最低点。
(3) 基準点・最低点は、小数点第2位を切り捨てたものを表示している。実際の進学振分けでは小数点第2位までの平均点で行い、定数内最下位の者と、次の順位の者が小数点第2位まで同点の場合は定数を超えて内定する。

《内定者数・基準点・最低点の見方(例)》

89.1	← その学部・学科等の基準点。
6 88.4	← 左側の数字が内定者数、右側の点数が最低点。

この例の場合、基準点が89.1点で内定者数が6人、その中の最低点数が88.4点であったことを示す。
(4) 外国人留学生《日本政府(文部科学省)奨学金留学生、外国政府派遣留学生、日韓共同理工系学部留学生、外国学校卒業学生特別選考第一種》は集計には算入していない。
(5) 経済学部の進学振分け準則に記載されている「各科類の基本科類定数の6%」にあたる数とは次のとおりである。
文科一類 25名、文科三類 30名、理科一類 69名、理科二類 34名、理科三類 6名

第一段階　進学内定者数・基準点・最低点

	定数	第一段階定数			内定者数											
		指定科類		全科類	指定科類						全科類					
					文科			理科			文科			理科		
		文一	理科		文一	文二	文三	理一	理二	理三	文一	文二	文三	理一	理二	理三
法学部	415	277	4	12	73.3 277 70.5			84.9 2 81.7	86.7 2 85.3			84.4 4 83.6	85.0 8 83.5			

	定数	第一段階定数			内定者数											
		指定科類		全科類	指定科類						全科類					
					文科			理科			文科			理科		
		文二	理科		文一	文二	文三	理一	理二	理三	文一	文二	文三	理一	理二	理三
経済学部 ※【注記】の(5)を参照	340	189	7	42		75.2 189 73.6		82.4 5 81.9	83.3 2 82.1		82.6 2 78.9		80.8 30 80.0	78.9 4 76.4	79.5 6 77.9	

文学部		定数				内定者数											
		350	第一段階定数			指定科類						全科類					
			指定科類		全科類	文科			理科			文科			理科		
			文科三類	理科		文一	文二	文三	理一	理二	理三	文一	文二	文三	理一	理二	理三
		上限定数	245														
思想文化学	哲学	20	11	—	3			65.7 11 65.0						63.1 2 61.1		63.7 1 63.7	
	中国思想文化学	8	3	—	1			80.2 2 62.8									
	インド哲学仏教学	10	4	—	1			82.0 1 82.0							72.9 1 72.9		
	倫理学	15	9	—	1			66.4 4 53.1									
	宗教学宗教史学	15	10	—	2			69.9 9 61.8				75.2 1 75.2					
	美学芸術学	15	10	—	2			76.1 10 73.3					78.7 1 78.7		80.8 1 80.8		
	イスラム学	7	3	—	1			76.2 1 76.2									
歴史文化学	日本史学	25	18	—	2			68.9 18 64.2						61.1 2 59.3			
	東洋史学	25	16	—	2			55.3 6 52.1				83.7 1 83.7					
	西洋史学	25	18	—	3			67.2 18 55.1				90.5 2 74.8			73.6 1 73.6		
	考古学	10	4	—	1			82.4 1 82.4									
	美術史学	15	10	—	2			64.4 6 59.6					56.6 1 56.6				
言語文化学	言語学	15	9	—	2			72.2 4 66.5							67.1 1 67.1	60.4 1 60.4	
	日本語日本文学(国語学)	12	6	—	2			66.1 2 62.3								71.1 1 71.1	
	日本語日本文学(国文学)	28	18	—	2			65.2 18 58.0				69.8 1 69.8		57.8 1 57.8			
	中国語中国文学	7	3	—	1												
	インド語インド文学	7	3	—	1												
	英語英米文学	28	18	—	2			61.5 11 58.8					67.1 2 66.5				
	ドイツ語ドイツ文学	12	5	—	2			63.8 1 63.8									
	フランス語フランス文学	22	14	—	2			69.6 6 63.8									
	スラヴ語スラヴ文学	7	3	—	1			80.5 3 72.8						71.2 1 71.2			
	南欧語南欧文学	7	3	—	1												
	現代文芸論	8	6	—	1			71.2 6 70.6						67.8 1 67.8			
	西洋古典学	7	3	—	1												
行動文化学	心理学	23	15	—	2			67.5 15 65.6				75.1 1 75.1	76.6 1 76.6				
	社会心理学	23	12	4	2			79.7 12 79.5	72.3 2 72.1	76.8 2 73.5				78.8 2 78.4			
	社会学	50	25	—	8			76.4 25 75.2				75.4 1 75.4		73.2 7 73.2			
					文学部合計			190	2	2		7	5	16	4	3	

教育学部		定数	第一段階定数 指定科類 文科三類	第一段階定数 指定科類 理科	第一段階定数 全科類	内定者数 指定科類 文科 文一	文二	文三	指定科類 理科 理一	理二	理三	全科類 文科 文一	文二	文三	全科類 理科 理一	理二	理三
		97															
総合教育科学	基礎教育学	18	8	—	3			72.6 8 71.6						71.0 2 68.3	70.4 1 70.4		
総合教育科学	比較教育社会学	16	8	—	3			76.5 8 75.9				80.9 1 80.9		74.7 2 74.7			
総合教育科学	教育実践・政策学	25	12	—	5			76.2 12 75.6				77.3 1 77.3		73.9 2 58.9			
総合教育科学	教育心理学	22	10	2	3			77.8 10 77.5	74.4 2 73.6				82.3 1 82.3	76.7 2 76.3			
総合教育科学	身体教育学	16	—	—	11								64.8 1 64.8	63.3 6 61.6	63.8 1 63.8	61.4 3 60.9	
				教育学部合計				38	2			2	2	14	2	3	

教養学部			定数	第一段階定数 指定科類 文一・二	第一段階定数 指定科類 文三	第一段階定数 指定科類 理科	第一段階定数 全科類	内定者数 指定科類 文科 文一	文二	文三	指定科類 理科 理一	理二	理三	全科類 文科 文一	文二	文三	全科類 理科 理一	理二	理三
			183																
教養学科			101	26	36	8	—												
教養学科	超域文化科学	上限定数	37	26			—	77.6 2 77.5	80.4 3 79.5	84.4 14 81.0	60.7 4 60.5	67.5 3 61.1							
教養学科	地域文化研究	上限定数	43	30			—	77.3 4 76.7	79.5 3 77.3	82.5 11 80.9									
教養学科	総合社会科学	上限定数	35	25			—	83.9 10 83.5	83.9 4 83.7	84.2 11 83.7									

				第一段階定数 指定科類 理一	第一段階定数 指定科類 理二・三	第一段階定数 指定科類 文科	第一段階定数 全科類	内定者数 指定科類 文科 文一	文二	文三	指定科類 理科 理一	理二	理三	全科類 文科 文一	文二	文三	全科類 理科 理一	理二	理三
統合自然科学科			57	20	12	3	5												
統合自然科学科	数理自然科学		9	6		—	1				76.8 5 71.3	70.6 1 70.6					68.5 1 68.5		
統合自然科学科	物質基礎科学		20	12		—					59.7 8 54.8	62.8 1 62.8							
統合自然科学科	統合生命科学		20	11		—	4				59.1 5 57.6	76.9 2 71.7			66.1 1 66.1	80.2 1 80.2			
統合自然科学科	認知行動科学		8	3		3	—	87.3 1 87.3		90.7 2 89.8	83.4 2 83.3	83.7 1 83.7							
学際科学科			25	6		7	5												
学際科学科	A 群 科学技術論 地理・空間		13	4		5	—		85.8 1 85.8	88.2 4 80.7	75.0 4 70.0								
学際科学科	B 群 総合情報学 地球システム・エネルギー		12	2		2	5		81.1 1 81.1	74.1 1 74.1	77.9 2 73.9			72.2 1 72.2		72.1 1 72.1	71.0 2 67.1	67.3 1 67.3	
						教養学部合計		17	12	43	30	8		1	1	2	3	1	

教養学部PEAK	定数	第一段階定数 全科類	内定者数 指定科類 文科 文一	文二	文三	指定科類 理科 理一	理二	理三	全科類 文科 文一	文二	文三	全科類 理科 理一	理二	理三
	10													
教養学科国際日本研究コース	5	3									73.5 3 71.6			
学際科学科国際環境学コース	5	3								62.0 1 62.0			65.2 1 65.2	
		教養学部PEAK合計								1	3		1	

工学部	定数				内定者数											
	945	第一段階定数			指定科類						全科類					
		指定科類		全科類	文科			理科			文科			理科		
		理一	理二・三		文一	文二	文三	理一	理二	理三	文一	文二	文三	理一	理二	理三
社会基盤学A(設計・技術戦略)	50	12	1	1				79.2 12 79.0	84.9 1 84.9						82.0 1 82.0	
社会基盤学B(政策・計画)		11	—	3				81.8 11 81.2				86.5 1 86.5	87.3 1 87.3		86.8 1 86.8	
社会基盤学C(国際プロジェクト)		4	—	3				85.8 4 85.0			87.1 1 87.1		86.0 2 85.7			
建築学	57	34	—	6				69.8 34 67.5					78.8 4 76.1		76.7 2 76.5	
都市環境工学(環境共生・国際公共衛生・水・環境バイオ)	51	7	3	3				67.8 7 66.4	77.8 3 76.9						73.5 3 72.1	
都市計画(都市と地域の分析・計画・デザイン)		14	—	8				75.2 14 74.2			79.2 1 79.2	85.4 2 83.7	83.1 3 78.8		79.5 3 78.8	
機械工学A(デザイン・エネルギー・ダイナミクス)	86	57	2	2				70.4 57 67.6	77.8 2 77.3				78.2 1 78.2		76.2 1 76.2	
機械工学B(ロボティクス・知能・ヒューマンインターフェース)	40	27	—	1				79.9 27 79.4				87.0 1 87.0				
航空宇宙工学	52	36	1	—				81.4 36 80.8								
精密工学(知的機械・バイオメディカル・生産科学)	45	25	3	3				63.3 25 61.8	76.3 3 73.2		77.7 1 77.7				73.2 2 68.1	
電子情報工学(計算知能・コミュニケーション・メディアデザイン)	117	24	8	4				78.9 24 76.9	76.0 5 73.7				81.9 1 81.9	76.7 3 76.0		
電気電子工学(エネルギー&環境・ナノ物理・電子&光システム)		36		9				73.8 36 72.1	76.0 3 72.0					71.3 7 71.2	71.8 2 71.6	
応用物理・物理工学(物性物理・量子情報)	50	32	—	3				78.9 32 77.5						77.3 3 77.3		
計数工学・数理/システム情報(数理工学・物理情報学・認識行動学)	56	34	3	2				79.9 34 78.6	82.7 3 81.6			83.6 1 83.6			80.5 1 80.5	
マテリアル工学A(バイオマテリアル)	75	8	10	—				74.4 8 68.0	71.5 9 68.8							
マテリアル工学B(環境・基盤マテリアル)		17						66.1 11 64.7								
マテリアル工学C(ナノマテリアル)		18						59.9 14 55.1	73.8 1 73.8							
応用化学	50	32	3	—				74.3 32 72.7	84.2 3 81.9							
化学システム工学(クリーンエネルギー・地球環境・安全安心)	46	25	4	3				60.0 17 52.1	74.1 4 72.9						70.2 3 69.3	
化学生命工学	46	21	11	—				73.4 21 71.0	77.9 11 76.7							
システム創成A(環境・エネルギーシステム)	124	22	4	4				63.4 15 50.4	74.6 4 73.0				87.7 2 73.2		72.6 2 71.7	
システム創成B(生命知・レジリエンス)		21	—	5				62.3 21 61.1					76.6 1 76.6		74.5 4 72.6	
システム創成C(知能社会システム)		25	2	4				74.5 25 73.6	81.6 2 79.3			87.3 1 87.3	77.6 1 77.6		78.5 2 77.3	
			工学部合計					517	54		3	6	16	13	27	

理学部		定数					内定者数											
		297	第一段階定数				指定科類						全科類					
			指定科類			全科類	文科			理科			文科			理科		
			理一	理二・三	理科		文一	文二	文三	理一	理二	理三	文一	文二	文三	理一	理二	理三
数学		45	29	—	—	3				78.0 29 75.7						75.1 2 74.9	79.0 1 79.0	
情報科学		28	16	—	—	4				75.8 16 72.0						71.8 3 71.7	73.0 1 73.0	
物理学		70	44	—	—	5				84.3 45 83.1						83.0 4 83.0	84.7 1 84.7	
宇宙・地球科学	天文学	39 上限定数 9	5	—	—	1				84.5 5 84.5						83.6 1 83.6		
	地球惑星物理学	32	17	—	—	5				75.1 17 74.3							77.9 5 77.8	
	地球惑星環境学	20	—	—	12	2				61.7 6 61.7	64.8 7 64.3					60.7 1 60.7	61.6 1 61.6	
化学		45	17	10	—	5				67.9 17 65.8	66.2 10 60.9					65.0 1 65.0		
生物化学・生物情報科学	生物化学	20	—	—	13	1				75.7 1 75.7	62.7 12 57.0					55.8 1 55.8		
	生物情報科学	10	—	—	6	1				83.2 4 78.5	83.0 2 79.6						77.8 1 77.8	
生物学		20	—	—	12	2					75.5 12 73.7					72.0 1 72.0	73.4 1 73.4	
				理学部合計						140	43					14	11	

農学部		定数						内定者数											
		290	第一段階定数					指定科類						全科類					
			指定科類				全科類	文科			理科			文科			理科		
			理二	理一・三	理科	文科		文一	文二	文三	理一	理二	理三	文一	文二	文三	理一	理二	理三
応用生命科学	生命化学・工学	77	38	4	—	—	12				60.9 1 60.9	67.9 38 65.6				74.4 2 66.1		60.0 13 57.9	
	応用生物学	27	16	—	—	—	3					68.1 15 64.4					74.1 3 71.0		
	森林生物科学	9	4	—	—	—	2					60.3 3 52.6				74.6 1 74.6	64.7 2 63.7		
	水圏生物科学	19	10	—	—	—	3					65.4 10 59.9				73.4 1 73.4	77.3 1 77.3	58.6 1 58.6	
	動物生命システム科学	8	4	—	—	—	2					74.7 4 74.4				82.5 1 82.5		70.8 1 70.8	
	生物素材化学	12	5	3	—	—	—					70.5 5 69.8							
環境資源科学	緑地環境学	5	—	—	2	—	2					70.6 2 67.2			75.1 1 75.1	74.8 1 74.8			
	森林環境資源科学	14	6	—	—	—	4					81.3 2 70.8				73.0 2 72.9	73.7 1 73.7		
	木質構造科学	7	3	2	—	—	—				73.7 2 73.0	64.5 2 61.4							
	生物・環境工学	26	11	5	—	—	2				62.4 1 62.4	67.3 2 61.5				63.0 1 63.0			
	農業・資源経済学	29	—	—	14	6	—		77.5 1 77.5	78.8 5 78.7		71.7 14 70.0							
	フィールド科学	8	4	—	—	—	2					88.9 4 78.8			81.1 1 81.1			77.8 1 77.8	
	国際開発農学	19	—	—	9	—	4					67.0 9 63.0				82.9 4 78.8			
獣医学課程獣医学		30	19	—	—	—	3					72.6 19 71.2				72.3 1 72.3	72.3 1 72.3	71.2 1 71.2	
					農学部合計				1	5	4	129			2	14	8	17	

薬学部	定数				内定者数											
	80	第一段階定数			指定科類						全科類					
		指定科類		全科類	文科			理科			文科			理科		
		理科二類	理科一・三類		文一	文二	文三	理一	理二	理三	文一	文二	文三	理一	理二	理三
		32	16	8				81.5 16 79.6	82.9 32 82.5		92.2 1 92.2		84.8 1 84.8		82.2 6 82.1	

医学部	定数					内定者数											
	150	第一段階定数				指定科類						全科類					
		指定科類			全科類	文科			理科			文科			理科		
		理三	理二	理科		文一	文二	文三	理一	理二	理三	文一	文二	文三	理一	理二	理三
医学	110	64	10	—	3					90.7 10 90.3	74.2 64 73.0	93.4 1 93.4	94.6 1 94.6		92.4 1 92.4		
健康総合科学	40	—	—	18	10				68.2 1 68.2	49.1 6 47.0			65.1 3 63.1	68.7 7 64.5			
			医学部合計						1	16	64	1	4	7	1		

第二段階 進学内定者数・基準点・最低点

法学部	定数				内定者数											
	第二段階定数				指定科類						全科類					
	指定科類			全科類	文科			理科			文科			理科		
	文一	文二・三	理科		文一	文二	文三	理一	理二	理三	文一	文二	文三	理一	理二	理三
	118	2	2	―	61.3 107 39.2	90.3 2 83.4	82.4 1 82.4	73.5 1 73.5	73.8 3 64.2							

経済学部 ※【注記】の(5)を参照	定数			内定者数											
	第二段階定数			指定科類						全科類					
	指定科類		全科類	文科			理科			文科			理科		
	文二	理科		文一	文二	文三	理一	理二	理三	文一	文二	文三	理一	理二	理三
	81	3	18		71.2 81 69.4			75.6 3 74.4			69.1 5 68.9		71.2 7 70.7	72.7 6 72.7	

文学部		定数			内定者数											
		第二段階定数			指定科類						全科類					
		指定科類		全科類	文科			理科			文科			理科		
		文科三類	理科		文一	文二	文三	理一	理二	理三	文一	文二	文三	理一	理二	理三
		105														
思想文化学	哲学	3	―	3			65.0 3 59.1				55.9 1 55.9	61.4 2 59.3		59.0 1 59.0		
	中国思想文化学	3	―	3							52.3 1 52.3					
	インド哲学仏教学	6	―	2												
	倫理学	7	―	4			58.5 2 58.1									
	宗教学宗教史学	2	―	3			62.1 2 46.9					68.9 2 64.3		58.5 1 58.5		
	美学芸術学	1	―	2			79.0 1 79.0						72.0 3 70.2			
	イスラム学	3	―	3												
歴史文化学	日本史学	2	―	3			55.8 1 55.8					66.6 1 66.6				
	東洋史学	14	―	4			62.2 2 61.4					68.1 2 66.9				
	西洋史学	2	―	2			64.1 2 51.8				61.7 1 61.7	66.5 1 66.5	66.3 2 59.9		57.7 1 57.7	
	考古学	6	―	3			64.6 1 64.6									
	美術史学	5	―	3			69.3 4 68.2					64.2 1 64.2				
言語文化学	言語学	7	―	2								53.2 1 53.2		79.5 1 79.5		
	日本語日本文学(国語学)	6	―	3								66.9 1 66.9				
	日本語日本文学(国文学)	5	―	3			65.2 3 50.7					61.5 3 51.2				
	中国語中国文学	4	―	3												
	インド語インド文学	4	―	3												
	英語英米文学	12	―	3			61.2 3 57.5				66.0 1 65.9	65.8 2 59.1			58.0 2 57.4	
	ドイツ語ドイツ文学	7	―	4												
	フランス語フランス文学	11	―	5			61.3 1 61.3									
	スラヴ語スラヴ文学	1	―	2												
	南欧語南欧文学	4	―	3												
	現代文芸論	0	―	1									64.6 2 64.4			
	西洋古典学	4	―	3												
行動文化学	心理学	2	―	4			69.3 2 65.3				70.1 1 70.1	77.5 1 77.5			72.9 2 71.9	
	社会心理学	2	0	3			79.9 2 79.5						77.2 3 75.0			
	社会学	10	―	7			75.6 10 72.9					72.1 1 72.1	72.4 4 71.0	70.5 1 70.5	72.5 1 72.5	
			文学部合計				39				5	18	14	4	6	

教育学部		定数			内定者数											
		指定科類		全科類	文科			理科			文科			理科		
		文科三類	理科		文一	文二	文三	理一	理二	理三	文一	文二	文三	理一	理二	理三
総合教育科学	基礎教育学	4	—	3			69.7 4 68.1					68.5 1 68.5	67.4 2 66.4		67.7 1 67.7	
	比較教育社会学	3		2			74.0 3 73.8					67.3 2 64.0	67.7 1 67.7			
	教育実践・政策学	4	—	6			71.0 4 70.4					63.7 1 63.7	66.6 2 66.1	63.9 2 63.3	73.5 1 73.5	
	教育心理学	4	2	1			73.5 4 73.3	70.0 1 70.0	70.3 1 70.3				72.8 3 72.6			
	身体教育学	—	—	5							61.4 1 61.4	61.4 1 61.4		60.1 1 60.1	61.2 2 59.2	
			教育学部合計				15	1	1		1	5	8	3	4	

教養学部		定数				内定者数											
		第二段階定数				指定科類						全科類					
		指定科類			全科類	文科			理科			文科			理科		
		文一・二	文三	理科		文一	文二	文三	理一	理二	理三	文一	文二	文三	理一	理二	理三
教養学科		12	15	5	—												
	超域文化科学	11			—	76.4 2 76.3		78.2 9 76.3									
	地域文化研究	25			—	76.7 2 71.7	67.8 6 67.6	77.9 4 68.9	67.8 2 57.2	64.4 2 52.6							
	総合社会科学	10			—	81.5 6 81.5	81.9 2 81.2	82.5 2 81.4									
		第二段階定数				指定科類						全科類					
		定数	指定科類		全科類	文科			理科			文科			理科		
			理科	文科		文一	文二	文三	理一	理二	理三	文一	文二	文三	理一	理二	理三
統合自然科学科			25	1	—												
	数理自然科学	2	24	—	—				76.9 2 74.6								
	物質基礎科学	11		—	—				67.0 5 53.5	64.0 2 60.3							
	統合生命科学	11		—	—					72.2 3 55.1							
	認知行動科学	2	1	1	—		71.6 1 71.6	84.9 1 84.9		82.8 1 82.8							
学際科学科			3	4	—												
	A 群 科学技術論 地理・空間	4	1	3	—	72.2 1 72.2	76.1 2 67.3	73.2 1 73.2	65.2 1 65.2								
	B 群 総合情報学 地球システム・エネルギー	3	2	1	—	82.6 1 82.6			66.3 1 66.3	70.9 2 68.8							
			教養学部合計			12	11	17	11	10							

教養学部PEAK	定数	内定者数											
	第二段階定数	指定科類						全科類					
	全科類	文科			理科			文科			理科		
		文一	文二	文三	理一	理二	理三	文一	文二	文三	理一	理二	理三
教養学科国際日本研究コース	2												
学際科学科国際環境学コース	3										60.2 1 60.2	62.9 1 62.9	
	教養学部PEAK合計										1	1	

工学部	定数			内定者数											
	指定科類		全科類	文科			理科			文科			理科		
	理一	理二・三		文一	文二	文三	理一	理二	理三	文一	文二	文三	理一	理二	理三
社会基盤学A(設計・技術戦略)	6	0	0				70.5 5 63.8								
社会基盤学B(政策・計画)	6	—	0				80.5 8 76.2								
社会基盤学C(国際プロジェクト)	3	—	0				80.6 3 72.3								
建築学	15	—	2				66.1 15 64.6				76.1 1 76.1	85.7 2 78.8		76.6 2 74.9	
都市環境工学(環境共生・国際公共衛生・水・環境バイオ)	4	0	2				65.8 4 63.8						62.6 1 62.6	75.9 2 71.2	
都市計画(都市と地域の分析・計画・デザイン)	10	—	0				73.6 13 72.2								
機械工学A(デザイン・エネルギー・ダイナミクス)	25	0	0				64.1 33 62.8								
機械工学B(ロボティクス・知能・ヒューマンインターフェース)	12	—	0				78.3 16 77.3								
航空宇宙工学	15	1	—				79.2 20 77.5	79.3 1 79.3							
精密工学(知的機械・バイオメディカル・生産科学)	11	0	3				61.8 11 61.3					86.4 1 86.4		67.5 3 67.2	
電子情報工学(計算知能・コミュニケーション・メディアデザイン)	12	0	8				74.0 12 72.9				74.9 1 74.9	75.1 1 75.1	72.5 1 72.5	73.8 4 71.6	
電気電子工学(エネルギー&環境・ナノ物理・電子&光システム)	16						70.6 16 69.7				83.7 1 83.7			75.3 1 75.3	
応用物理・物理工学(物性物理・量子情報)	10	—	5				76.9 10 76.2						75.2 5 75.1	78.1 2 75.9	
計数工学・数理/システム情報(数理工学・物理情報学・認識行動学)	15	0	2				76.8 15 76.6						76.1 4 75.8	79.2 1 79.2	
マテリアル工学A(バイオマテリアル)	6	2	—				60.0 7 57.4	74.6 1 74.6							
マテリアル工学B(環境・基盤マテリアル)	13						59.5 7 59.5	65.8 1 65.8							
マテリアル工学C(ナノマテリアル)	11						61.4 14 50.7								
応用化学	13	2	—				67.8 13 67.6	79.3 3 76.3							
化学システム工学(クリーンエネルギー・地球環境・安全安心)	19	3	0				51.9 10 44.0	70.2 4 68.1							
化学生命工学	9	5	—				66.8 9 62.9	76.6 8 76.3							
システム創成A(環境・エネルギーシステム)	18	1	2				60.0 20 54.2	74.6 1 74.6							
システム創成B(シミュレーション・数理社会デザイン)	10	—					68.0 10 67.1								
システム創成C(知能社会システム)	12	1					73.1 12 72.6	77.5 1 77.5			79.5 1 79.5			76.3 4 76.0	
		工学部合計					283	20			4	4	11	19	

<table>
<tr><th colspan="2" rowspan="4">理学部</th><th colspan="4">定数</th><th colspan="12">内定者数</th></tr>
<tr><th colspan="4">第二段階定数</th><th colspan="6">指定科類</th><th colspan="6">全科類</th></tr>
<tr><th>指定科類</th><th colspan="3" rowspan="2">全科類</th><th colspan="3">文科</th><th colspan="3">理科</th><th colspan="3">文科</th><th colspan="3">理科</th></tr>
<tr><th>理科</th><th>文一</th><th>文二</th><th>文三</th><th>理一</th><th>理二</th><th>理三</th><th>文一</th><th>文二</th><th>文三</th><th>理一</th><th>理二</th><th>理三</th></tr>
<tr><td colspan="2">数学</td><td>0</td><td colspan="3">13</td><td></td><td></td><td></td><td></td><td></td><td></td><td></td><td></td><td></td><td>67.0
12 64.9</td><td>70.8
1 70.8</td><td></td></tr>
<tr><td colspan="2">情報科学</td><td>0</td><td colspan="3">8</td><td></td><td></td><td></td><td></td><td></td><td></td><td></td><td></td><td></td><td>67.6
9 66.6</td><td>71.3
3 69.8</td><td></td></tr>
<tr><td colspan="2">物理学</td><td>0</td><td colspan="3">21</td><td></td><td></td><td></td><td></td><td></td><td></td><td></td><td></td><td></td><td>81.1
19 80.8</td><td>81.3
2 81.0</td><td></td></tr>
<tr><td rowspan="3">宇宙・地球科学</td><td>天文学</td><td>0</td><td rowspan="2">11</td><td rowspan="2">上限定数</td><td>3</td><td></td><td></td><td></td><td></td><td></td><td></td><td></td><td></td><td></td><td>82.8
3 80.4</td><td></td><td></td></tr>
<tr><td>地球惑星物理学</td><td>0</td><td>10</td><td></td><td></td><td></td><td></td><td></td><td></td><td></td><td></td><td></td><td>75.9
10 73.7</td><td>77.5
3 73.3</td><td></td></tr>
<tr><td>地球惑星環境学</td><td>4</td><td colspan="3">2</td><td></td><td></td><td></td><td>76.3
2 71.0</td><td>72.1
2 71.2</td><td></td><td></td><td></td><td></td><td>69.2
3 67.8</td><td></td><td></td></tr>
<tr><td colspan="2">化学</td><td>17</td><td colspan="3">—</td><td></td><td></td><td></td><td>67.5
6 57.6</td><td>67.3
5 54.7</td><td></td><td></td><td></td><td></td><td></td><td></td><td></td></tr>
<tr><td rowspan="2">生物化学・生物情報科学</td><td>生物化学</td><td>6</td><td colspan="3">—</td><td></td><td></td><td></td><td>67.3
1 67.3</td><td>64.5
3 63.7</td><td></td><td></td><td></td><td></td><td></td><td></td><td></td></tr>
<tr><td>生物情報科学</td><td>3</td><td colspan="3">—</td><td></td><td></td><td></td><td></td><td>68.1
6 66.3</td><td></td><td></td><td></td><td></td><td></td><td></td><td></td></tr>
<tr><td colspan="2">生物学</td><td>0</td><td colspan="3">6</td><td></td><td></td><td></td><td></td><td></td><td></td><td></td><td></td><td></td><td>73.6
1 73.6</td><td>69.8
6 66.8</td><td></td></tr>
<tr><td colspan="2"></td><td colspan="4">理学部合計</td><td></td><td></td><td></td><td>9</td><td>16</td><td></td><td></td><td></td><td></td><td>57</td><td>15</td><td></td></tr>
</table>

農学部		定数			内定者数											
		指定科類			文科			理科			文科			理科		
		理二	理科	文科	文一	文二	文三	理一	理二	理三	文一	文二	文三	理一	理二	理三
応用生命科学	生命化学・工学	—	23	—				54.1 1 54.1	61.8 22 50.9							
	応用生物学	—	9	—					65.7 3 59.1							
	森林生物科学	—	3	—					43.2 1 43.2							
	水圏生物科学	—	6	—				72.0 2 66.6	52.0 3 50.1							
	動物生命システム科学	2	—	—					68.8 1 68.8							
	生物素材化学	—	7	—					59.8 7 58.2							
環境資源科学	緑地環境学	—	1	—					66.3 1 66.3							
	森林環境資源科学	—	8	1		57.2 3 48.5	60.3 1 60.3	60.3 2 51.4	74.8 3 58.6							
	木質構造科学	—	3	—				62.2 2 57.6	54.6 1 54.6							
	生物・環境工学	—	21	1				57.5 1 57.5	60.9 2 53.8							
	農業・資源経済学	—	6	3			78.0 3 75.5	68.4 2 66.7	68.7 6 67.6							
	フィールド科学	—	2	—				76.5 1 76.5	74.9 2 73.4							
	国際開発農学	—	6	—				71.7 1 71.7	62.0 6 61.6							
獣医学課程獣医学		8	—	—					65.3 6 46.7							
				農学部合計		3	4	12	64							

薬学部	定数	内定者数											
	第二段階定数	指定科類						全科類					
	指定科類	文科			理科			文科			理科		
	理科	文一	文二	文三	理一	理二	理三	文一	文二	文三	理一	理二	理三
	24				79.8 3 78.9	79.6 31 78.3							

医学部	定数			内定者数											
	第二段階定数			指定科類						全科類					
	指定科類		全科類	文科			理科			文科			理科		
	理三	理科		文一	文二	文三	理一	理二	理三	文一	文二	文三	理一	理二	理三
医学	33	—	—						64.1 35 60.9						
健康総合科学	—	19	4				57.7 1 57.7	75.4 1 75.4							
		医学部合計					1	1	35						

正面もかっこいいけれど横顔も美しい赤門

教えて赤門！《駒場編》

まだ中学生にもなっていないのに花のキャンパスライフを夢見るのび太くん。赤門の話を聞いてのび太くんの幻想は崩れてしまうのか？　それとも……。

のび太　僕、担任の先生とキスしちゃうくらい仲良しなんだ！　東大生も東大の先生とマブダチなんでしょ？

赤門　うーん、学生100人以上に対して先生一人が講義する授業が多いから、あまり仲良くなれない。ただ、講義が終わってから内容の質問などをすると気さくに答えてくれるよ。少人数制で先生と学生たちが議論するような授業（いわゆる「ゼミ」。○○先生のゼミは○○ゼミと呼ぶ）も開講されていて、そういう授業だと先生の考えや人柄がよく分かるかな。仲がいいゼミだと一緒にご飯を食べに行くよ。

のび太　ミンミンって先生のゼミはミンミンゼミだね！　他大生とは仲良くなれるの？

赤門　インカレサークル（他大との合同サークル）に所属すれば仲良くなれるかも。後はアルバイト先かな。東大生は塾講師のバイトをしている人が多いね。

のび太　じゃあインドカレー屋さんでバイトしよっと。東大生同士だとどんな会話をするの？

赤門　普段は普通の会話だけど、試験やレポートが近づくとその対策の話が増えるかな。講義内容をまとめたシケプリ（試験対策プリントの略）や、定期試験の過去問が出回っていて、キャンパスを歩いていて知り合いに会ったら「○○の授業のシケプリと過去問を持っていない？」なんて会話をする。

のび太　試験前以外、話さない知り合いがいそうだね……。

※のび太くんもテスト前以外は成績出木杉くんと会話しないのであった。

銀《ぎん》杏《なん》グラフィティー

② 駒場編

作 satsumaimo
（東大まんがくらぶ）

生協食堂
おう横田 久しぶり
ボッチ飯か?
バァ✧ ✧ァァン
おお 保坂・・・
って何だその 大荷物!?
バンド練と テニサーのミーテ かぶってさぁ
いや〜〜〜 めっちゃ重い!
昔のリア充ディスは どこ行ったんだ?

フフフ もう 共学のお前 には負けん!

おれは成長したのだ!
どっちかに しろよ・・・

ガリ勉キャラとか 利用されるだけで 損するぞ
じゃあな
お前も精々 留年しない よーにな
僕サークル 入らなかったなぁ
横田くーん お待たせ!
同クラの皆 まだ来てない?

あっこの子ユカちゃん 高校の友達〜
ばったり会った!
は はじめまして

【キャラ紹介】

星野

女子校出身一浪。テンションが高く、それを指摘すると怒るが、怒っているように見えない。英語が苦手なので語学留学をしたい。

笹原

某女子大生。子供と遊ぶサークルに所属。BLに興味があるが、恥ずかしくて言えない。お酒は強い。

浜名

東大に入っておいて インカレ女子と ワンチャンしない なんて矛盾している・・・ そう思わないか?
何その 世界観
僕はボッチ飯 じゃなくて
ドイ語の シケプリ 作ってんの
シケ対だから
でもそれ 英語じゃん
これはALESSの 添削頼まれてて・・・

テニサーかつ東大女子。京大の彼氏がおり、電話のたびに喧嘩する。歯科医の長女で、親に喫煙を隠している。

添削できたぞ
まじ！超早え〜
これで大鬼も怖くない！ありがとー！
次は自分でやれよ
ね〜ユカちゃん 横田くんってね〜〜 神なんだよ！
何教だよ それ…
すいません この子がいつもお世話になってます
いえ…どうも
（？）
横田の前ではああ言ったものの…
テニサーのインカレ女子って何か話しづらいんだよなあ
何考えて生きてるんだろう…
五月祭の屋台何がいい？って
え〜
髪型全員同じに見えるし
あっ このストラップ… アイマスの○○やん
保坂もアニメ見とったん？チャラいくせに意外やな〜
こいつみたいな東大女子の方が何ていうか女っぽすぎなくて気楽だわ…話も合うし
いや俺はスマホゲーしかやってないけど…
今度劇場版あるじゃん？
見に行こうぜ
ええなぁ
あっ でもウチ友達と観に行くんやった…すまんな
ああ そっか…
友達…いや 絶対彼氏だ！ 俺にはわかる！
あれっ…横田のクラス
女子多いぞ！理系ドイツ語のくせに…！
くそっ…俺もシケ対断らなきゃよかった…!!
どないした 保坂 顔怖いぞ？

二三四ページに続く

用語解説

【ボッチ飯】生協食堂は広々としているので、一人で食べていると孤独感が深く、クラスメイトにも気持ち悪がられ、多くは精神を病む。

【テニサー】食堂に勝手に専用席を設け、ボッチ飯族を迫害する蛮族。

【インカレ女子】他大女子。東大イケメン彼氏を漁りに入部するが、理想との差に幻滅した結果、全員性格がねじ曲がる。

【ワンチャン】セックス。

【シケ対】クラスの試験対策係という名の、体のいい雑用係。

【大鬼】成績評価の厳しい教員の総称。学生たちに人外と見なされている。

【留年】簡単にウケが狙える言葉。「俺留年するわ〜」が口癖の者は大抵留年せず、黙っている者がいつの間にかしている。

【東大女子】学内では希少価値のため人格と関係なく無条件にちやほやされ、学外では（女に学問は不可能という偏見により）グロテスクな存在形態として煙たがられる。すなわち人間としての権利を剥奪されている。

【理系ドイツ語】理Ⅰは男子校。理Ⅱ・Ⅲは中途半端にチャラついており、見るに堪えない。

3極キャンパス紹介

赤門が有名！ 東大の本部が置かれる。東大の建物として知名度が高い安田講堂・赤門があるのはここ。

HONGO CAMPUS

1、2年生はみんなここ！ 前期課程の授業が開講され、1、2年はここで学生生活を送る。教養学部の後期課程生や大学院生もいる。

KOMABA CAMPUS

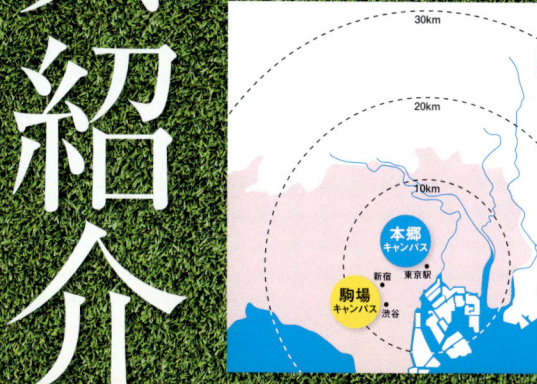

東大だけど千葉県！ 千葉県柏市に位置する。21世紀の新たな学問発展に向けた構想に基づき2000年にできた。

KASHIWA CAMPUS

3極キャンパスとは

駒場・本郷地区・柏は東大の主要なキャンパスだ。駒場では主に1、2年生、本郷では3、4年生、柏では一部の大学院生・学部生が学生生活を送る。東大はこの三つの連携を強め活動をさかんにする「三極構造構想」を打ち出している。

駒場キャンパス

KOMABA CAMPUS

1第二グラウンド／5面のテニスコートがある第二グラウンド 2KOMCEE East／2014年6月に完成した21KOMCEE（コムシー）East。講義教室と実験教室を備え、理科生は実験授業で使用する 3食堂／コミュニケーションプラザ南館内の生協食堂。1階と2階にそれぞれ食堂があり、昼休みは多くの学生でにぎわう 41号館／正門を入ってすぐ見える1号館。語学など多くの講義が行われる 5駒場図書館／駒場図書館は約60万冊の資料を所蔵している 6一二郎池／本郷キャンパスの「三四郎池」（後述）にちなみ「一二郎池」と呼ばれる池。正式名称は「駒場池」

本郷キャンパス

HONGO CAMPUS

1銀杏並木／東大のシンボルマークにもなっている銀杏が立ち並ぶ　2「忠犬」で有名なハチ公と飼い主の上野英三郎博士（元・東京帝国大学教授）の像／ハチの没後80年に当たる2015年3月8日に建てられた　3中央食堂／安田講堂前広場の地下にある中央食堂。「赤門ラーメン」など、ここでしか食べられないメニューをそろえる　4正門／すぐに見える銀杏並木を楽しむことができる　5安田講堂／卒業式はここで行われる。正式名称は「東京大学大講堂」　6三四郎池／夏目漱石の「三四郎」の舞台になったことから「三四郎池」と呼ばれる池。「心」の字の形をしており、正式名称は「心字池」

柏キャンパス

KASHIWA CAMPUS

■1柏図書館／ガラス張りの建物が特徴的だ　■2大気海洋研究所／海洋と大気の基礎的研究を推進する大気海洋研究所　■3五六郎池
■4宇宙線研究所／2015年ノーベル物理学賞を受賞した梶田隆章教授が所長を務める

雪浦聖子

ファッションデザイナー

東大卒業後の進路は幅広い。新たな知識を学び大学での勉強とは関係のない進路を見いだした先輩もいる。雪浦聖子さんは工学部卒業後メーカーに就職したが専門学校で服飾を学び、ブランド「sneeuw」を設立した。人生の方向転換をした理由と、雪浦さんがたびたび口にする「やり切る」という言葉の意味について聞いた。

自分がしたいことをやり切って

東大を目指した深い理由はないんです。

――ファッションへの興味はいつからあったのですか

　幼稚園のころから洋服の絵を描くのが好きでしたね。高校生になって美大の受験を考え、授業時間とは別に、友達と一緒に美術の先生からデッサンを教えてもらっていました。その友達が描いた、対象をよく捉えた勢いのある絵を見て「私の絵はうまく描こうとして、ちまちましている。美術関係の進路は向いていないな」と痛感しました……。勉強の方が努力が報われると考え勉強に本腰を入れました。

――東大を目指した経緯を教えてください

　通っていた塾の学生アルバイトに「模試の結果いいから東大行けるよ」と言われたからですね（笑）。深い理由はないんです。塾に通っているうちに数学が分かってきて、デザインを学びたい思いもまだ残っていたので工学部の建築学科に進学しやすい理Ⅰを受験しました。

――どんな学生生活でしたか

　入学した当時の駒場キャンパスには、駒場寮という学生寮がまだ残っていて、寮生は自分の世界を追求して独特な雰囲気を放っていましたね。寮生以外にも面白いことをしている自由な人、勉強以外のやりたいことをやり切ろうとしている人がたくさんいました。

　写真サークルに入りましたが長続き

30歳になる前に方向転換。自分のやりたいことを始めました

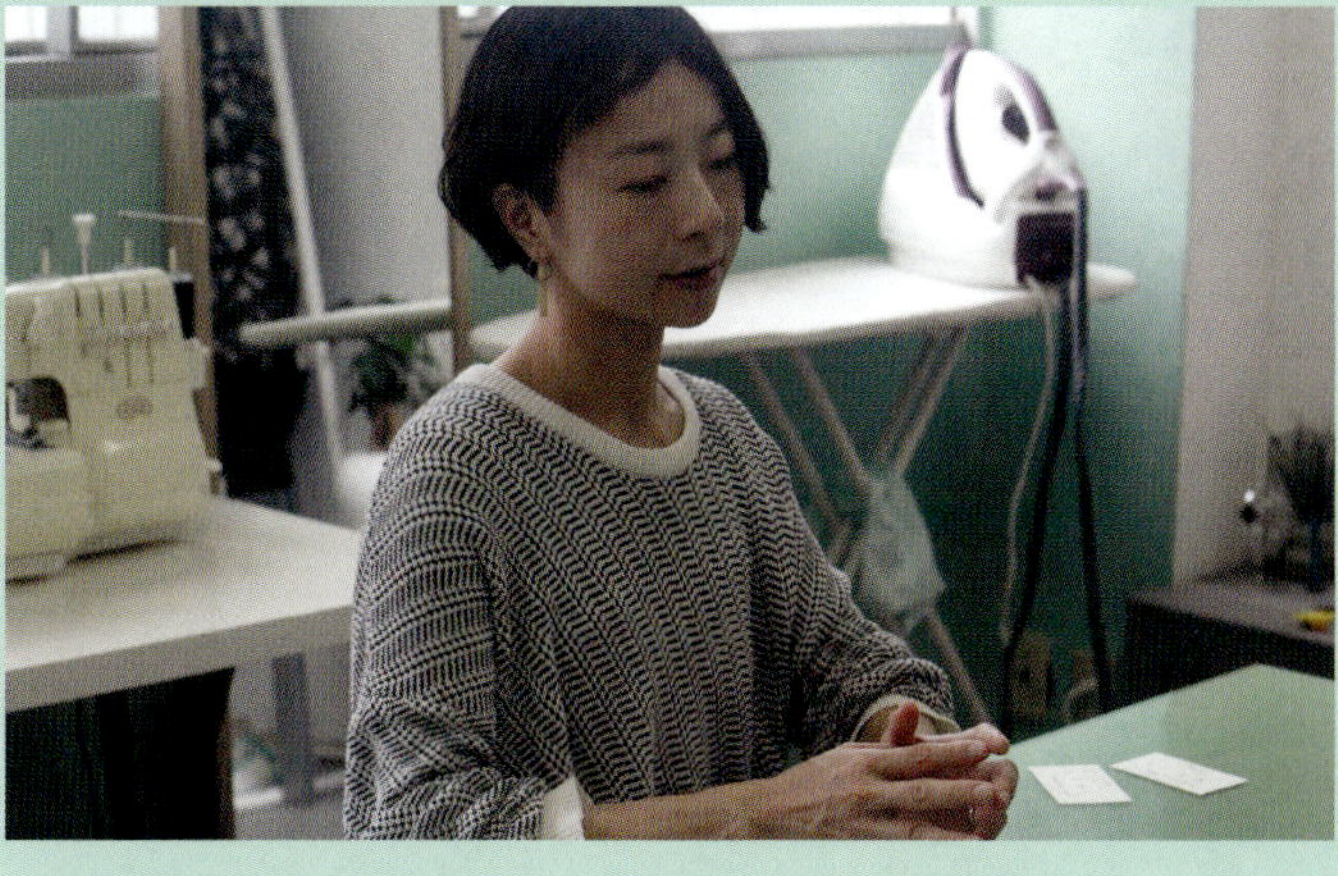

せず、アルバイトに力を入れました。渋谷や原宿が駒場キャンパスから近かったので、バイト代で洋服をよく買いに行きました。自分で作ったウェブサイトにリメイクした服を載せていたのも覚えています。

学業の方は、受験勉強で燃え尽きたのでさっぱり（笑）。成績が悪くて、進振り（現在の進学選択）で建築学科へ行くには点数が足りなかったんです。自分の成績で行ける進学先の中で、一番「形」があるものを勉強できて建築学科に近い工学部の船舶海洋工学科（当時）に進学しました。本郷でも勉強に身が入らず同じ学科の人に助けてもらって卒業しました。

——卒業して住宅設備機器メーカーに就職しますが、30歳を前に退職します

本当は商品のデザインを決める部署に入りたかったのですが、私は内部の機構を設計する部署に配属されました。部署を変えてもらうように会社へ希望を出しましたが叶わず、30歳になる前に方向転換して自分のやりたいことを始めたいと考えました。

そのころ30歳を、自分がどの道で頑張るかを決める節目のように感じていました。振り返ると、20代は社会に出て、人と連携をとって働くこと、計画を立てることなど、働く基本を学ぶ時期で、いわば人生がまだ「不定形」だったと思います。30代になってもこのまま働いて、好きなことを仕事にで

工学部卒。住宅設備機器メーカー勤務などを経て、09年にsneeuw設立。

きないなら後悔すると考えメーカーから退職しました。洋服のデザインの道を選んだのは、洋服好きなのはもちろん、それまで携わっていた工業製品よりも少数の顧客に向けて小規模に作っても商売として成り立つので個人で自由に働けるというのもあります。

服飾の専門学校では、ダメ大学生時代（笑）とは逆に熱心に勉強しました。今の勉強が自分の将来のためになっている感覚があったんだと思います。自分が納得できるまで寝ずに課題や実習をしていました。「服のコンセプトは何か」を重視して指導する専門学校で、自分の好きなビジュアルを集めてきて、それらから着想を得て服を作るのを繰り返すとコンセプトが見つかると指導されました。私は、牛乳瓶のような物をたくさん束ねてシャンデリアになっているなど発想の転換が面白いドローグデザインが好きでした。sneeuwのコンセプトである「クリーン&ユーモア」も専門学校時代に見つけたものです。

——専門学校を卒業して約1年後ブランド「sneeuw」を発表します

私の洋服の特徴の一つは、逆さまにしても着れたり、ひもで形が変わったりする仕掛けがあることです。デザインした服は、展示会を開いて、来場するバイヤーという人たちに買ってもらうことで、その人たちのお店に並びます。ブランドを始める前から憧れていて、他のお店からも注目されているお店に置かれたのをきっかけに、置いてもらえるお店が増えました。自分が世に出す洋服に共感して買ってくれる人がいることがうれしいし、仕事の魅力です。

ただ、服を作る者の悩みとして「思っていること（イメージ）」と「できるもの（完成品）」がずれてしまうことがあります。このずれをなくすためには何回も試行錯誤しながら洋服を作って「やり切る」しかありません。

——最後に高校生に向けてメッセージをお願いします

東大で得たのは自分のやりたいことを「やり切れる」友達です。今も各界で活躍していて、時々会って刺激を受けています。何かを成し遂げるのに必要なのは才能よりも「やるか、やらないか」が大きいと思っています。受験勉強は物事を考える基礎体力になると思います。東大を目指す高校生には、合格して「やり切った自信」を持ってほしいです。

取材：横井一隆　撮影：宮内理伽

ファッションに興味がある人は入学後にのぞいてみよう

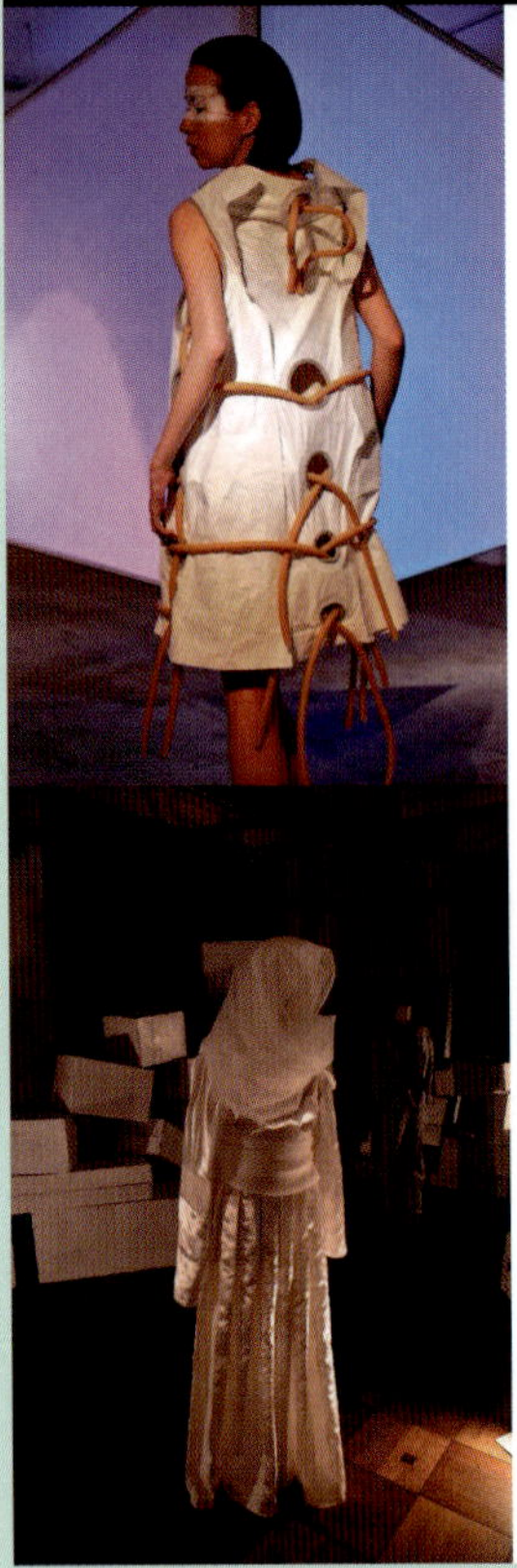

東大にあるファッションサークル

東京大学
服飾団体fab

ファッションに興味がある受験生、
雪浦さんへのインタビューを読んで興味を持った受験生へ、
入学後に見学・入部してみるのがおすすめのサークル
「東京大学服飾団体fab」を紹介する。
fabは東大生を中心に構成された
ファッションショーを創る団体で、2005年設立。
服を制作する部員だけでなく
ファッションショーの演出や広報を担当する部員もいる。
それぞれの服の独特なデザインはもちろん、
舞台美術、音楽、照明など、演出面もショーでは楽しめる。

お問い合わせ ➡ info@mode-and-science.net
取材等 ➡ press@mode-and-science.net

fab制作の服（写真はfab提供）

とんがる学生

東大生はスポーツや研究、ビジネスなどで
在学中から活躍している。
彼らが成果を挙げる背景には
どんな努力や資質があったのか取材した。

とんがる学生1

自転車学生日本一

浦《うら》 佑樹《ゆうき》さん

情報理工学系研究科・修士課程1年

2015年に全日本学生選手権個人ロードレース優勝、平成27年度学連ロード1位という輝かしい実績を挙げた浦佑樹さん（情報理工学系研究科・修士課程1年）。運動会自転車部競技班の主将を務めた浦さんは、いかにして他大学の強豪を打ち負かし、栄光をつかみ取ったのだろうか。

中学生のころからロードバイクを乗り回し、高校生の時には既に「東大の自転車部に入りたい」との思いを固めていた浦さん。スポーツ推薦で入学した他大学の猛者を抑えて優勝できたのは、ライバルの動きを読む巧みな駆け引きが効いたからだと分析する。優勝した大会では、先頭を走る浦さんの背中を追う選手との距離を「あえて縮めることで相手を油断させ、最後一気に引き離しました」。

持久力が必要な自転車競技に4年間取り組んだことで得たものは「つらいときでも楽しむ姿勢です」。練習や試合のどんなに苦しい場面でも、楽しめる要素は必ずどこかにあるという。「『頑張って楽しむ』という感じでしょうか（笑）」。今後は自分の経験を後輩に伝えることで、2009年ごろから続く「強い東大自転車部」を維持する一助になりたいと語る。

スポーツとは関係がなさそうな受験勉強も、実は競技生活の糧になっていた。「どうすれば効率的に点を取れるか考えて綿密に学習計画を立てる経験は、大学生活のさまざまな場面で応用できると思います」。孤独で地道な練習と食事制限などの摂生を継続してきた浦さんのストイックさは、受験勉強のたまものでもあるのかもしれない。

とんがる学生2

ミスター・オブ・ミスター

片山《かたやま》 直《なお》さん
法学部・3年

2015年ミスター東大の座を手にし、さらに各大学のミスターコンテスト優勝者だけが参加できるミスター・オブ・ミスターでも1位を勝ち取った片山直さん（法学部・3年）。ただ勉強ができて容姿が優れているだけではない、片山さんのユニークな人間性に迫った。

昨年は東大男子の頂点に立ち、今年は全国のミスターキャンパスを抑えて注目を集めた片山さん。こうした活動のきっかけは周囲の勧めだ。「話題になるし、将来にも役立つかなと思って誘いに乗りました。人前に出ることへの抵抗はないですし」と気さくに語る。

東大ミスターコンテストへの出場内定から本番までは約半年ある。自分磨きに精を出したのかと思いきや「僕は特に変わりませんでした」。身の丈に合った活動を心掛けたことで、結果的に周囲に好感を持ってもらえたという。「あまりにも普段通り過ぎて『頑張ってない』と友人に言われたこともありますが」。やるからにはミスターになりたい、応援してくれる人々のためにも結果を出したいという気持ちはあったものの、一番大切にしたのは自然体でいること。気負わず、考え過ぎない性格がプラスに働いたのだと振り返る。

ミスターコンテストの活動をしなければ出会えなかったはずの人と出会い、刺激を受けたことが一番の収穫だという。「大学1、2年生のうちにどれだけ実のある経験ができたか、それで今後の生き方が変わってくると思います」。ちなみに受験では「根拠のない自信を持つことも、時には大切です（笑）」。

とんがる学生3

総長賞受賞

血管に挿入して投薬に使うカテーテルは、医療現場に不可欠な器具だ。カテーテルを置くのに適した血管を探すのがテーマの卒業論文で顕著な業績を挙げた学生に贈られる総長賞を受賞した野寄修平さん（医学系研究科・修士課程1年）。「看護学と工学を融合させ、患者の負担を減らしたい」との信念に迫った。

野《の》寄《より》修《しゅう》平《へい》さん

医学系研究科・修士課程１年

末梢静脈留置カテーテルが正常に機能しなかったり痛みが伴ったりした場合の中途抜去は、患者にとって大きな負担となる。カテーテルの留置に適した血管の選択を支援する「仮想超音波プローブシステム」を開発した野寄さんは、昨年度の総長賞を授与された。

理Ⅰで入学した野寄さん。もともとロボットに興味があり、当初は工学部への進学を考えていたという。だが駒場時代に医学部健康総合科学科の出張授業を聞いて「看護とものづくりの組み合わせも面白いのでは」と思うようになり、進学先として選んだ。

卒業論文が評価されたことについて、野寄さんは自分の「真面目さ」がプラスに働いたのだろうと控えめな答え。「小さな努力をコツコツと積み上げるのが得意だったから、良い研究ができたのだと思います」

一連の活動を通して得た教訓は「やるべきことをやれるときにやっておく」こと。高校時代は月に2回のペースで国立大学の講義に顔を出し、駒場では数学の学習に力を入れた。健康総合科学科の講義は最前列で聴き、図書館の新着図書をこまめに読んで知見を広げた。こうした地道な蓄積が研究者の卵としての自分を作り上げたのだと、野寄さんは穏やかに語る。

とんがる学生4

ホテル経営者

龍《りゅう》崎《ざき》翔《しょう》子《こ》さん

文Ⅱ・2年

東大に在学しながらホテル経営に携わる龍崎翔子さん（文Ⅱ・2年）。「ホテルの人でしょ？」と学内外で声を掛けられるほど、今や有名人だ。今年4月に京都に2号店をオープンし一層勢いに乗る龍崎さんは、どうやって大きな夢を実現したのだろうか。そして次に見据えているものとは。

休学していた昨年5月、北海道富良野に1号店をオープン。現在は2号店がある京都と大学がある東京を行き来する日々だ。月曜と金曜には授業を入れず、火曜の朝から木曜の夕方まで東京で過ごし、あとは京都でホテルの運営一筋というハードな生活を送る。

母親との共同経営で取締役を務め、従業員を率いる龍崎さん。「強みを生かせる仕事を割り振ったり経営方針を一緒に考えたりし、協力関係を作っています」。顧客や取引先からの支援もあり、「人は財産」だとつくづく実感するという。

卒業を待たずにホテル経営を始めた理由は「恵まれた機会を逃さないように」と潔い。次なる目標は卒業までに東京でホテルを開くこと。卒業後は組織的なホテル経営の在り方を学ぶため、海外大学院での経営学修士（MBA）取得や日系企業への就職も視野に入れているという。

資金繰りや人間関係など苦労は尽きないが、それでも続けられるのは「人の目を気にしない性格だから」。周囲からこう思われたいという雑念がなく、やりたいことを徹底的に突き詰められる点が最大の強みだ。「守りに入らず、自分が大学で何をしたいか具体的に考えることが大切です」と受験生にエールを送る。

東大にもの申す

「女子率が少ない」、「多くの学生が関東出身、親が高収入で多様性がない」など、
東大に存在する数々の不満や問題。
そんな東大を変えたいと活動する東大生がいる。

ラップで東大生の差別意識暴露

鎌田頼人さん（理II・2年）は東大生と中卒・高卒で働く同年代の労働者とがラップで批判し合うパフォーマンスを2015年度駒場祭で開催。東大生ラッパーが「お前らと違って俺らは毎日勉強してる」と言えば、相手は「俺たちは毎日社会と戦ってる。お前らこそ親の金で何偉そうにしてんだ」と巧みにやり返す。次第に互いの本音と現実が鮮明になっていき、終わった後「次は俺も参加したい」と感動を伝える東大生が続出するほどの反響を呼んだ。

「東大は、貧困労働者やチャラチャラした若者など自分と違う人や階層に非寛容ですよね」と東大の閉鎖意識を問題視する鎌田さん。パフォーマンスで東大生の差別意識を暴露し、外部に目を向けるきっかけにしたかったという。「東大を目指す人も、常に視野を広く持ってほしい」

鎌田さんは茂木健一郎さんなど著名人らが講演するイベントTEDxUTokyoで登壇した

自分たちでもっとワクワクする大学に

南藤優明《まさあき》さん（教養学部・3年）は「東大をもっとワクワクする大学に」をテーマに、東大生有志が東大の課題や改善策を話し合う「トウダイカイギ」を主催した。集まった東大生150人以上が討論したのは「1・2年生の学びをもっと刺激的にできないのか」「東大に女子高生を引き付けるにはどうすれば良い？」など学生にとって切実なテーマばかりだ。

南藤さんは東大生の弱点を「与えられた課題を解くのは得意だけど、行動しない」ことだと見る。「入学後に思っていた生活と違うと絶望するのではなく、自分で一歩変えていく意識が大切だと思います」。「東大に育ててもらう」のではなく「自分が東大を変えてやる」、そんな意識で東大を目指すのも良いだろう。

トウダイカイギの最終発表の様子

第3章

前期教養課程を終えると後期課程で専門的な勉強を始める。
駒場にいたころは成績の低かった人が
後期課程で勉学に励んで優秀な成績をとることもしばしば。
まさに東大での第2のスタートだ。

後期課程編
専門を究める

東大生アンケート　後期課程編

進学先は希望通りか

進学振分け（現在の進学選択）で決まった進学先が希望通りか、進学内定者と後期課程学生に質問すると81・5%が希望通りだった。1995年から2000年までは希望通りと答えた人は75%前後。希望の進学先が各人多様になっていることが示唆される。

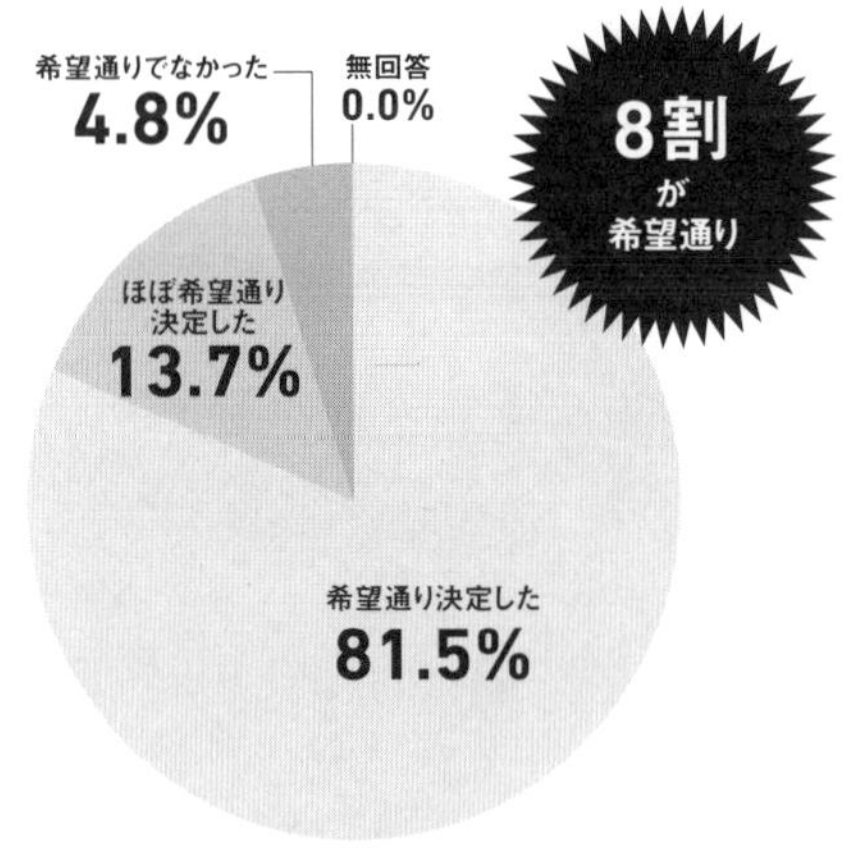

カリキュラムの満足度

「満足している」「まあ満足している」を合わせると多い順から文学部、後期教養（文系）、医学部、薬学部、理学部。文学部は学科再編などの改革に取り組んでおり、今後の満足度の動向に注目したい。ワースト3は、低い順に後期教養（理系）、法学部、農学部。

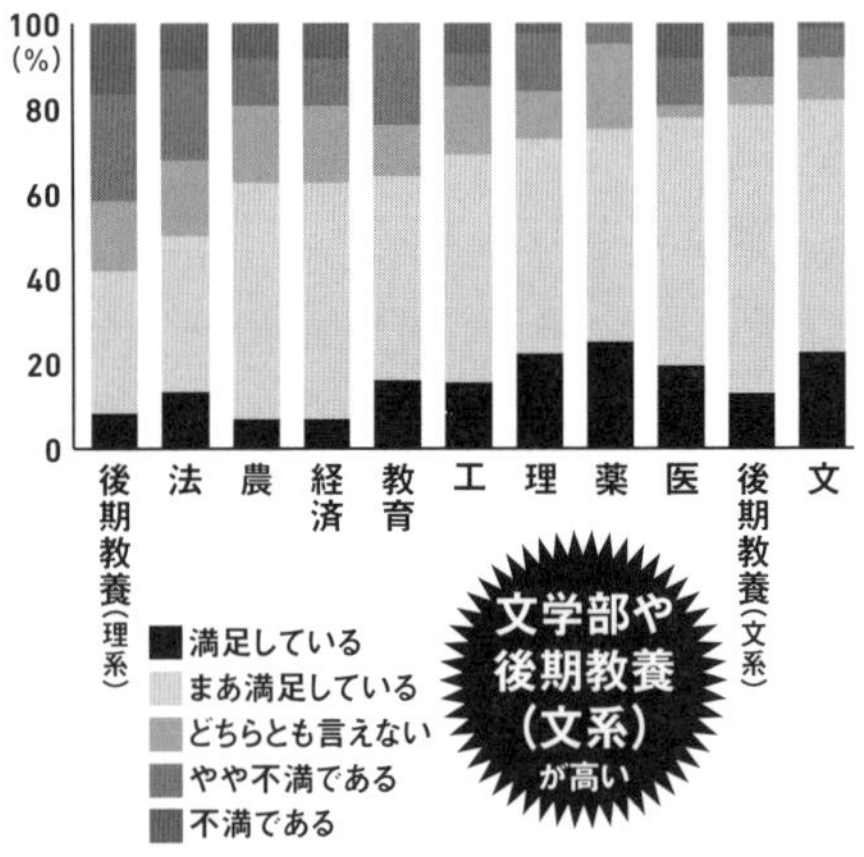

1週間の平均生活時間（学期中）

文系は司法試験や公務員試験に向けて自学したり予備校に通ったりする人がいるため、授業とは関係のない学修時間が長いようだ。理系の場合、卒業研究に多くの時間を割くことになる。理系の方が授業のコマ数が多いため、授業・実験への出席時間が長くなる。

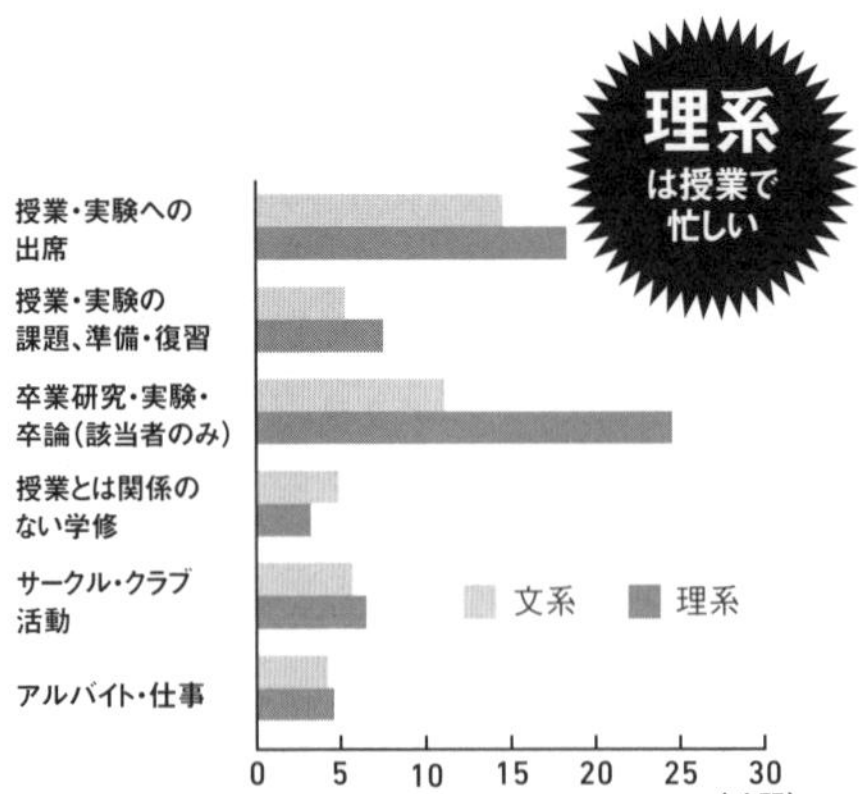

【出典】2014年学生生活実態調査

後期学部紹介
社会科学・人文学編

２年秋の進学選択で、前期教養課程からどの各学部・学科に進学するかが決まる。ここでは文科生が主に進学する法学部、経済学部、文学部、教育学部、教養学部を紹介する。教養学部には自然科学を研究する学科やコースもある。

※掲載している時間割は３年Ｓ１のもの

法学部

主な科目
- 憲法
- 民法
- 刑法
- 商法
- 民事訴訟法
- 刑事訴訟法
- 国際法
- 労働法
- アジア・ビジネス法
- ヨーロッパ政治史
- 会計学

教育理念

人々の生活・人生・生命に直接かかわる司法・行政・立法を多種多様な角度から学び、法学的知恵や政治学的識見の基礎を会得することを期待する。

学部構成

第1類（私法コース）・第2類（公法コース）・第3類（政治コース）に分かれる。類の名称が変更され2017年度以降の進学生については第1類（法学総合コース）、第2類（法律プロフェッション・コース）、第3類（政治コース）に分かれる。法曹を目指す人は現1類に、公務員志望の人は現2類に進学することが多い。学生はいずれかの類に属するが、類の区別は学科ほど明確なものではなく、どの類に所属していても、履修の仕方次第で極めて似た学習をすることができる。転類も容易に可能。

進学

文科Ⅰ類の学生は単位がそろっていれば、ほぼ成績に関係なく進学できる。その他、文科Ⅱ・Ⅲ類、理科からも進学枠がある。全科類枠は12人。

カリキュラム

法学部の講義の大半は、1人の教員が数百人もの学生に対して一方的に授業を進めるマスプロ形式。演習という必修のゼミ形式の授業もある。演習では教員や学生が少人数で一つの机を囲み、特定の資料や課題をめぐって報告し、討論する。

卒業後

司法関係の職に就く人や公務員になる人が多い。法曹を目指す人は東大や他大学の法科大学院に進学する人が多く、公務員志望者では公共政策大学院に進学する人もいる。企業就職先は多岐にわたるが、金融業・保険業に就く人が多い。

学生の

声

山崎《やまざき》駿《しゅん》さん
（法・４年）

文Ⅲ→
法学部第２類（公法コース）
（2017年度進学者から新第１類「法学総合コース」に再編）

	月	火	水	木	金
1			行政法第1部	日本政治外交史	刑法第2部
2	憲法第2部	民法第2部	日本政治		日本政治
3	行政法第1部	商法第1部		民法基礎演習	商法第1部
4	日本政治外交史		刑法第2部		民法第2部
5	ゼミ（増井）				

論文型の試験には苦心

文Ⅲに入学した山崎さんは高校の教師に「体系的な勉強をしなさい」と言われたのが印象に残っており、法学に関心を持った。「条文や判例を分析したり、法を比較したりする法学に、体系的に整理された印象を持ちました」。教育にも興味があり、文Ⅲからの進学者が多い教育学部と迷ったが志望登録直前に法学部への出願を決めた。

法学部に文Ⅲから進学するには例年平均点が80点以上必要だ。山崎さんはあまり苦労せず単位が取れると評判の「楽単」科目をあえて避けたという。「楽単科目は差が付きにくく、全体の上位３割のみの『優』の評価がもらえるかは微妙に思いました」。レポートより試験の方が得意だと感じており、できるだけ試験で成績評価が行われる科目を取るなどの工夫もした。

法学部では一問一答式もある前期教養課程と違い試験が論文課題に近く、学期末は対策が大変だという。「文Ⅰの人は２年生のＳセメスターから専門科目の授業がありますが、文Ⅲから来ると答案をどう書くかも分からず、進学直後は特に苦労しました」

一方、国の政策に関わる有名な教員が行う授業が多く、話に聞き応えがある。「現役の弁護士が行うゼミ形式の授業で、判例を読み論点を調べて議論するのも面白かったです」。議論した50人ほどのクラスでの交流ができ、食事会にも行ったという。これらの授業を通して「法的な問題の難しさと法曹の重要性が分かった」と山崎さん。一つの条文にも多数の論点があり、専門的に法を学んだプロでなければ議論できないと感じた。

学部にはこつこつ勉強する人や授業にはあまり出ずに学外で活動する人などさまざまな人がいる。学部内の交流は国家総合職、司法試験、民間企業への就職の主な三つの進路を希望する人同士での情報交換が主だという。多くの人は学部を卒業してそれぞれに就職するが、司法試験を受ける人は一定数が法科大学院に進学する。山崎さんは国家公務員試験に向け対策に励む傍ら、銀行などへの就活対策も行う。「社会に出る前に幅広く見ておこうと思って」。教育への興味も捨て切れず「将来は教育行政に関わり日本の発展につなげたい」と山崎さんは意気込みを語る。

経済学部

主な科目
・経済原論Ⅰ
・統計Ⅰ
・ゲーム理論
・現代資本主義論Ⅰ
・国際貿易
・フード・システムⅠ
・経済学のための数学
・マーケティングⅠ
・雇用システムⅠ
・経済史
・金融システム論

教育理念

経済社会の複雑な諸現象を体系的に把握し、これを科学的に解明する。

学部構成

基本となる経済理論など共通する科目を多く持ちつつ、経済学科と経営学科、金融学科の３学科に分かれている。経済学科は、財政、金融、産業、労働などさまざまな経済現象を、統計的、数理的、制度的、歴史的な分析手法を用いて把握・分析することを目指す。経営学科の目標は、起業の諸活動や経営組織における人間活動を多様な分析手法で把握・分析することだ。金融学科では金融工学、マクロ金融政策、企業財務、企業会計などについて深く学ぶことができる。

進学

文科Ⅱ類の学生数よりも、経済学部の文Ⅱ用進学枠の人数が少ないため、文Ⅱ生でも成績次第では進学できない可能性がある。

カリキュラム

授業は「専門科目１」「専門科目２」「専門科目３」「専門科目４」「選択科目」で構成される。「専門科目１」は経済学部での学習の入門である総論的な科目。「専門科目２」は経済学科、「専門科目３」は経営学科、「専門科目４」は金融学科の選択必修科目。「選択科目」には、発展的内容を含む大学院との合併授業が数多くある。経済学部に特徴的なのはゼミ形式の授業で、教員から直接指導を受けることができる貴重な機会。各ゼミには人数制限があり参加者の選抜が行われるが、大半の学生が一つ以上に参加している。

卒業後

学部生の約３分の２が銀行、証券、シンクタンクなどの民間企業に就職。国家公務員や公認会計士になる人も多い。大学院進学者は10分の1以下。

学生の

声

文Ⅲ→
経済学部経済学科

道《さ》祖《い》土《ど》尚《なお》弘《ひろ》さん
（経・４年）

	月	火	水	木	金
1					
2	金融			金融	
3	国際貿易	ゲーム理論		国際貿易	応用倫理概論
4	財政	近代日本経済史		財政	近代日本経済史
5					死生学特殊講義
6					

世の中の仕組みが理解できる

入学当初は日本史に興味があった道祖土さん。１年生では幅広く授業を取ったという。初年度ゼミナール文科の前身である基礎演習では戦時のメディアの役割を研究。戦争勃発時の時代背景を調べる中で国家間の関係に興味を持ち、総合科目の「国際関係論」や「国際法」なども履修した。

教養学部後期課程国際関係論コースを目指すも成績の関係で断念。２年生の夏学期にゲーム理論を履修したことから経済学部に決めた。数学という未知の世界に飛び込み、人間活動の根幹である経済について学べればと考えた。

学部の長所は世の中の仕組みが分かることだと道祖土さん。経済を学ぶことでマイナス金利政策などのニュースを根本から理解できるようになった。また、学科を途中で変更できるのも魅力の一つだ。

一方、卒業単位に含まれる他学部の単位が少ないのが難点だ。道祖土さんは文学部に興味のある授業が多いが、思うように取れていない。学部の多くの科目で週２回授業があることも壁となっている。

学部では３年生のＡセメスターの「現代西洋経済史」の授業が最も興味深かったという。欧州史の転換点を経済的側面から考察して「教科書にはない視点から歴史を見るようになりました」。３年生のＳセメスターの「ゲーム理論」では人の行動の予測不可能性を前提とするため、人を数字として扱う経済学と一線を画す点が気に入ったという。

進学当初は苦手な数学で苦労したが、数式を一つずつかみ砕いて理解した。前提知識がなくても２年生のＡセメスターに経済の基礎科目を一通り履修するため、専門課程への移行は容易だという。

付き合いはゼミが中心だ。ゼミの昨年度卒業生は５人が就職、１人が大学院へ進学。就職先は銀行からメーカー、大学職員と多岐にわたる。道祖土さんは新聞社への就職を検討中だ。ニュースを若い人に分かりやすく伝え、議論の土台を作りたいと意気込む。

経済学の面白さに満足している一方、国際関係論コース進学を諦めたことに後悔もあるという道祖土さん。「これから進学選択に臨む人は行きたい学科に出願してほしいです。仮に不本意な進学先になっても住めば都ですから」

文学部

主な科目

・社会学特殊講義
・原典講読（1）
・哲学特殊講義
・考古学特殊講義（1）
・倫理学演習（1）
・
・日本史学演習（1）
・文化資源学特殊講義
・英語後期（1）
・現代文芸論概説
・イスラム学概論（1）
・言語学特殊講義（1）

教育理念

「人間とは何か」という問いを常に考えつつ、個人または集団としての人間と文化の歴史と本質を理解しようと試みる。人類の長い営み、世界規模の空間的広がりをさまざまな角度から研究する。

学部構成

思想文化学科、歴史文化学科、言語文化学科、行動文化学科の四つの学科からなる。２０１８年度進学者からは学科が人文学科の一つに統合される。思想文化学科には、哲学、中国思想文化学、インド哲学仏教学、倫理学、宗教学宗教史学、美学芸術学、イスラム学専修がある。歴史文化学科には、日本史学、東洋史学、西洋史学、考古学、美術史学専修がある。言語文化学科には、言語学、日本語日本文学、中国語中国文学、インド語インド文学、英語英米文学、ドイツ語ドイツ文学、フランス語フランス文学、スラヴ語スラヴ文学、南欧語南欧文学、現代文芸論、西洋古典学専修がある。行動文化学科には、心理学、社会心理学、社会学専修がある。全部で27専修。

進学

文科Ⅲ類から進学しやすく、一部学科を除けば、ほとんどが定員に達しておらず、必要単位を満たしていれば進学可能。全ての専修に全科類枠がある。

カリキュラム

所属外の専修課程や学部の単位取得は広く認められている。各専修課程には必ず演習（ゼミ）が設けられ、学生が少人数授業に積極的に参加する。

卒業後

文学部全体の4分の1が大学院に進学し、残りはマスコミ関係をはじめ各分野に就職する。

学生の声

釣部《つるべ》智輝《ともき》さん
（文・４年）

文Ⅲ→
文学部歴史文化学科
日本史学専修課程

	月	火	水	木	金
1		文化施設経営論		地理学(1)	
2	地理歴史科指導法Ⅱ	地誌	古文書学特殊講義	西洋史学特殊講義(1)	日本史学演習(1)
3	社会学史概説	東洋史学特殊講義	日本史学演習(1)		教育社会学概論
4		教育臨床学概説	古文書学特殊講義		日本史学演習(1)
5	社会科指導法Ⅲ	教育心理Ⅱ	教育とメディア		
6			日本史学特殊講義		

集中講義：道徳教育法、特別活動の指導法

ゼミで史料の読解力付ける

高校時代から歴史が好きだと語る釣部さん。文Ⅲ入学後に各学部の授業を受けると他の分野にも興味が広がり始め、教育学部や教養学部の学際日本文化論コースなども検討したが２年生の初めには日本史学専修の志望を固めた。「各学問の一端に触れてから専門を決められる進学振分けがあって良かったです」

釣部さんは文学部全体の利点として、教員免許を取りやすいことを挙げる。教育にも関心があり、将来は教員を目指しているという。「他の学部よりも教職の対象になる科目が多く、周りにも教員免許を取ろうとする人が半分程度います」。釣部さんは地理歴史と公民の教員免許を両方取るために、各セメスターで普通より５コマ程度多く授業を履修した。

専修の長所は「よく勉強し、日本史の知識が豊富な人や史料をうまく解釈できる人から刺激を受けられる点です」。授業の中心はゼミで、大学院進学希望者は三つ取ることが推奨されている。進学希望でない人も二つ取ることが多いという。「予習が大変ですが、自力で史料を読み取る力が付き、先生や友達の解釈からは新しい発見が得られます」。他にも古文書の崩し字を読み取る練習をする授業が面白かったという。Ｓセメスターの間の授業で基本的な崩し字は読めるようになった。

研究室の教員や大学院生、学部生は古代・中世・近世・近代の４グループに分かれており、交流もグループ内が中心だ。ゼミも主に同学年で同じ時代を扱う学生が集まる。一方、違うグループには交流がない同級生もいるという。「研究室では同じグループの大学院生とも交流する機会が多いです。勉強で分からないところを教えてくれてゼミや卒論のケアも手厚いほか、プライベートでも気軽に相談できます」。

卒業後は釣部さんが目指すように教員になる人や一般企業などへ就職する人が約半分、残り半分は大学院に進学する。修士課程を修了して教員になる人もいる。博士課程まで進むのは例年数人だ。「先生からはまずは大学院を目指して勉強するよう言われます。僕も周りに負けないよう、卒業まで史料を読む力を鍛えたいです」

教育学部

主な科目
・基礎教育学概論
・比較教育社会学研究指導
・身体教育学研究指導
・国語科教育法Ⅲ
・教育心理Ⅰ
・教育原理
・道徳教育の理論と実践
・特別活動論
・教育と社会
・教育相談Ⅰ
・教育の方法

教育理念

単に教員を育てるのではなく、人間と社会について深い考察を持つ職業人の育成に力を入れる。

学部構成

大学院重点化に伴って総合教育科学科の1学科のみとなり、3専修に分かれる。基礎教育学専修には基礎教育コースがあり、「教育とは何か」を哲学・歴史・人間・臨床の視点から捉える。教育社会科学専修には比較教育社会学コースと教育実践・政策学コースがあり、前者は社会科学的手法で、後者は教育現場そのものへの実践的なアプローチで教育を研究する。心身発達科学専修には教育心理学コースと身体教育学コースがある。前者は人間の学習行動やカウンセリング、後者は身体トレーニングや心身の発達を研究している。学部全体で90人前後なので、アットホームな雰囲気がある。

進学

全科類から進学可能だが、文科Ⅲ類は進学枠が大きい。身体教育学を除いて75点前後の成績で進学できる。

カリキュラム

講義は概論、特殊講義などの一部を除いて、調査、実験、演習、基礎演習、フィールドワークなど、少人数のゼミ形式のものが多い。学部内の各科目は、コースごとの卒業論文指導を除いて基本的にどのコースに所属していても受講可能。他学部聴講も自由度が高い。

学士（教育学）の学位に加え、必要単位をそろえることができれば、教員免許状、社会教育主事、司書、司書教諭、学芸員の免許状や資格を取得できる。

卒業後

マスコミや、教育・学習支援業、官公庁など各分野に就職する。大学院に進学するのは4分の1程度。

学生の
声

水《みず》谷《たに》七《なな》海《み》さん
（育・４年）

文Ⅲ→
教育学部総合教育科学科
教育社会科学専修
教育実践・政策学コース

	月	火	水	木	金
1					
2		社会教育学演習Ⅰ		英文学史概説（2）	
3	英語学英米文学演習（1）	英語科教育法Ⅲ		英語教授法・学習法概論	英語学概論（1）
4		教育臨床学概説	英語後期（1）		道徳と教育
5	社会教育論Ⅱ	教育行政・学校経営演習Ⅱ	教育とメディア		
6	社会教育論Ⅱ				

教育政策を幅広く学ぶ

東大入学直後はどの学部に進学するか決めていなかったが「東大にいる人たちは、何かしらの教育のおかげで優秀なんだろう」と思い、２年生になるころに教育学部へ進学しようと考える。学部の中のどのコースに進むか悩んだが、公務員の両親が金銭的利益でなく公のために働く姿を見て、教育政策など公務員になるための勉強ができる教育実践・政策学コースへ進学。３年次に学校での現場から文部科学省の行財政まで幅広く教育学を学んだ上で、現在は公務員試験の勉強に励む。

進学する学部を決めていなかった１年次は「どの学部へも進学できるよう試験で高得点を目指しました」と語る。特に第二外国語である中国語は、必修の授業とともにインテンシヴコースという集中的に外国語を学ぶ総合科目も履修して、中国語の試験は高得点を取った。

教育学部のどのコースへ進学するかに悩み、先輩に時間割についてなど具体的に学生生活を聞いた。「学部やコースのウェブサイトには時間割まで書いていない場合が多いです」。教育実践・政策学コースは必修科目が少ないため自由度が高い時間割を組めて公務員試験の勉強がしやすいという先輩の話が進学先決定の決め手となった。

実際に授業を受けて感じたのは、長野県飯田市の教育など授業のテーマが具体的に決まっていること。テーマが具体的である分、議論も具体的になる。飯田市での調査実習も体験して「教育といえば学校で行われるものと思い込みがちだが、公民館でも教育が行われていると実感した」と振り返る。また、教育政策が教育現場にどんな影響を与えているかも知ることができ、将来公務員になった時に政策が関係する現場まで想像を働かせたり、自分で現場を見に行ったりしようという意識を持ったという。

３年生の間の反省は、教育を幅広く捉えられたが、漫然と履修を組んだため専門性を身に付けられなかったこと。「教職や司書の資格を取りやすいので、資格取得に必要な科目を中心に履修を組むのも良いかもしれません」

2013年度卒業生の進路は公務員８人、民間７人、進学11人で、学べる分野同様に幅広い。

教養学部

主な科目

・国際政治理論演習
・科学技術社会論
・現代政治学演習
・国際機構演習
・情報工学Ⅱ
・現代哲学
・行動神経科学
・光生物学
・韓国朝鮮史
・環境科学実験Ⅰ
・応用人類学Ⅰ

教育理念

21世紀の人間社会における複合的な現象・課題の全体像を視野に入れることのできる、また地球規模の問題に対応できる人材の育成。

学部構成

教養学部には、1・2年の前期課程と3・4年の後期課程の2種類が存在し、ここでいう教養学部とは3・4年の後期課程を指す。教養学科と学際科学科、統合自然科学科の3学科がある。教養学科には超域文化科学分科、地域文化研究分科、統合社会科学分科があり、その下でさらにコースに分かれる。

進学

学科は大まかに文系的分野と理系的分野に分かれるが、基本的に全科類からいずれの学科にも進学可能。

カリキュラム

教養学部には数多くの教員がさまざまな分野で研究を展開していることから、授業の多くは理想的な少人数の環境で行われる。教養学科の各分科では、外国語の高度な運用能力を身に付けるプログラムを用意するなど、国際的発信力を持ち、既存の学問領域を横断する柔軟な発想力のある人材の育成を可能にしている。理系の学科では、既成の学問分野にとらわれない独自の教育プログラムが展開され、複数の分野にまたがる専門的な知識や見識を獲得するだけではなく、それらを基礎に先進的な学問分野への道を進める。さらに、文理融合分野では、柔軟な思考と適切な方法論を用いて、新しい課題に総合的な視点を持って対処できる人材の育成を目指す。

卒業後

就職先は官庁・メーカー・マスコミなどさまざま。文系、理系ともに大学院へ進学する割合が高い。

学生の

声

田《た》中《なか》斗《と》望《も》さん
（養・4年）

理Ⅱ→教養学部教養学科 超域文化科学分科 現代思想コース

	月	火	水	木	金
1					
2	憲法第2部	憲法第1部	現代思想特殊演習Ⅲ	現代思想特殊演習Ⅱ	
3			共通英語（33）	共通英語（31）	英語科教育法Ⅱ
4	文化社会論演習（1）	倫理宗教論			倫理宗教論
5	道徳教育の理論と実践		教育課程	教育原理	教養学科入門Ⅲ
6	教師論				

「美術論」がきっかけで哲学の道へ

人間がどのように感情を持つかに興味があり、認知科学を学ぼうと理Ⅱへ入学した田中さん。しかし1年生で受講した、絵画で人間がどのように表象されてきたか探る「美術論」の授業を契機に「人間性について考えるとき哲学的な方法も面白そう」と考えるように。理Ⅱから文系分野へ進むことに最後まで迷いつつも「2年生の6月までには哲学でいくと決めていました」。もともと例年平均点が80点以上必要な認知科学系の学科を目指していたため、成績の問題はなかったという。

哲学を学ぶのに文学部ではなく教養学部を選んだのは、理系学問に未練があったから。「教養学部なら哲学だけでなく、興味のあった認知科学などさまざまな分野の授業が開講されています。自分の興味あることに対し、文理両方のアプローチができるようになりたかった」

実際、学科内で選んだ現代思想コースでは専門に留まらない多様な分野を学べたという。哲学についても「西洋哲学だけでなく東洋思想も学び、視野が格段に広がりました」。哲学者の原書を読解するなど「本物」に触れる機会があるのも期待通り。コースは少人数で、ディスカッションなど主体的に学問へ参加できる環境も整っているという。「こんなマイナーな分野に来てしまった同志、という親近感でコース内は自然と仲良くなります（笑）」

しかし理系出身のため、外国語には苦労した。哲学書を原書で読むため、第二外国語で履修していたドイツ語に加えてフランス語やラテン語を学ぶ。進学当初は自分の語学力のなさを日々実感したという。それでも「最近は哲学者の言うこともちょっとずつ分かるようになってきました」。

多様な分野を学べる利点がかえって一つの分野に集中する意識を希薄にし、専門的に勉強したい本命の分野がおろそかになるという危機感も。4年生では卒論に向け、テーマに想定している哲学者カントの思想に興味を絞っていくつもりだという。

学部の雰囲気も含め、イレギュラーな進学選択に満足しているという田中さん。「選択をするのは疲れるけれど、自由な機会を納得して終えられるよう、自分に素直であるべきです」

学生の

声

加《か》藤《とう》天《そら》さん
（養・4年）

理Ⅰ→
教養学部統合自然科学科
物質基礎科学コース

	月	火	水	木	金
1		スポーツ生理学	物質科学セミナーⅠ	比較バイオメカニクス	
2		身体運動制御論		量子力学演習Ⅰ	有機反応論
3					
4		物質科学実験Ⅰ	物質科学実験Ⅰ	物性物理学Ⅰ	量子力学Ⅱ
5					

教員との距離が近くアットホーム

高校時代から建築と教育の双方に興味があったが、進学振分け直前に物質基礎科学コースへの進学を決断。2020年の東京オリンピックが終わった後、建築という分野の先行きに疑問を感じ、自分の進路を見直したという。決め手は「将来の自分を想像したときにより現実的で自分の強みを発揮出来そうな道を選ぶこと」だった。

ただ、分野が多岐にわたる教養学部の特質上、学科の具体的な学習内容が見えてこず不安が大きかった。そこで進学を考えている学科の説明会で、教授に直接話を聞きに行ったという。「敷居が高く思えるかもしれませんが、どういう研究がされているのか一番確実に知ることができます」。教授たちも学生の意見を聞けるといって歓迎してくれた。加藤さんは自身の経験から進路に悩む学生へ「思い切って教授に話を聞きに行くこと」を勧める。

物質基礎科学コースでは、物理学、化学が中心の自然科学を学ぶほか、多様なジャンルの講義を領域横断的に学べる。「他の学科、他のコースの授業も履修でき、学際的にさまざまなことが学べるのが魅力です」。バスケットボールが好きで中学時代から続けているという加藤さんが、主専攻の他に選択しているスポーツ科学は、東大内で唯一統合自然科学科のサブコースとして履修できる。

授業の中心は実験で、細胞からコンピューターシミュレーションまで幅広く扱う生命実験や超伝導体の物性変化を見る実験などがある。課題は他学部に比べ多くないというが、実験では多量のレポートが課されるという。「ただ良い意味で鍛えられ、苦には思いません」。また、英語の論文を輪読するセミナーがあるが、教員1人に対し学生1～3人と少人数だ。授業や研究室が同じ学生同士仲良くなる上に、自然と教員と距離が近くなり、アットホームな雰囲気になるという。

加藤さんは大学院に進学後、教員になるか研究とつながりのある一般企業への就職を考えている。「教職課程科目が設置されており、理系教育に携わりやすいです」。加藤さんと同じような道を選ぶ人や研究職に就く人も多く、進路は多岐に及ぶ。

後期学部紹介

自然科学編

主に理科生が進学する工学部、理学部、農学部、薬学部、医学部を紹介する。工学部、理学部、農学部は、学部の下でさらに多くの学科や専修にも分かれている。

※掲載している時間割は３年Ｓ１のもの

工学部

主な科目
・国土学
・交通学
・都市建築史
・生産システム
・航空宇宙推進工学
・ロボット工学
・人工知能
・量子力学
・回路とシステム
・エネルギー化学
・バイオテクノロジー

教育理念

自然、人間、社会の諸法則の心理を追求するのみならず、その真理を発展させて人間の生産的実践に役立てる。原子レベルでの物質理解から組み立て構造化する技術まで、情報の意味を問うことから効果的な伝達・処理技術まで、そしてこれら全ての技術が及ぼす社会的影響の評価に至るまで、守備範囲と手法は幅広い。

学部構成

社会基盤学科、建築学科、都市工学科、機械工学科、機械情報工学科、航空宇宙工学科、精密工学科、電子情報工学科、電気電子工学科、物理工学科、計数工学科、マテリアル工学科、応用化学科、化学システム工学科、化学生命工学科、システム創成学科の計16学科からなる。

進学

進学者の大半は理科Ⅰ類だが、理科Ⅱ・Ⅲ類の指定枠もある。

カリキュラム

午前中に講義、午後は実験・演習・製図・見学がある学科が多い。4年後半は卒業論文の研究に大幅な時間を割く。休暇中には宿泊が伴う演習などもある。

多様な創造性の育成を目指し、専門性を深化させる講義だけでなく、自ら取り組む設計演習、課題解決型プロジェクト演習、見学、インターンシップなどに力を入れる。学生の国際化のために学術論文を英語で書く授業や、英語で学術発表を行うための練習となる授業も開講されている。

卒業後

大学院進学者が4分の3を超える。工学系研究科、情報理工学系研究科、新領域創成科学研究科などの大学院へ進学する。学部卒の就職先は精密・電気機器系企業や製造業が多い。

学生の

声

田《た》村《むら》浩《こう》一《いち》郎《ろう》さん
（工・４年）

理Ⅰ→
工学部システム創成学科
知能社会システムコース

<table>
<tr><th></th><th>月</th><th>火</th><th>水</th><th>木</th><th>金</th></tr>
<tr><td>1</td><td></td><td>物流・交通システム計画</td><td></td><td></td><td></td></tr>
<tr><td>2</td><td>社会のための技術</td><td>システム工学基礎</td><td>材料力学Ⅱ</td><td>数理計画と最適化</td><td>経済学基礎</td></tr>
<tr><td>3</td><td rowspan="3">基礎プロジェクト</td><td>ゲーム理論</td><td rowspan="2">プログラミング応用</td><td>先進デザイン</td><td rowspan="2">株式分析</td></tr>
<tr><td>4</td><td></td><td rowspan="2">技術プロジェクトマネジメント</td></tr>
<tr><td>5</td><td></td><td></td><td></td></tr>
<tr><td>6</td><td></td><td></td><td></td><td></td><td>特許法</td></tr>
</table>

授業に縛られず自由に研究

理Ⅰに入学した田村さんが進学先を考え始めたのは２年生の初めだ。「お金持ちになりたい」という目標があり、市場分析やビジネスに興味があったため、当初は経済学部進学を検討した。しかし、理系としてのバックグラウンドを生かそうと、同じく金融を扱う理系学部を探した結果、工学部のシステム創成学科知能社会システムコースを選んだという。工学部の計数工学科や電子情報工学科も検討したが、授業に縛られずに研究できると先輩から聞き、システム創成学科に進んだ。

学科の長所は授業内で全てが完結するため課題が少ない点だという。「内容も重すぎず、レポートに追われることもありません」。教員や学生の自由に行動する雰囲気も魅力の一つだ。田村さんも、アルバイト、株取引、学科の友人と始めた各サークルのデータを検索できるシステムの開発と多くのことに挑戦。最近はデータ分析や機械学習を用いて、株取引のシステム化に取り組む。

プログラミングに手を出したのは学科の授業でアプリ作成、ビジネスコンテストなどのプロジェクトを手掛けたことがきっかけだ。毎回アイデアをプレゼンする機会があるため、考えを人前で話す力も身に付いた。また、工学部の「グローバル消費インテリジェンス寄付講座」という、データ解析により消費者行動を分析する授業では、人工知能への理解が深まったという。

一方、数学の授業が少ないため、知識不足による苦労も。「数学は理系に必須でプログラミングにも欠かせないので、１・２年次にもう少し学んだら良かったかもしれません」と田村さんは振り返る。

学科は仲が良く、みんなで食事に行くこともある。学外に目を向けている人が外部のビジネスコンテストや就活イベントに誘ってくれることも多いという。「自分の興味を他の人にも紹介してくれるので、視野が広がります」

プレゼン力・ＩＴ知識を生かせるため、卒業後は金融やコンサルタント業界へ就職する人や、ＩＴ部門で起業する人が学科には多いが、田村さんは大学院進学を考えている。「研究の傍ら、さまざまな分野をかじって、何か形の残るものを作りたいですね」

理学部

主な科目
・集合と位相演習
・アルゴリズムとデータ構造
・知能システム論
・一般相対論
・銀河天文学
・地球システム進化学
・物理化学演習
・細胞生理化学
・遺伝学
・動物発生学
・システム生物学

教育理念

理学は、自然現象の仕組みを解明したいという人間本来の知的欲求から出発し、次第に体系付けられてきた学問であり、応用諸自然科学の発展を支えてきた。実習や実験を通じて、「最上の教師」である自然に自ら問いかけ、思索することの重要性を学ぶ。

学部構成

数学科、情報科学科、物理学科、天文学科、地球惑星物理学科、地球惑星環境学科、化学科、生物化学科、生物学科、生物情報化学科の10学科からなる。数学科だけは駒場Ⅰキャンパスにある。

進学

主に理科Ⅰ類、理科Ⅱ類から進学する。物理・情報系の学科には理科Ⅰ類からの、生物学系には理科Ⅱ類からの進学者が多い。物理学科が特に人気で80点以上ないと進学できない場合が多い。

カリキュラム

1学年３００人ほどの学生数に比べて教員の人数が多い。特に1学年10人程度で少数の天文学科では、きめ細かい指導がされる。地球惑星環境学科や生物学科ではフィールドワークに力を入れている。化学科や生物化学科では3年次の午後に多くの実験がある。最終学年時の実験、実習、演習では、少数の学生と教員との緊密なやり取りが行われる。

卒業後

8割以上の学生が理学系研究科修士課程に進学するほか、大学院生の募集は全国に向けて広く行われている。大学院進学者の半数近くが博士課程に進学し、その後大学などの研究機関や民間企業の研究所などで専門知識を生かした職業に就く。学部卒では、情報・通信業などへの就職が多い。

学生の
声

理Ⅰ→理学部化学科

金《かな》山《やま》幸《こう》史《し》朗《ろう》さん
（理・４年）

<table>
<tr><th></th><th>月</th><th>火</th><th>水</th><th>木</th><th>金</th></tr>
<tr><td>1</td><td>有機化学Ⅱ（構造論）</td><td>量子化学Ⅱ</td><td>放射化学</td><td>有機化学Ⅱ（構造論）</td><td>無機化学Ⅱ
（無機化合物論）</td></tr>
<tr><td>2</td><td>化学熱力学Ⅱ</td><td>固体化学</td><td>量子化学Ⅱ</td><td>統計力学Ⅰ</td><td>有機化学Ⅲ（反応論）</td></tr>
<tr><td>3</td><td colspan="5" rowspan="2">分析化学無機化学実験、有機化学実験</td></tr>
<tr><td>4</td></tr>
<tr><td>5</td><td></td><td></td><td></td><td></td><td></td></tr>
</table>

化学全分野を網羅

高校時代から金属材料などのミクロな視点からの開発に漠然とした興味があったという金山さん。工学部の化学系学科とも迷ったが、金属錯イオンなど関心のある分野を専門とする研究室が多かった理学部化学科への進学を２年生の初めごろに決めた。「先輩から配属研究室の決め方が成績順と聞いて公平だと思ったのも決め手の一つでした」。化学科には数理科学Ⅰなど特定の科目を履修すると点数が加算される「履修点」制度があり、金山さんも取りこぼさないよう留意したという。

学科の授業では各分野の最先端の話題が興味深いという。「化学に関する全分野の講義があるので、視野が幅広く持てるのが利点です」。午後は実験で、無機化学・有機化学・物理化学の三つの分野を１年かけて順番に行い一通りの化学実験の技能が身に付く。「理系の実験は帰宅が遅くなりがちですが、化学科は時間制限があるのでほとんど午後５時までに終わります」

一方、難点は実験以外の学科の授業が全て英語で行われることだという。「ゆっくり丁寧に説明するなど配慮してくれる先生もいますが、僕は英語があまり得意ではないので他学科の日本語の授業と成績に差が出るほど苦労しました」。しかし留学への補助制度など、学科に数人いる国際的な活躍を目指す学生への支援は充実しているという。

学科には単に化学に興味があるだけでなく英語力を高める授業に期待している人などさまざまな人がおり雰囲気を一言で表すのは難しいという。３年次は主に実験で一緒になったグループの人と待ち時間などに話し仲良くなることが多い。４年生以降は学生生活の中心は研究室になる。「僕の研究室ではみんな日本語を使うので、実験以外全て英語だった３年次と違ってほっとしましたね（笑）」

卒業後も、ほとんどの学生が修士課程に進学し研究を続けるという。博士課程への進学率は研究室にもよるが平均して半分程度と高めだ。金山さんも修士課程に進学するつもり。「まだ研究室に所属したばかりなので、年単位で続けないと研究がどんなものか分からないと思います。博士課程に進学するかどうかも研究生活の経験を積んでから決めたいです」

農学部

主な科目
・人口と食糧
・環境と景観の生物学
・バイオマス利用学概要
・放射線環境学
・基礎微生物学
・生物統計学
・動物分類学
・流れ学
・情報工学
・ミクロ経済学
・農学リテラシー

教育理念

国際化が急速に進むに伴って、世界ではさまざまな問題が生じている。科学の英知を武器に食糧問題や環境問題など、人間の生活や生存に関わるさまざまな問題に立ち向かい、食料確保の命題と環境保全の命題を高いレベルで両立させることを目指す。また、具体的なテーマに即して新しい知見を発掘し、地球サイズのトレードオフの克服に科学の立場から貢献する。

学部構成

3課程（応用生命科学課程・環境資源科学課程・獣医学課程）15専修。なお、獣医学専修のみ6年制が敷かれており、同課程に進学する学生は4年間の後期課程の学習を行う。学部のある場所は弥生キャンパス。

進学

理科Ⅱ類からと指定されている進学枠は5割程度だが、理科枠や全科類枠を含めると、理科Ⅱ類からの進学者が全体の約8割を占める。文科からも進学枠がある。

カリキュラム

2年のA1タームから広い視野を持って問題関心の醸成を図るオムニバス形式の農学主題科目と、家庭谷で専門分野の基礎を学ぶ農学基礎科目を履修することになる。3年になると、各専修とも授業に実験や実習、演習が組み込まれる。また、所有する多摩農場や千葉・北海道・秩父演習林などの付属施設は、実習などに活用される。4年次には、学生の大半は研究室に所属して卒業研究に取り組む。

卒業後

約7割が大学院（主に農学生命科学研究科）に進学する。就職先は、官公庁をはじめ金融・保険・医薬品企業などさまざま。獣医学課程卒業者の場合、1割が大学院進学をする。

学生の

声

理Ⅱ→ 農学部獣医学課程獣医学専修

餅《もち》井《い》眞《しん》太《た》郎《ろう》さん
（農・４年）

<table>
<tr><th></th><th>月</th><th>火</th><th>水</th><th>木</th><th>金</th></tr>
<tr><td>1</td><td>薬理学総論、
細胞情報薬理学</td><td rowspan="2">組織学</td><td rowspan="2">寄生虫学</td><td>実験動物学</td><td>体液生理学</td></tr>
<tr><td>2</td><td>実験動物学</td><td>内分泌・代謝生理学</td><td>薬理学総論、
細胞情報薬理学</td></tr>
<tr><td>3</td><td colspan="5" rowspan="3">実習（生体機能学実習など）</td></tr>
<tr><td>4</td></tr>
<tr><td>5</td></tr>
</table>

実習を通じて動物を研究

父が生物学者の餅井さんは自らも実益的な生物学に興味を持ち、高校時代には獣医という仕事を考えるようになっていた。理Ⅱ入学後は前期教養課程で農学部や理学部の開講するオムニバスの授業を受け、理学部生物学科や農学部応用生命科学課程水圏生物科学専修への進学も検討したが、１年生の終わりには獣医学専修への出願を決め、好きだった動物科学などの勉強をこつこつ進めたという。

専修の利点は動物の体の仕組みだけでなく、ウイルスや寄生虫の体内での動態・防疫・公衆衛生など、動物の健康に関わる幅広い分野が学べることだという。「人間と動物を対応させて『どこが違うか』を論じる授業が多く、ヒトの医学やヒトに投与する薬の知識も身に付きます」。３年生の実習ではイヌを中心にブタ、ヤギ、ニワトリなどを解剖し、講義で習った体内の仕組みを確認するほか基本的な実験技能を身に付ける。「ひどい場合は夜まで延長しますが、だいたい午後5時くらいには終わります」

一方、基本的に空きコマがなく全授業が必修なのが大変だという。「ほとんどの科目は試験で成績評価されるので学期末は特に苦労します」。実習もレポートの提出が課され、油断すると勉強以外の活動をする余裕がなくなってしまう。

「獣医学専修は明るい雰囲気で、６年生までの長期間を一緒に過ごすこともあり自然と仲良くなれます」。実験の待ち時間などに話すほか、時折フットサル大会などが開かれて交流できる。スポーツ大会は獣医学課程の他の研究室との間で開かれ、知り合いが増えるという。また「多くの人が動物好きのため、専修で上野動物園に遊びに行ったこともあります」。

卒業後は臨床医療に進む人や公務員として牧場や食肉処理場の獣医になる人がいる。獣医師免許を取得した後研究職に就く人も多く、毎年数人は博士課程まで進学する。餅井さんは４年生の４月から遺伝子組み換えマウスを扱う研究室に所属し、研究者を目指している。「マウスを実験動物として使って遺伝子の働きや医療行為との関係を解き明かし、対人、対動物の医療につなげられたらと思います」

薬学部

主な科目
・有機理論化学
・薬品分析化学
・バイオサイエンスの基礎Ⅰ
・機能形態学
・医薬品安全性学
・がん細胞生物学
・免疫学
・発生遺伝学
・医薬品・医療ビジネス
・医薬品評価科学
・薬事法・特許法

教育理念

薬学は疾病の治療と健康維持を目標とする自然科学であり、医薬とその薬が影響する人体について主に解明する。基礎生命科学の発展を推進するだけでなく、製薬産業における創薬活動、医療機関における薬物治療の進歩、及び医療行政に寄与する。

学部構成

6年制の薬学科と4年制の薬科学科からなる。進学選択は2学科を区別せずに行われ、4年進級時に薬学科と薬科学科に分かれる。薬学科の定員は8人。薬学科は、病院と医局での実務実習などを経て、専門性の高い薬剤師資格を有する人材の育成を目指す。薬科学科は創薬科学・基礎生命科学分野で高い能力を有する研究者を養成する。

進学

第1段階で理科Ⅱ類から32人、理科Ⅰ・Ⅲ類から16人進学でき、全科類枠は8人。また、第2段階では理科全類から24人募集する。薬学部は人気が高く、成績が80点以上でないと進学するのは難しい。

カリキュラム

3年次に毎日行われる実習では、基本的な物質の取り扱い方や、得られた結果をどのようにまとめるかなどについて基本的な訓練が行われる。

4年次の1年間は、各教室に所属して卒業実習を受ける。どの教室を選ぶかは自由だが人数に偏りができた場合、希望者の話し合いで決定する。

卒業後

9割以上が大学院へ進学し、修士課程から博士課程への進学率は約5割。東大の他研究科へ進学する人や他大の医学部へ学士入学する学生も数人いる。就職では、化学や医薬品企業へ進む人が多い。

学生の
声

高柳《たかやなぎ》早《さ》希《き》さん
（薬・４年）

理Ⅱ→
薬学部薬科学科

	月	火	水	木	金
1		有機化学Ⅱ		生体分析化学	衛生薬学・公衆衛生学
2		薬品代謝学・創薬化学	臨床医学概論	有機化学Ⅲ	創薬科学
3	薬学実習Ⅰ・薬学実習Ⅱ				
4					
5					

物化生から法律まで幅広い講義

高校時代に生物を学び、大学でも生物学関係の勉強がしたいと思って理Ⅱに入学した高柳さん。理学部生物学科など、生物学を扱う他の学科も進学先として考えたが、最も幅広い分野が学べると感じた薬学部に引かれた。「生物を学ぶ上では、例えば生体内の物質の挙動を理解するための化学の知識などさまざまな分野の勉強が役に立つので、開講科目が多分野にわたる薬学部は魅力的でした」。まだ進学先を決めかねていた２年次は動物科学や植物科学など興味のある生物関係の勉強に力を入れ、薬学部志望を固めたのは志望登録直前だった。

授業内容は薬学の研究で必要なあらゆる分野を網羅しているという。「知識として必要な化学、生物学、物理学はもちろん、薬剤に関わる法制度の講義もあります」。薬学部の授業は同じコマに一つしか開講されないため、そのコマに開講される授業を履修するかしないかの二択だ。「化学の内容が重いと感じることもありますが、努力すれば生物学の研究に必要な最低限の化学の知識は付きます」

３年生の午後は実験。「数人の小規模のグループで行い、化学や生物学の実験の技能が一通り身に付きます」。実験は各研究室の教員が順番に行う。ＴＡの大学院生と話をして研究室の雰囲気がつかめたため、４年生進級時の研究室選択に役立ったという。

学部の雰囲気はアットホームだと高柳さんは話す。薬学部の学生は基本的に同じ部屋で授業を受けるため「高校のクラスのようにすぐ仲良くなれます」。１年違いの学年とも交流があり、長期休み中に２年生と３年生が合同でスキー旅行に行くという。「学部・大学院全体の研究室対抗でスポーツ大会が開かれたり、他の大学の薬学部生との試合が行われたりもします」

薬学部には学生の１割ほどが進む６年制の薬学科と９割ほどが進む４年制の薬科学科があり、前者の学生は主に薬剤師国家試験を受け、後者の学生はほとんどが大学院に進学する。修士課程修了後も約半分が博士課程に進むという。高柳さんも修士課程に進学予定だ。「東大と海外の大学とで迷っていますが博士課程にも進むつもりで、研究者を目指しています」

医学部

主な科目
・解剖学
・公衆衛生学
・人類遺伝学
・小児科学
・リハビリテーション医学
・医療情報学
・東洋医学
・健康社会学
・精神保健学
・母子疾病論
・産業保健・看護

教育理念

生命科学・医学・医療の分野の発展に寄与し、国際的リーダーになる人材を育成する。これらの分野における問題の的確な把握と解決のために創造的研究を行い、臨床においては、その成果に基づいた医療を実践し得る能力の育成を目指す。

学部構成

医学科と健康総合科学科の2学科からなる。医学部は後期課程が4年間あり、基礎医学・社会医学系や臨床医学系の科目を学ぶ。健康総合科学科では、主に保健学、健康科学、看護学に関するさまざまな研究を学ぶ。

進学

医学科は、理科Ⅲ類からの志望者ほぼ全員と、理科Ⅱ類から10人が進学可能。全科類枠は3人。理科Ⅲ類以外からの進学には、90点近くの高得点が要求される。健康総合科学科には、主に理科Ⅱ類や文科Ⅲ類から進学する。

カリキュラム

医学科の基礎医学・社会医学関係の教育は、2年後半より開始され、3年までにほぼ終了する。その全ての科目の試験に合格しないと5年に進級する資格が得られない。臨床医学系の講義・実習は、主に4年から6年まで行われる。臨床医学系には、内科学、小児科学、精神医学、外科学、脳神経外科などがある。5年から本格的な臨床実習が始まる。

健康総合科学科には環境生命科学・公共健康科学・看護科学の3専修があり、2年の11月に専修を選ぶ。

卒業後

医学科の卒業生のほとんどは医師国家試験を受け、臨床医として一般病院や大学附属病院などで研修を受ける。健康総合科学科卒業生は、医療機関、官公庁、民間企業など多彩。

学生の声

理Ⅱ→医学部医学科

豊《とよ》田《だ》健裕《たけひろ》さん
（医・４年）

<table>
<tr><th></th><th>月</th><th>火</th><th>水</th><th>木</th><th>金</th></tr>
<tr><td>1</td><td rowspan="2">微生物学Ⅱ</td><td rowspan="2">微生物学Ⅱ</td><td rowspan="2">免疫学</td><td rowspan="2">肉眼解剖実習</td><td rowspan="2">肉眼解剖実習</td></tr>
<tr><td>2</td></tr>
<tr><td>3</td><td colspan="5" rowspan="2">肉眼解剖実習</td></tr>
<tr><td>4</td></tr>
<tr><td>5</td><td></td><td></td><td></td><td></td><td></td></tr>
</table>

※医学科は週ごとに時間割が異なります。上記は一例です。

各分野を1週間で学習

入学時は薬学部への進学を考えていた豊田さん。１年生終了時の成績が医学科を目指せる点数だったため、医学科への進学を考え始めた。「勉強は好きだけれど研究は向いていないと感じ、医学科進学を決意しました」

２年生では点数の取れる科目のみ履修。「レポートよりも試験の方が得意だったため、先輩や友達に試験で満点を目指せる科目を聞き、必要最低限の授業を履修しました」。試験前は過去問を入念に研究し、要領良く点数が取れるように工夫した。

医学科では２、３年生で組織学、生理学、解剖学など生物学の基礎を学び、４年生で診断方法や治療方法など現場で必要となる知識を学ぶ。４年生の最後には現場で必要な知識を問われるＣＢＴ、診断の技量が試されるＯＳＣＥという二つの試験に合格する必要がある。５、６年生は病院実習で、医学部附属病院（東大病院）の各部門に一定期間通って実習を行う。

医学科は他の学部・学科と違い、時間割が一定ではない。「１週間生理学の授業を受け、次の週は毎日生理学実習というように、集中的に各科目を学びます」。３年生の春から夏にかけては２カ月間で１体の献体を解剖した。「１日中解剖するため、体力勝負でしたね。講義がないため、自分で予習をしなければならないのも大変でした」

学科の雰囲気は「真面目で意識が高い人が多い」と豊田さん。自主的にゼミを開いたり、研究室に通ったりする人が多いという。五月祭では４年生が血圧測定、骨密度測定などの企画を取り仕切る。

卒業後は１、２割の人が研究の道に進み、残りは臨床医となる。しかし、実際には大学病院で臨床研究を並行して行う人や臨床医になってから大学に戻り研究する人もいて、数字以上に研究に携わる人は多い。「東大病院は研究施設も充実しています。研究がしたい人にとっても良い環境だと思います」

豊田さんは今後臨床医に必要な知識を学びつつ、市中の病院に勤めるか大学病院で働くかを決める。最近は臨床と研究の両方ができる大学病院に魅力を感じている。「臨床を中心に据えつつ、研究も経験したいと考えています」

文系理系どっちが人気？

文理選択は人生の一つの分岐点。東大の文科と理科の志願状況、
進学振分け（現在の進学選択）での文理変更（いわゆる文転と理転）について迫った。

文科志願者は減少傾向

日本では、文系は主に人間の活動、理系は主に自然界を研究の対象とする学問の系統などとされる。しかし昨今は環境社会学のような文理融合の学問も増え、垣根が分かりにくくなってきている。進学選択（16年度までは進振り）で入学後に文理を変更できる東大では、入学時や学部選択時の文理選択の傾向はどうなっているのか。

ここ数年の東大の科類ごとの出願状況は、文Ⅰでは第１段階でセンター試験導入後初めて定員割れを起こした13年度入試に1200人を割り、前年度の７割ほどに。それ以降は増えてはいるものの依然少ない。文Ⅱ、文Ⅲも、近年は08年頃から見ると減少傾向が続いている。一方で理科は理Ⅰが3000人ほど、理Ⅱが2000人前後、理Ⅲが500人前後で推移し、どの科類も増加や減少の傾向はあまり見られない。

文科、理科全体では、ここ数年は文科の志願者数が4000人を下回るのに対し、理科ではほとんどの年で5000人を超える。文科と理科の比率を見ると、文科が理科の７割を下回る年もある。

この「理高文低」の傾向は全国的にも続いている。ただし15年度入試では、学習指導要領の変更で理系生に理科を広範囲で受験する必要が生じたためか、文科生数の低下が収まった。東大でも同様で、減少傾向に歯止めがかかった形となっている。

文転で目立つのは経済学部進学

入学後に文理を変更をする学生はどのくらいいるのか。15年度進振りでは第２段階までに理系から法学部に６人、経済学部に31人、文学部に20人、教育学部に10人が進学。文系からの進学者数は工学部に40人、理学部に４人、農学部に36人、医学部医学科に１人、医学部健康総合科学科に10人。教養学部は文系学科とされる教養学科に理系から10人、理系学科とされる統合自然科学科に文系から９人が進学した。

文転する人の中では、数学的な内容を扱う経済学部への進学者が最も多く法学部、教育学部に進む人は少ない。理転する人は、ほとんどの学科で要求科目（進学に必要な科目）を設けていない工学部と農学部に集中。要求科目をそろえづらい理学部や薬学部への進学はほとんどなかった。

2015年度進振りで文転した人数（第2段階まで）

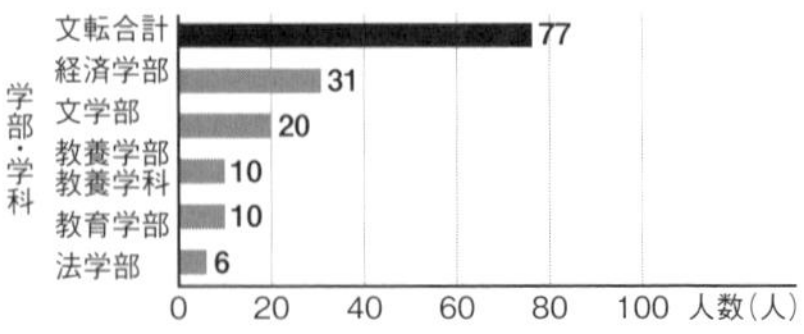

2015年度進振りで理転した人数（第2段階まで）

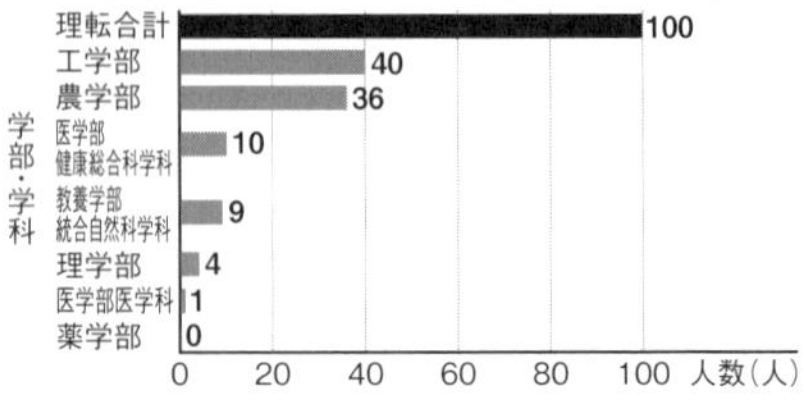

東大教員「地震」を語る

２０１６年は東日本大震災から５年という節目の年。
４月には熊本地震も起こった。
東大の教員に自身が研究する学問分野の観点から地震について語ってもらった。

政治学

三《み》浦《うら》瑠《る》麗《り》講師

06年公共政策学教育部専門職学位課程修了。10年法学政治学研究科博士課程修了。専門修士（公共政策学）、博士（法学）。16年より現職。著書は『シビリアンの戦争』（岩波書店）、『日本に絶望している人のための政治入門』（文藝春秋）など。『朝まで生テレビ！』（テレビ朝日）や『あしたのコンパス』（フジテレビのネット放送）などに出演。

震災で日本は変われなかった

——理Ｉ入学後に農学部へ進学しますが、大学院では政治や政策を学びます

神奈川の県立高校出身なのですが、高校の授業では現在で言う政治経済を学んでいません。総理大臣の名前も分かりませんでしたし、政治学という学問があることも社会科学という分野があることも知りませんでした。

理Ｉに入学後あまり勉強せず、進学振分け（現在の進学選択）で進学できる学部・学科は少なかったです。地球環境問題について勉強できそうだったので農学部の地域環境工学専修を選びました。が、この専攻は土壌の性質や水利工学など基礎が重要。想像していたような勉強はあまりできませんでした。

進路を考えるため1年留年している時に、ジャーナリストの船橋洋一さんが教えるゼミに参加しました。船橋さんは中国やワシントンで働いたことがあり、政治も経済も語れる国際志向の強い方で、ゼミでは広い世界を見せてくれました。社会科学という大きな海の存在を知り、新しく東大に設置された公共政策学教育部専門職学位課程に1期生として入学しました。政策など実務志向の強いことを学びました。

——法学政治学研究科博士課程に進み、博士論文「シビリアンの戦争：文民主導の軍事介入に関する一考察」を執筆します

普通の政治学者は、政治学の名著や論文を読んで教養を付け、博士論文を書きます。博士論文では、現代の問題

「微修正」ではない研究

はまだデータが十分でないので過去を扱うことが多いです。博士論文を書いて初めて、現代社会の問題を論じる時事的な興味にも手を拡げられます。しかし、私は政治学へ進むきっかけがそもそも時事問題だったので現代の問題にまず興味がありました。

特に関心があったのは留年を決めたころに始まったイラク戦争です。アメリカの軍人がイラク戦争に反対している点に興味を持ちました。こうした事象は、19世紀末に自由主義勢力の連立で成立したイギリスのアバディーン内閣が、軍人の反対にもかかわらずクリミア戦争に参戦した事実にさかのぼり、繰り返し民主国家に現れる現象だということも分かってきました。

そこでこのテーマを論文にしたわけですが、この研究は結果的にシビリアン・コントロールの根底を揺るがす問題提起を行いました。軍人は戦争をしたがって危険だから、職業軍人ではなく文民である政治家が軍隊の最高の指揮権を持つというのがシビリアン・コントロールの考え方です。しかし、その政治家を選出する主権者である国民が好戦的になれば、戦争が起こってしまいます。国際政治学の根底にある、自衛とはいえない戦争を起こすのは大日本帝国や帝政ドイツ、ナポレオンのころのフランスのような専制的な国家だとの考え方も崩したわけです。

とはいえ、現在の日本やアメリカ、フランス同士が戦争することは考えにくい。問題は、アメリカと対立している中国やイランの民主化が進んだ場合です。民主化しても相互に敵意が消えるとは限りません。民衆が戦争を支持し、民主的に選出された指導者が戦争を始める可能性があります。

――当時は研究にどんな面白さを感じていましたか

博士論文には、新たなデータや文献を見つけて先行研究に反論する「積み上げ式」のものが多い。私の研究はむしろ「イラク戦争」を知りたいという感情に基づいています。その結果、学問の常識がひっくり返ったわけです。きっと先行研究に反論するという目的を持って研究したらうまくいかなかったかもしれません。「微修正」でない研究に面白さを感じました。

カタストロフィーは起きない

――２０１２年３月に東日本大震災について論文を発表しました

東日本大震災の時に、私はリスク妊娠のため都内で寝たきりでした。絶対安静にしていなければならず、原子力発電所事故が拡大しても逃げられずに死ぬかもしれないと思っていましたね。出産後しばらくは会議の手伝いなどをしていて、研究と距離を取り「自分のことが止まった」時期でした。

しかし、ジャーマン・マーシャル・ファンドの研究員の友人から、発生から1年たった東日本大震災について一緒に論文を書くことを提案され、調査を始めました。博士研究は「イラク戦争を知りたい」という個人的な興味から出発しましたが、震災後は「日本への危機感」を感じていました。現実の政治環境を知るために政治家へのインタビューを始めました。結果、民主党政権に復興戦略が欠けていたと分かりました。

震災後、日本全体がカタストロフィーを望んでいました。震災によって日本社会が変わると主張する人は実際に行動に移すというより、日本が変わる気分だけで盛り上がっていたのです。

そして「震災時に社会人でなかった、なって間もなかった若者こそが偉い、社会を変えるはずだ」と主張する評論が出始めました。しかし、それぞれの世代は、若いころに何かしらの「事件」が起こり、世代の性質を規定される面があります。１９６０年代はベトナム戦争、２０００年代は９・１１やイラク戦争が「事件」に当たります。震災という「事件」が若者に与える影響は特別なことではなく、カタストロフィーへの期待に現実は伴いません。私にとって震災は「日本は変われない」という事実を突き付けるものでした。

——最後に受験生に向けてメッセージをお願いします

今の受験生は「変わりたくない日本」を生きる世代だと思います。日本は高齢化しています。高齢者は生きる中で築いた財産を失いたくないので、社会が変わることを望みません。

若者が社会を変えるためにできることは二つあると考えています。一つ目は政治で決めることを限るという方法です。多数決で決まる政治は少数者を抑圧します。民間が決められることが多い社会では少数者も自由に生きられます。もう一つが地域政党、一定の地域の小選挙区で支配的な政党を作って、政界に影響力を与えること。第1党が地域政党と連立内閣を組まざるを得なければ、地域の主張を通せます。

「変わりたくない日本」を生きる受験生へ

経済視点で歴史を捉える

経済学

粕《かす》谷《や》誠《まこと》教授

（経済学研究科）89年経済学研究科第2種博士課程単位取得退学。博士（経済学）。名古屋大学助教授などを経て、06年より現職。

——専門は経営史・金融史ですが、研究内容を教えてください

商売をしている家、いわゆる「商家」について幕末から明治期を主な対象として研究しています。一般に、明治維新という社会的混乱が起きて江戸時代までの商家がたくさんつぶれ、明治期になるとまた安定して倒産は減ったと思われがちです。ところが、調べるうちに一般のイメージは間違いだと分かりました。明治維新より前だけでなく、明治期も商家の倒産は多かったんです。

まず、なぜ間違ったイメージが形成されたのかから話します。日本史では安土桃山時代と江戸時代を近世、幕末・明治時代から太平洋戦争終結までを近代と区分します。そして、近世と近代で専門家は分業していて、お互いの研究内容を知りません。その結果、江戸時代から明治期までを一貫して考えるという視点を日本史研究者はあまり持てていません。

しかし、近世と近代という政治の視点から引いた区分とは別に、経済の視点から日本史を捉えられるはずです。ただ、江戸時代の資料には研究する上でいくつか問題があります。まず、江戸時代は全国が藩に分かれているため、全国統計がありません。そのため、藩以下のレベル、例えばある村の商業やある商家の歴史という規模でしか研究しにくいのです。また、商家はつぶれたらその商家で蓄積されていた記録を残す余裕はありません。現在まで伝わる資料は社会の混乱に耐えつぶれずに残った商家のものなので、資料を読むと江戸時代は安定していたとの印象を受けます。

私は大阪の両替商の名簿が定期的に刊行されていることに着目しました。両替商とは簡単に言えば現在の銀行に当たり、同業者の組合に入らなければなることができません。そのため、新規参入しにくく、競争相手が新たに出現しないため商家の入れ替わりは少ないはずです。しかし、両替商名簿を読んでみると倒産が頻繁で入れ替わりが激しかったことが分かりました。「江戸時代は封建社会であり、幕府や藩が民衆を抑え付けているので競争社会でなかった」との歴史観が覆りました。むしろ享保の改革以後、生産の増加分は農民の収入となって商品作物の生産が増大するなど、近代の資本主義的な面が江戸時代にはあります。

そして明治維新の社会混乱で多くの商家がつぶれますが、明治期の倒産率も維新期よりは下がるとはいえ高い水準でした。日本は資本主義の競争社会となったので当たり前とも言えます。経済史的視点からは江戸時代と明治期の間に断絶はないんです。

――明治期以降、地震は経済にどんな影響を与えてきたのでしょうか

高校日本史の教科書に載っていますが、１９２３年の関東大震災で銀行の手形が大量に決済（お金のやり取り）不能になり震災恐慌が起きました。また27年には震災手形の処理を巡る片岡直温大蔵相（当時）の失言で取り付け騒ぎが発生して、金融恐慌もありました。

関東大震災後の復興に資産家が貢献した面もあります。震災前まで東京は江戸時代の町割りを引き継いでおり、道路が狭く火事が広がりやすいなど問題を抱え、それが震災の被害を大きくしました。また公園は災害時の避難場所や活動拠点となりますが、整備不足でした。震災前後に三菱財閥の岩崎久弥などの資産家が自身の庭園を東京市に公園として寄付します。東京市長の後藤新平は、震災後に道路と公園を整備し現在の東京の原形を作りました。

――現在の経済や金融は経済史的視点からどう捉えられますか

近年はコンピューターが発達し決済も電子化され、さまざまな商取引がインターネットを介して行われ、決済のコストが下がっています。一方でシステム障害や不正操作、サービスの突然の終了などで決済不能になったり自分のお金が一瞬にしてなくなったりする危険性があります。長い間、紙とペンと活字で決済してきましたが、ここ30年ほど急激に電子化が進む中でお金の流れは劇的に変わっています。

工学

笠原直人《かさはらなおと》教授

（工学系研究科）84年工学系研究科修士課程修了。博士（工学）。動力炉・核燃料開発事業団、フランス原子力庁カダラッシュ研究所などを経て、08年より現職。

安全に絶対はない

——原子力発電の仕組みについて簡単に教えていただけますか

ウランなどの燃料が核分裂する際に出る熱で水を蒸気にし、その蒸気でタービンを回して発電しています。核分裂が終わった後もしばらく熱（崩壊熱）が発生するので、その熱を冷ますための水が発電停止後も循環しています。

——２０１１年３月に福島原子力発電所で水素爆発が起こった原因は何でしょうか

一番の原因は、発電所の電源盤が地下の部屋に設置されていたことでしょう。地震直後に核分裂は止めることに成功しました。しかし、津波が地下にあった電源盤の部屋に流れ込み、全電源を喪失しました。結果、崩壊熱で高温となった原子炉に冷却水を送るポンプが動かず、原子炉の状態を確認するための計測器も使えませんでした。電源がなくても冷却できる仕組みはありましたが、それが動くのに必要なバルブが閉まっていて作動しませんでした。

原子炉を冷却できなくなると炉内の水が干上がります。その結果ウランを入れている金属の筒（燃料棒）が超高温となり水と反応して水素が発生します。高温になり穴が開いてしまった容器（原子炉格納容器）から水素が漏れ出し、原子炉建屋内で引火して爆発が起こりました。

——海外の原発と比べて日本の安全対策はどうなっているのでしょうか

そもそも絶対安全はありません。例

えば、自動車だって事故に遭う危険性がありますよね。危険性が社会で決められた基準より小さいので安全だとみなして、みんな使っています。安全か決めるには基準が必要なんです。

　問題なのは安全でないのに安心してしまうこと。震災で津波被害を受けた市町村の多くは、津波が押し寄せるとどの地域が危険かを示すハザードマップを震災前に作っていました。しかし、その危険か安全かという判断も、津波の規模などを仮定した「ある基準」に基づいています。それを知らないと、ハザードマップで危険だと示された場所からほんの少し離れただけで安全だと考えます。東日本大震災で死亡者が多かった場所はハザードマップで危険と示された地域の少し外側でした。

　日本では、「安全安心な○○」というように安全と安心を同じ意味かのように使っています。日本の原発関係者は安全対策に注力してきたので「事故は起こらないだろう」と慢心し、国民は「事故が絶対起こらない」安心を求めていました。しかし、安全だからといって決して安心できないのです。

　海外の原発では「事故は起きるもの」だと考え安心しません。海外ではそれなりの頻度で停電が起こるという背景もあり、緊急用設備の整備や事故が起こった場合に被害を最小限にする訓練が行われていました。

　想定できない原因で事故が起こることがあるので、完璧な事故対策は難しいです。「事故が起こった場合に被害をどう小さくするか、どの程度なら大事故に至らないか」を考える思考法に日本も変わらなければなりません。

　しかし「安全だと言っているのになぜ事故が起こった場合の対策が必要か」と反論する人がいます。そういう人に対して「安全に絶対はない」と技術的に冷静な主張をし、事故が起こることが前提の対策を進めることが、福島の事故を教訓として原発の大事故をなくすための正しい態度だと思います。

――最後に工学を志す高校生にメッセージをお願いします

　理学と工学の違いを高校生には知っておいてほしいですね。理学は、自然の真理を探究して法則などを見つける学問です。工学は理学で得られた知識を社会に役立たせることが目的なので、工学者や技術者は「社会とは何か」も考えることが必要です。原発の工学者は大事故を起こさないように人や組織の特性を理解した上で「安全」を深く考えることが求められます。技術と社会の両者を考えるのは複雑で難しいと感じるかもしれませんが、工学以外に物事の本質について考える哲学などを勉強するのも役立つと思います。

医学

佐《さ》々《さ》木《き》敏《さとし》教授

(医学系研究科) 94年ルーベン大学大学院医学研究科博士課程修了。博士(医学)。国立がんセンター研究所支所臨床疫学研究部室長などを経て、07年より現職。

予防は治療に勝る

――公衆衛生学が専門とのことですが、研究内容を教えてください

「衛生」とは健康に生きられる環境のことです。公衆衛生学では人の集団を対象として空気や水、食べ物の環境を考えます。研究手法は実験ではなく調査です。多い場合は何万人規模の集団を調べます。

人は、どの空気を吸うかは取捨選択できません。水についても、基本的には水道水を飲むしかない。一方、食べ物はある程度自分で選べます。空気や水が「公」だとしたら、食べ物は「公」としての側面だけでなく、各人の自由が利く「私」としての側面も強い。両方あります。そこが研究の面白さであり難しさです。私は食べ物と健康の関連について特に研究しています。

例えば給食も研究対象です。全国10カ所の小中学校生が食べた食事を3日間にわたって調べました。すると給食と比べて家の食事の栄養バランスが悪いことが分かりました。

もしも給食がなければお昼がお菓子とコーラなんて子も出てくるでしょう。経済的に余裕がなくてお弁当を準備できない家庭もあります。給食はおいしくないという思い出がある人もいるでしょうが、給食が健康面からこの国の基礎を支えています。

――公衆衛生学は地震とどう関わっていますか

災害時には、水や食料の支援はなかなか思うようにうまくいきません。大切なのは、災害があった際に支援に参加するのではなく、その様子を観察し、研究し、記録を残すことです。これは災害に限らずいろんな場面で大切です。例えば、エベレスト（チョモランマ）のような高い山の登山隊には記録係が必ずいます。役目は「観察とその記録」です。登山の手伝いはしません。しかし、次に同じ山に登る人の役に立ちます。災害も同じです。

――阪神淡路大震災や東日本大震災、熊本地震の記録はどのようなものなのでしょうか

阪神淡路大震災は直下型地震だったので、建物が倒壊するなど大きな被害が出ました。倒壊した建物で被災された人は外傷がひどく救急隊や救急医療チームが活躍しました。しかし、被災した範囲は比較的に狭かったので水や食料、医療・医薬品を運ぶことは比較的に容易でした。

一方、東日本大震災は、被災地が広大で、被災者数があまりに多い上に被災した道を長い距離移動しないと食べ物を運べなかったため、食料不足・栄養不足が大きな問題になりました。栄養バランスの良い大量の食事を長距離運ぶなど日本の歴史の中では考えられてこなかったことでした。

我が国では、食べ物の中にどのような栄養素やからだに役立つ物質が入っているかといった、実験室型の栄養学が盛んです。一方、社会のなかで食べ物をどのように配分し、それを人がどのように食べれば健康が保てるのかといった、人（集団）を対象とした栄養学（公衆栄養学）はあまり行われてきませんでした。公衆栄養学による研究や調査結果の不足のために、自信のある行動計画を立てることができず、苦労したわけです。

熊本地震は阪神淡路大震災と同じ直下型です。しかし余震が続いたので、家に戻れず、避難所や車の中に大勢の人が避難しました。そのために避難所が提供する食事の栄養について調査する必要が出てきました。東日本大震災などの経験と教訓を生かして、熊本県や地域の保健所が中心となり、調査が行われたそうです。その結果は急いで集計され、どのような食べ方を心掛けるとよいかについて、避難されている方や支援に当たっておられる方に向けて提供されたと聞いています。

ところで、緊急時の調査にはある程

図1
熊本地震

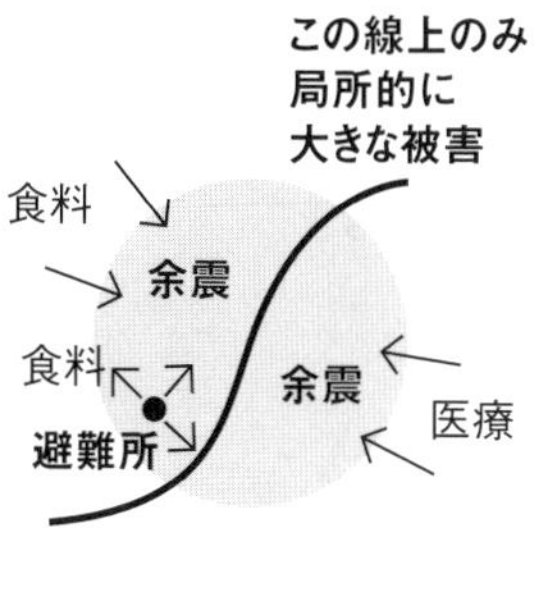

度は誤差が付きものです。それでも、（それを踏まえつつ）早く公開することが大切です。また「避難所暮らしだと栄養が足りなくなる」といううわさが根拠なく出回ることを防ぎ不安を抑える効果もあります。

――東日本大震災の話に戻りますが、放射能汚染された食品による健康被害についてはどう考えていますか

福島の原子力発電所事故で汚染された食品を食べると本当に健康被害があるかどうかは明らかにはなっていません。マウスなどの動物で実験して健康被害があるとの結果が出たとしても、人間でも同じ結果になるとは言い切れないからです。

図2

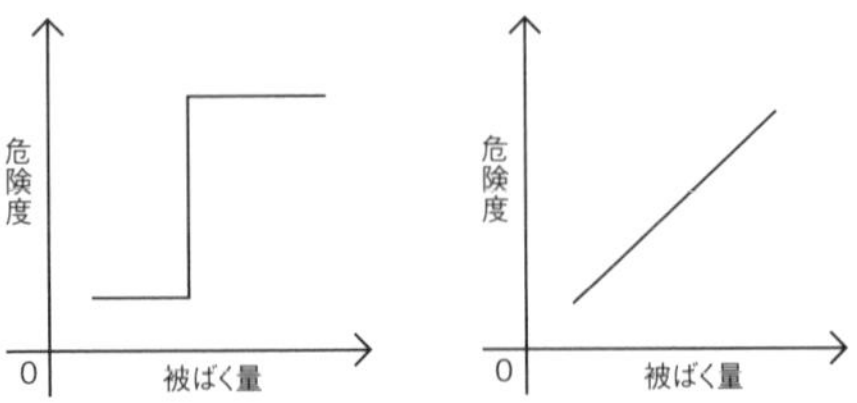

放射線の被ばく量が増えると生命への危険度は増します。ただ、被ばく量と生命の危険度の関係は図2の図表のうち右のグラフのように比例します。左のグラフの関係にあれば、一気に増える値を被ばく量の上限にすべきという話になるでしょう。しかし、右のグラフでは難しいです。どこまでの被ばく量までなら許容してよいのかという議論をせずに「放射能が危険」と主張するのはナンセンスです。

ところで、チェルノブイリ原発事故後に周辺住人の中に甲状腺がんを発症する人が見られました。でも、甲状腺がんは放射能以外の原因でも起こることがあります。「甲状腺がん＝（必ず）被ばく」とはいえないのです。その因果関係を明らかにするためには放射能がどれだけある食材をどのくらいの量食べたかの調査が必要です。調査されるご本人には利益はないですが、将来の子孫の健康のために、生活に根差した調査へのご負担をお願いすることになります。

――最後に医学を志す受験生へのメッセージをお願いします

患者を治療する医師に憧れて医学を志したという人が多いかもしれません。でも、命を最大限に生かすなら病気にさせない方がもっといい。「予防は治療に勝る」という言葉があります。病気を患った個人を治す医学だけでなく、社会全体を健康に保つ医学（公衆衛生学）にももう少し目を向けてもらえたらいいなと思います。

教えて赤門！《後期課程編》

見学に来た高校生たちが自分の下を通っていくことに
名状しがたい優越感を抱くのだと赤門は力説する

月日は流れ、のび太くんは成績を伸ばし東大理科Ⅰ類に合格。しかし受験で燃え尽き、大学へ行かず合コンに「友達」から誘われ何となく参加する「周りに流され野郎」と化していた。

赤門　おい、のび太！　そんなに遊んでいられるのも2年までだぞ。

のび太　本郷生って何が忙しいんだよ

赤門　理系3年の多くは、午後に実験や実習の授業があり、時間内に終わらなければ授業時間外まで続くのだ。法学部は定期試験勉強が大変だし、それ以外の文系学部もゼミが始まるとこがあるなど理系よりコマ数は少ないなりに忙しい。長期休暇中も実験のために大学に行ったり、インターンシップに行ったりと予定が埋まるのだ。

のび太　変に説明口調でうざ。っていうかインターンシップって何だよ。

赤門　学生のうちに企業で働く経験をすることで、略してインターン。期間は1日のものから数カ月、1年以上のものまでいろいろある。多くのインターンに面接などの選考があるから、参加するまでも大変なのだ。学部卒で就職する人は4年になったら就職活動を始めるので、3年から4年の前半あたりでインターンに参加する人が多い。

のび太　みんなそんなに働きたいのかよ。なら大学院行こうかな。

赤門　大学院だと学部よりも深く学問を学ぶことになるから、より探究したいテーマがないとつらいぞ。

のび太　人生八方ふさがりだ……。

赤門　大学時代はモラトリアム。悩むのだ、青年よ。困った時はこの秘密道具を使いなさい。

のび太　東大2017　とんがる東大??　何だこの本？

完

※大学に入っても本書は役立ちます。

銀《ぎん》杏《なん》グラフィティー

③本郷編

作・satsumaimo
(東大まんがくらぶ)

なんで私が合コンに
…って感じだ
うえ〜い!!
ユカちゃん2次会いこーぜ〜
水素結合て いうのは……
きっかけはこのラボの先輩(博士)
彼女にフラれたつらい
おい横田合コンを企画しろ
立ち直りはやっ!
その後ひさびさにクラコンがあり——
えーじゃあやろうよ〜
ユカちゃんも会いたがってるよ〜!
おっ横田にもついに春がくるか!?
やめろよ….
…ん?
明日も実験したいし早く帰らなきゃな….
WC
あの席…保坂だ!
しかも女子と2人きりだ…
やっぱ遠距離になってもたらしゃーないのかなァー
ウチを捨てるとかホンマセンス足らへんわーあいつ….
…きた! これはいける
俺にも春がきたぞ…!!
……
そうだな
スッ…

用語解説

【合コン】出会いに飢え過ぎてなりふり構わなくなった男が、絶対に趣味も合わなさそうな女子大生のために、余計な金を使い、気も遣い、結局何の成果も得られない場。

【ラボ】理系における実験室のこと。文系ではゼミと言う。憧れの研究生活とは裏腹に、体のいい無給労働をさせられる。教授の思いつきで(しばしば無駄に終わる)面倒な下請け実験をやらされ、セミナーや中間発表のスライド作りで土曜も日曜もなく、毎日終電で帰る。おまけにタチの悪いオタクの博士たちと毎日顔を合わせないといけない上に、閉鎖空間特有の人間関係のギスギスはもれなく全部入りなので、多くは精神を病む。普通だったら給料が出てもしたくないような生活を、逆に学費を払ってまでしているのである。よって「ラボ畜」は全員人智を超越した変態である。

【クラコン】一年生クラスの飲み会・同窓会。二年の終わり頃には数人しか集まらなくなり、誰が留年したかなどの噂をまことしやかに交換するだけの非生産的場と化す。

じゃあ
俺と・・・
セックスしようぜ
ガシャーン
なんだ向こうの席
修羅場か修羅場か〜?
あんたなァ・・・
そんなんやから童貞言われるんや
出直してきィ!
ま・・・待て悪かった!
・・・・・・
保坂 お前・・・
・・・あれはお前が悪い
だって・・・あんなこと言われたら脈アリって思うじゃん!
脈アリだったかもしれないけどさ あんな言い方じゃそりゃ怒るだろ 女の子に・・・
あいつは違うの! 下ネタとか通じる女だったの!
普通の女みたいなことしやがって・・・幻滅だ!
意味分かんないぞ・・・・
ふら ふら
あっ 横田くんいたんだ〜
どーして二次会来なかったの〜〜?
おう星野 さっきはどうも
ちょっと知り合いの世話してて・・・
あっさっきの人お友達だったんだ〜!
やっぱ横田くんは神だから〜〜〜! エライな〜〜〜〜!
面倒見良すぎの神!
ウエーイ!
・・・横田くんて優しいんだね
お・・・おい やめろ
コイツが余計落ち込むだろ!!
ごっ ごめん

二七六ページに続く

第4章

あっという間に大学生活は終わってしまう。
官庁や企業に就職してキャリアを積む人もいれば、
大学院生や研究者としてさらに学びを深める人もいる。
卒業はあくまで通過点。東大生は社会でどうとんがっているのだろうか。

る

将来編
社会でとんが

東大生アンケート将来編

学部卒後の進路予定

進学は2005年以降半数を超えている。文系は23・0%、理系は70・6%が進学を希望。大学院へ進学する理由としては「より高度の知識・技術を身に付けるため」が最も多かった。就職（起業を含む）は、文系が59・8%で理系が15・1%だった。

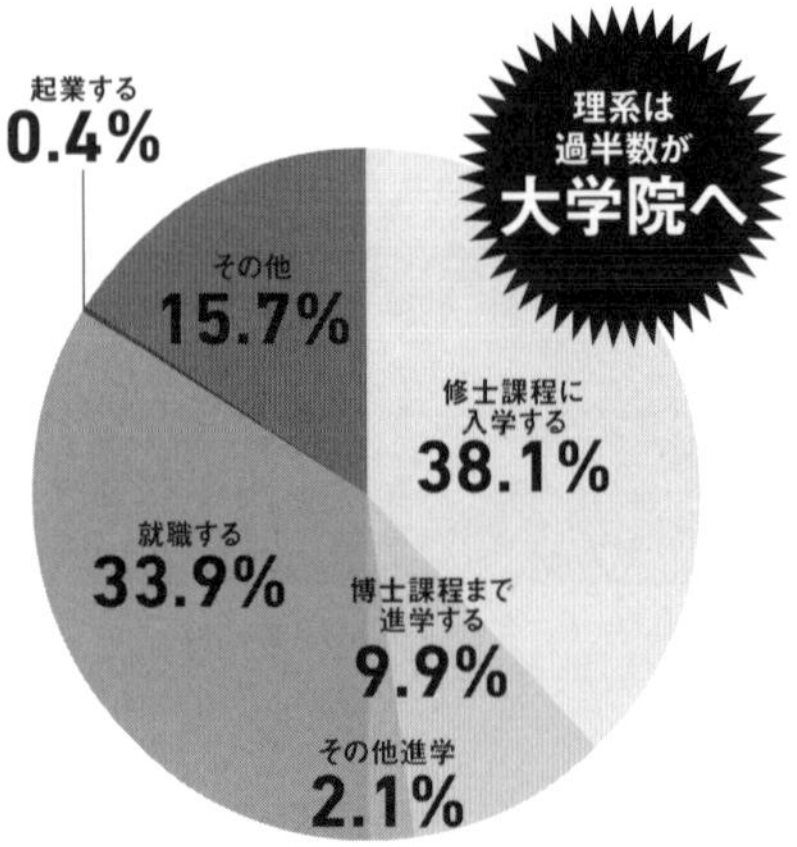

就職希望職種

理系で目立つのは研究職や専門職（医師など）、文系では行政職（国家公務員など）や専門職（法曹、公認会計士など）が多く、大学で学んだ専門知識が直結する職種に就きたいようだ。公務員人気が低下しているが、文系で最も割合が高いのは行政職だ。

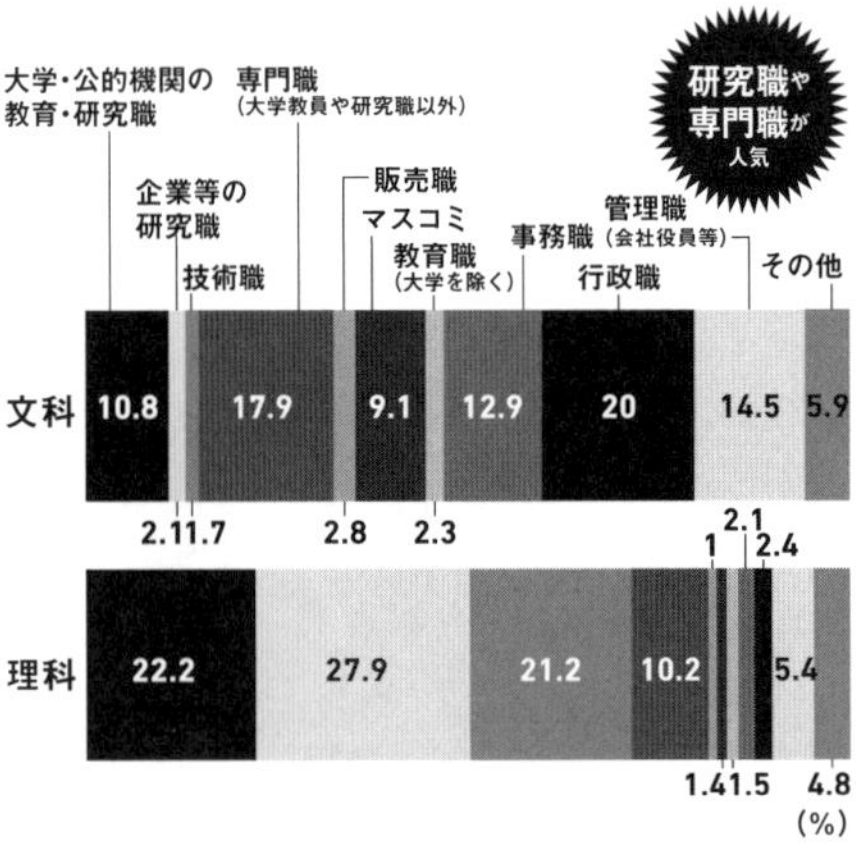

就職希望職種の理由

文理全体で最多は「自分の特技・能力や専門知識を活かせる」。希望職種に研究職や専門職が多いことと対応している。人助けや社会奉仕になるとの理由も特に文系で目立ち、安定した生活や十分な収入を望む人よりも多い。東大生の利他的な一面の表れといえる。

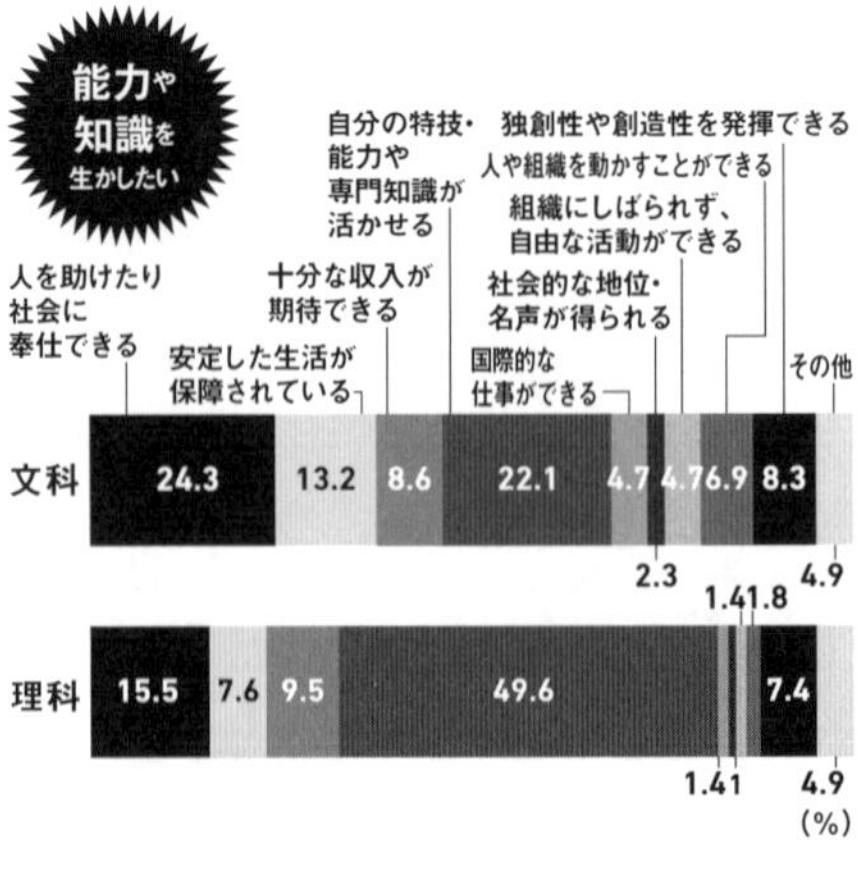

【出典】2014年学生生活実態調査

起業という冒険《アドベンチャー》

英語のventure（ベンチャー）とは、冒険的事業を意味する。

近年、日本では新規事業や新技術を基にいわゆる「ベンチャー企業」（以下ベンチャー）を設立する動きが高まり、東大が関係するベンチャーも増えている。起業家はどんな思いで危険が伴う冒険に出るのか、東大でベンチャー設立を推進する各務茂夫教授（産学協創推進本部）と東大卒・在学中の起業家に取材した。

東大発ベンチャーって何だ？

表1　大学発ベンチャーの定義

1〜5のいずれかに該当するもの

1.研究成果ベンチャー:大学で達成された研究成果に基づく特許や新たな技術・ビジネス手法を事業化する目的で新規に設立されたベンチャー

2.協同研究ベンチャー:創業者の持つ技術やノウハウを事業化するために、設立5年以内に大学と協同研究等を行ったベンチャー

3.技術移転ベンチャー:既存事業を維持・発展させるため、設立5年以内に大学から技術移転等を受けたベンチャー

4.学生ベンチャー:大学と深い関連のある学生ベンチャー

5.関連ベンチャー:大学からの出資がある等その他、大学と深い関連のあるベンチャー

出典:平成27年度産業技術調査事業（大学発ベンチャーの成長要因施策に関する実態調査）報告書

経済産業省が16年4月に発表した報告書によると、東大が表１のような形で関係するベンチャー「東大発ベンチャー」の設立数は１８９で、２番手につける京都大学の倍以上（図１）。背景として、産学協創推進本部を中心とした東大のベンチャー育成システムがある（図２）。

産学協創推進本部は、起業相談窓口を設置するとともに、学生に向けた取り組みとして「アントレプレナー道場」という起業の基礎を学びビジネス・プランを競い合う場を提供。東大全体の産学連携体制の支援・整備を行う。

東京大学エッジキャピタル（ＵＴＥＣ）は、ベンチャーにお金を投資することで起業や事業を支援するベンチャーキャピタル（ＶＣ）だ。投資したベンチャーが事業で利益を出したら、お金を返してもらう。東京大学ＴＬＯは、大学の研究成果である特許や発明を産業界に橋渡しして製品化などを実現する組織。企業に東大の研究成果を活用する許可を出したり、東大の研究を企業へ売り込んだりする。

産学協創推進本部とＵＴＥＣ、東京大学ＴＬＯは「産学連携プラザ」という本郷キャンパスにある建物に集まっており、研究成果の発掘から起業・事業化に至るまで一貫した支援を行う。

図1　大学発ベンチャーの大学別企業数（上位5校）

順位	大学名	2015年度時点企業数	2008年度時点企業数
1	東京大学	189	125
2	京都大学	86	64
3	大阪大学	79	75
4	筑波大学	73	76
5	早稲田大学	65	74

図2 東大のベンチャー育成システム

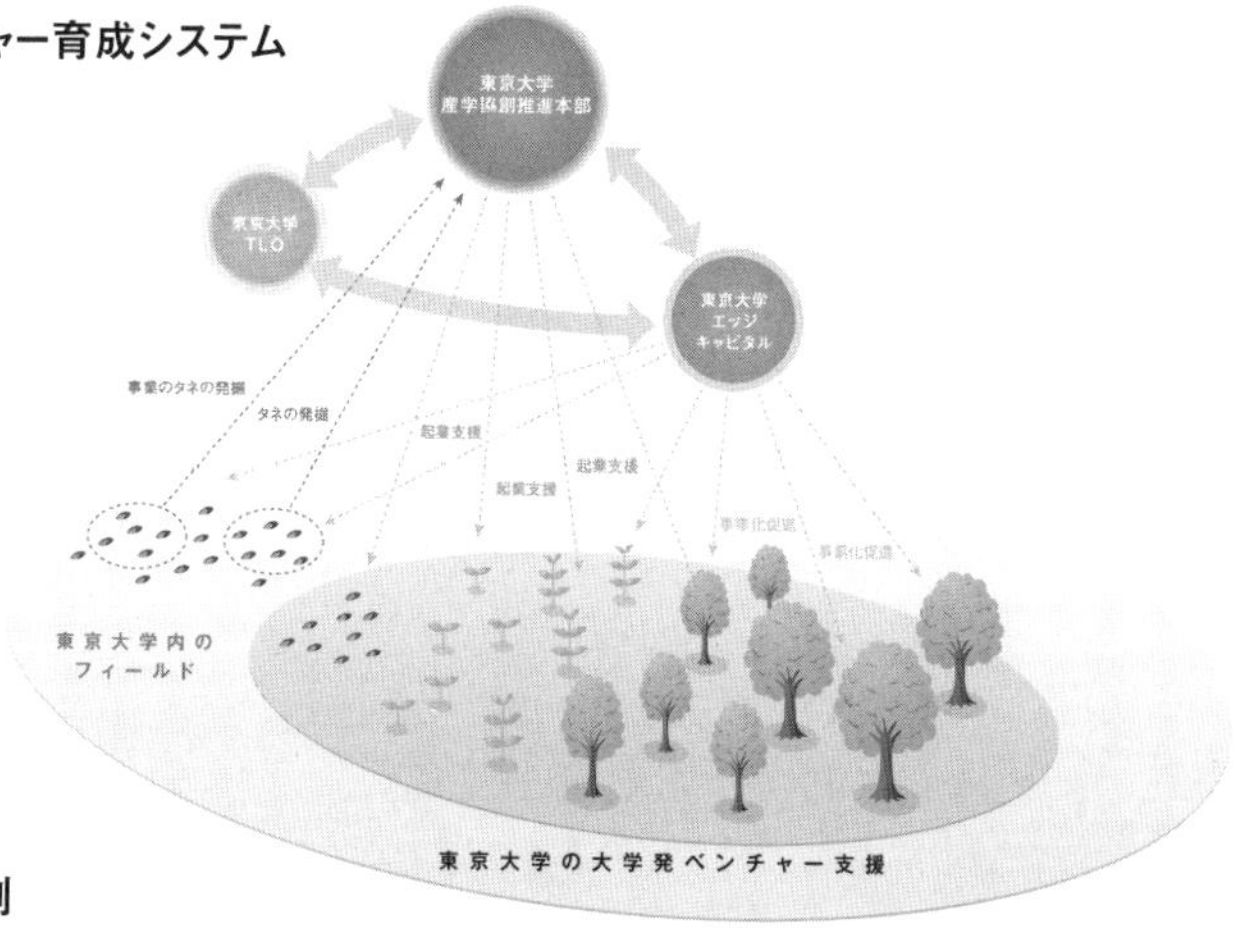

東大発ベンチャーの例

Nicogory Inc.

Nicogory代表取締役
浦野《うらの》 幸《さち》さん

法律関係のトラブルにどう対処すればいいかを各人の思考や語彙に合わせ、一般人にも理解しやすく示すウェブサービスを提供する。問題に応じて適切な専門家を紹介。一般人と法律の間の壁をなくし「自分の人生へ積極的に参加する」世界を目指す。

ユカイ

ユカイ工学代表
青木俊介《あおきしゅんすけ》さん

音声メッセージをやり取りしたり付属センサーで家族の帰宅や温度湿度を確認したりと、外出先の家族が家を見守ることができるロボット「BOCCO」などを開発。生活に溶け込んだ親しみやすいロボット開発で業界から注目されている。手に持っているのがBOCCO。

HIKARI Lab

HIKARI Lab代表
清水《しみず》あやこさん

ニュージーランドで作られた、認知行動療法の考えやリラックス方法を楽しく学べるRPGゲームアプリ「SPARX」の日本語版を提供。パソコンやスマートフォンでお互いの顔を見ながら行うオンラインカウンセリング事業も展開している。右はSPARXの画面（画像は代表の清水あやこさん提供）。

popIn

popIn代表取締役
程《てい》 涛《とう》さん

ウェブサイトの記事の読了率や読了時間を測って読者の満足度を分析する技術「READ」などのシステムを開発・運用している。15年5月には、中国のウェブ検索サービス最大手「百度」の日本法人に推定10数億円で買収された。

各務茂夫《かがみしげお》 教授

産学協創推進本部イノベーション推進部長。
82年一橋大学を卒業し、
ボストン・コンサルティング・グループ、
コーポレイトディレクション、
東大大学院薬学系研究科などを経て、
04年産学連携本部事業化推進部長。13年より現職。

大企業が経営破綻するような変曲点を迎えている

近年の東大発ベンチャーの活躍を推進しているのが産学協創推進本部イノベーション推進部長の各務茂夫教授。「時代が変曲点を迎える中、起業は人生の選択肢の一つ」だと語る。高校生に向けて、どうすれば大学生が起業できるのか、ベンチャーが増えると日本はどんな将来像を描けるのかについて聞いた。

——どんな東大生が起業していますか

「自分で自分の将来を切り開こう。未来を予測するベストな方法は、自分でつくることなり」という考えを持つ東大生ですね。昔なら中央官庁のエリートを目指したような人たちです。また、大学の研究成果を基にベンチャーを立ち上げたい理系大学院生や博士研究員も増えています。近年東大生の間で起業する機運が高まっているのは、ミドリムシを使った食品・化粧品開発で有名なユーグレナ代表取締役社長の出雲充さんなど、手本となる成功事例が増えているからでしょう。

大企業が経営破綻するような変曲点を時代が迎えていることもベンチャー増加の背景です。有力米国大学の優秀な学生の中に「起業することがリスクが一番小さい」と考える人が多く、日本にもそのような人が増えてきました。

——起業するのが理系出身者か文系出身者かで、会社の事業に違いはありますか

理系出身者は技術力を生かしたベンチャーを作ることが多いですね。特許などを取った技術があればそれが他社にない「武器」になりますから。文系出身者の場合、世の中が変わる好機を捉えて起業する人が多いです。例えば、法律が改正されて生命保険をインターネットで売れるようになったので、ライフネット生命保険代表取締役社長兼ＣＯＯの岩瀬大輔さんは、インターネットを中心に生命保険を提供する会社を起業しました。

——ベンチャーはどうやって立ち上げて成長していくのでしょうか

まず、起業して何の問題をどんなアイデアや技術で解決できるかを考えま

取材・撮影：横井一隆

東大をイノベーションの世界拠点へ

す。例えばユーグレナの出雲さんはバングラデシュへ行って、食べ物はたくさんあっても栄養が偏って健康問題が生じていることを知りました。ミドリムシが高い栄養素を含んでいることを知っていたこともあり、ミドリムシの大量培養で健康問題を解決しようと決意します。出雲さんのように強烈な体験が基となって起業する人は多いですね。

解決したい問題と解決するためのアイデアや技術を事業化構想にまとめたら、それを実用性が高くてこなれたものに洗練する必要があります。自分のアイデアは実現し得ると示すための実証可能性確認「プルーフオブコンセプト（ＰＯＣ）」を経て試作品を作り、改善を重ねて実用化に至ります。研究者の卵である大学院生の場合、できればＰＯＣや試作品の段階では文部科学省や経済産業省の補助金を使って大学で研究を洗練した方がいいです。産学協創推進本部は、大学の研究を基に起業したい人に向けて、アイデアを洗練させる段階か起業する段階かを見極めて助言します。

起業する段階になれば、必要な資金を確保しなければなりません。多くのベンチャーがベンチャーキャピタル（ＶＣ）から資金を調達します。一緒に起業する仲間も大事です。取引をする大企業や顧客を探しますが、新参者なので実績がなくてなかなか信頼されません。しかし、このハードルをどう乗り越えるかが大事になります。

さまざまな企業相手に売り込みをし

て最初の顧客を見つければ、他の会社も「あの会社が取引しているベンチャーなら」と思って顧客になってくれます。ユーグレナの出雲さんの場合、５０１社目に売り込みに行った伊藤忠商事が最初の顧客となったようですが、ベンチャーが顧客を見つけるのはすごく大変です。今や世界を代表する大企業のグーグルも設立から3年ほどは売り上げがほとんどありませんでした。

　次に事業を拡大して、利益を増やし「上場」します。上場とは、証券取引所で株式が売買されるようになることで、株で資金集めができるのが利点です。また、経営を株主に監視され、財務状況を公開する必要があるため自然と健全な経営になります。

　一方米国では、大企業がベンチャーを買収する場合が多いです。新規事業は利益が出るまで時間がかかり、大手上場企業は新規事業を始めづらいのです。そこで大企業は、リスクをとって事業拡大したベンチャーを買収しようとしています。

——大学発ベンチャーが増えることでどんな日本の将来像を描いていますか

　大学の研究を活用したイノベーションが進みます。昔から大学はイノベーションの宝庫でした。例えば味の素という会社は、うま味成分を発見した東京帝国大学理学部の池田菊苗教授（当時）の研究成果が基になって誕生したものです。

　戦後の経済発展の中心にいた大企業は、大学と距離を取り独自にイノベーションを進めてきた面があります。経営破綻する大企業も現れ閉塞《へいそく》感が漂う今、もう一度大学発のイノベーションを活用したベンチャーが社会を変えていく時代だと私は考えています。

　私は日本にベンチャー精神がないという風に悲観はしていないんです。というのは、現在身の回りにある、生活を支えている製品を提供する企業の多くは80年代以降に生まれたベンチャー企業だからです。

　今、東大や他の国立大学が新たに始めているのは、大学の研究成果をシステマティックに事業化すること。大学がＶＣを持ったり、同窓の先輩起業家が学生の起業を支援したりして、資金や人材の提供、起業教育策を通してイノベーションが次々と起きる循環、つまりエコシステムができつつあります。東大はそんなイノベーション・エコシステムの世界拠点を目指しています。

伊藤豊《いとうゆたか》

スローガン代表取締役社長

96年理Ｉ入学。
00年文学部行動文化学科心理学専修課程卒、日本ＩＢＭ入社。
「人の可能性を引き出し、
才能を最適に配置することで、新産業を創出し続ける」
を使命に05年スローガン設立。

社会に出たらウケがいいものを学ぼうと思った

開成高校、東大、日本ＩＢＭというエリート街道を経て、自分の「とがった部分」を失ったと感じて起業したスローガン代表取締役社長の伊藤豊さん。同社が運営する「Ｇｏｏｄｆｉｎｄ」は、年間1万人以上が登録するベンチャー企業の就職情報サイトに成長した。「ネタで学科を選んだ」という学生時代から、起業に至るまでの経緯、高校生へのメッセージを聞いた。

――どのような学生生活を過ごしていましたか

理Ｉに無事入学して受験勉強を終え、目標を見失いました。オリジナルバンドを組んで、毎日カラオケするような日々は楽しかったですが、空虚な生活を過ごしていたと思います。そのため学部２年の進振り（現在の進学選択）の時点で「早く社会に出て実のあることをしたい」という思いが強かったですね。理系だと多くの場合、院に進学し大学に残ることになるので文系学部も含めあらゆる選択肢を考えました。

この時重視したのは「ネタになるか」ということ。社会に出た時「東大出て何を勉強してきたの」と言われた時、ウケが良いものを選ぼうと考えました。そこで、何となく興味ある人が多い心理学を専攻することにしました。

――日本ＩＢＭに入社してからは、どのようなお仕事をされていたのですか

入社して最初に思ったのは、「俺、普通になっちまったな」という感覚でした。なにせ当時は２万人社員がいて、自分はそのうちの５００人の新卒の中の一人にすぎない。

大学に入った頃までは、自分のユニークさをアイデンティティーだと感じていました。栃木の実家から新幹線で開成高校まで通ったこと、オリジナルバンドを始めたこと、そういった「とがった部分」が薄れていっていることに気付きました。このまま働いていても、平均より裕福なサラリーマンにはなれるかもしれないけれど、そこで終わってしまうと思いました。

部署を異動して、自分のやってみたい仕事にチャレンジしようと思った時

取材・撮影：横井一隆

に、上司から「お前、ちゃんと勉強しているのか」と言われました。目の前の仕事のために勉強もしていないのに、異動なんかできないぞ、と言われたのですね。そこで一念発起して、2年間ほどはありとあらゆるビジネス書を読みつくしました。

その後、30人ほどの小さな会社への出向が決まりました。この出向は、自分の中でひとつの転機になりました。本社にいた時は、やるべきことのかなりの部分は、既にやられていました。しかし、この小さな会社では、やれることが目の前に広がっていたのですね。全く整っていない環境で、自分で仕事を見つけ解決していく、この繰り返しでした。

この小さな会社で働いて初めて「仕事って面白い」と思うようになりました。その後2年間でひとつの事業を作り、自分で回していく経験は、非常に刺激的でした。社長との距離が近くて経営者という職業の具体的なイメージも湧きました。

——それから、どういった経緯で起業に至ったのでしょうか

その後、また本社に戻ることになりました。そのころから、起業を考えていましたが、一方で「社内の20代の中でイケてる」と思われなかったら、起業してもうまく行かないと感じました。だから「1年間だけ社内評価のために頑張る」ことを心に決め、必死に働きました。社内で良い評価を得ることができ、自分的に準備ができたと思い、退職を決めました。

——起業するにあたっては、どういった事業をやるか決めていたのですか

問題意識として感じていたのは「才能のミスマッチ」でした。自分は、特段意識せず日本ＩＢＭを選びましたが、出向して小さな会社に行ってはじめて、仕事の楽しさを実感しました。世の中の大多数の学生は大企業に行きがちですが、往々にして小さな会社の方が仕事にやりがいがあります。そもそも、大企業というある程度出来上がった仕組みの中では、優秀な人が行かなくても回ることが多い。

また、少子高齢化して産業も成熟している日本がビジネスの場としての魅力を失っていることに危機感がありました。実際、外資企業の日本支社は次々と縮小していました。そこで、優秀な人材がベンチャーへ就職するのを促して日本に「新しい産業」を作ろうと考え、２００５年末、28歳の時に起業しました。

――起業するに当たって、ためらいはありましたか

全くありませんでしたね。誰かが作った装置の上で食っていく見せかけの実力ではなく、ゼロベースで価値を生める力を付けようと思いました。だからある意味で「安定を求めて起業した」わけです。

もっと言えば、起業した方が存在として面白いと思ったのですよね。２年後の将来を想像した時、ひとつには、ＭＢＡを取る道もありました。しかし、東大卒で一流企業を経てＭＢＡとった30歳って別に面白くないじゃないですか？普通に優秀そうなだけで。それよりも、結局うまくいかず無一文になっても、起業したほうが絶対に面白い存在になる。無一文になったらなったで、東大卒で一流企業を辞めて起業して失敗した人って存在として面白いというか珍しいじゃないですか？「お前、バカだな」って面白がってきっと助けてくれる人がいると思いました。

――起業してどんな困難がありましたか

大企業だと当たり前のように取引があって利益が出ますが、起業してゼロからブランドを作っていくのがこれほど困難なのかと思い知らされましたね。「社会のため」に漠然と起業しましたがうまくいかず「顧客である起業家に感謝されて、その代わりにお金をもらうんだ」という風に「顧客となる社会の誰か」のために働かないとビジネスは成り立たないと気付きました。

そこで、まず起業家にヒアリング調査をして、事業を発展させてくれる挑戦的な社員が不足しているのがベンチャーの抱える問題だと分かりました。それまでも学生向けにベンチャーへの就職を促す活動をしていましたが、起業家に寄り添って一緒にどうやって優秀な学生を集めるか話し合った結果、３年目から事業が軌道に乗り

やりたいことがないのは知的に怠惰

始めました。

——現在運営している「Ｇｏｏｄｆｉｎｄ」はどういった点がサービスの強みなのでしょうか

サービスの質に対する姿勢ですね。ベンチャー就職支援はいろんな企業が参入しやすい市場なので、顧客とのあらゆる接点で競合他社よりも少しでも良い質を維持するよう努めています。例えば社内デザイナーを起業初期から雇用して、「他の会社よりもかっこいいよね」と思ってもらえるウェブサイトや発表資料のデザインを磨いています。個々の部分の小さな差が積み上がって全体としては大きな差が生まれます。

何か一つ秀でた部分がある企業は、その部分を他社に追い付かれたり、時代の変化でその部分への需要がなくなったら競争力を失います。「どこがすごいか分からないけど、結果的に勝っている」ことが、究極の差別化要因になり得ると思います。

——東大生のベンチャーへの就職は少しずつ増えています

ベンチャーは「泥道」です。良いスーツを着て、ピカピカの靴を履き、スマートに勝負しようと思うと、なかなか「泥道」に入れない。しかし、起業家の価値は「困難を承知で突き進む」ことだと思います。ぜひチャレンジしてほしいですね。

「東大」は、良くも悪くも特別なブランドです。そのアドバンテージを生かして、リスクを取るべきだと思います。そして、リスクを考えるときには、ぜひ「イケてる人たちに『面白い』存在だと思ってもらえる選択」をしてほしい。無難な、つまらない人間になるリスクにこそ注意して、刺激的なキャリアを歩んでほしいですね。

——東大で始まった推薦入試を伊藤さんはどう考えていますか

これまでの東大は人生のどこかの時点でガリ勉しないと入れないので、東大生は思春期のうちに経験すべき経験ができない人が多いですよね。学力ばかりがあり、将来的なリーダーとしてはバランスが悪いと思うので、推薦入試は積極的に進めてほしいと思います。

また、東大の前期入試に向けて受験勉強をするのは、自分の目標が定まっている高校生にとってばからしいでしょう。受験勉強ではなく自分の目標のために時間を割くので、東大前期に合格できるほどの成績を出すのは難しいと思います。一方、東大生は中高時代に情熱をかけるものを見つけられず、受験勉強をこなして学歴という保険をかけている人たちかもしれません。

――自分の将来像が決まらない高校生に向けてメッセージをお願いします

現状では、教育に掛けたお金に対する見返りとして収入が大きい医者や弁護士になろうという短絡的な職業観になっていると思います。しかし、世の中にいろんな仕事があると伝えても、高校生はまだまだ仕事へのリアリティーを感じられる年齢ではありません。

職業を決める上で大事なのは社会の成り立ちや産業の歴史などを勉強して、産業の未来を考えることだと思います。例えば、なんで金融が現代日本で幅を利かせているのか、背景を調べてみるといいでしょう。情報技術が発達した未来で、今ある産業は残っていくのか、どんな新たな産業が生まれるのか予測すれば、自然と自分が担うべき役割が見つかると思います。そうしないと親世代のころに栄えていた時代遅れの職業を何も考えずに後追いすることになります。

つまり「やりたいことがない」ってのは知的に怠惰なのではないでしょうか。未来にどんな課題や困難が出てくるか考えて「これ解決したら感謝されそう」「これやらないと日本まずくないか」というワクワク感や危機感を持って、自分の将来を決めてください。

大学生になると自由な時間が増えるから、起業家やＮＰＯのリーダーなど未来のために情熱的に働く人と話して、高校の時以上に社会について学んでほしいな。「東大に入ったから将来どうにかなる」ではなく「東大合格なんて無意味だ」っていう健全な危機感を持った学生が未来を作っていくんじゃないかと思います。

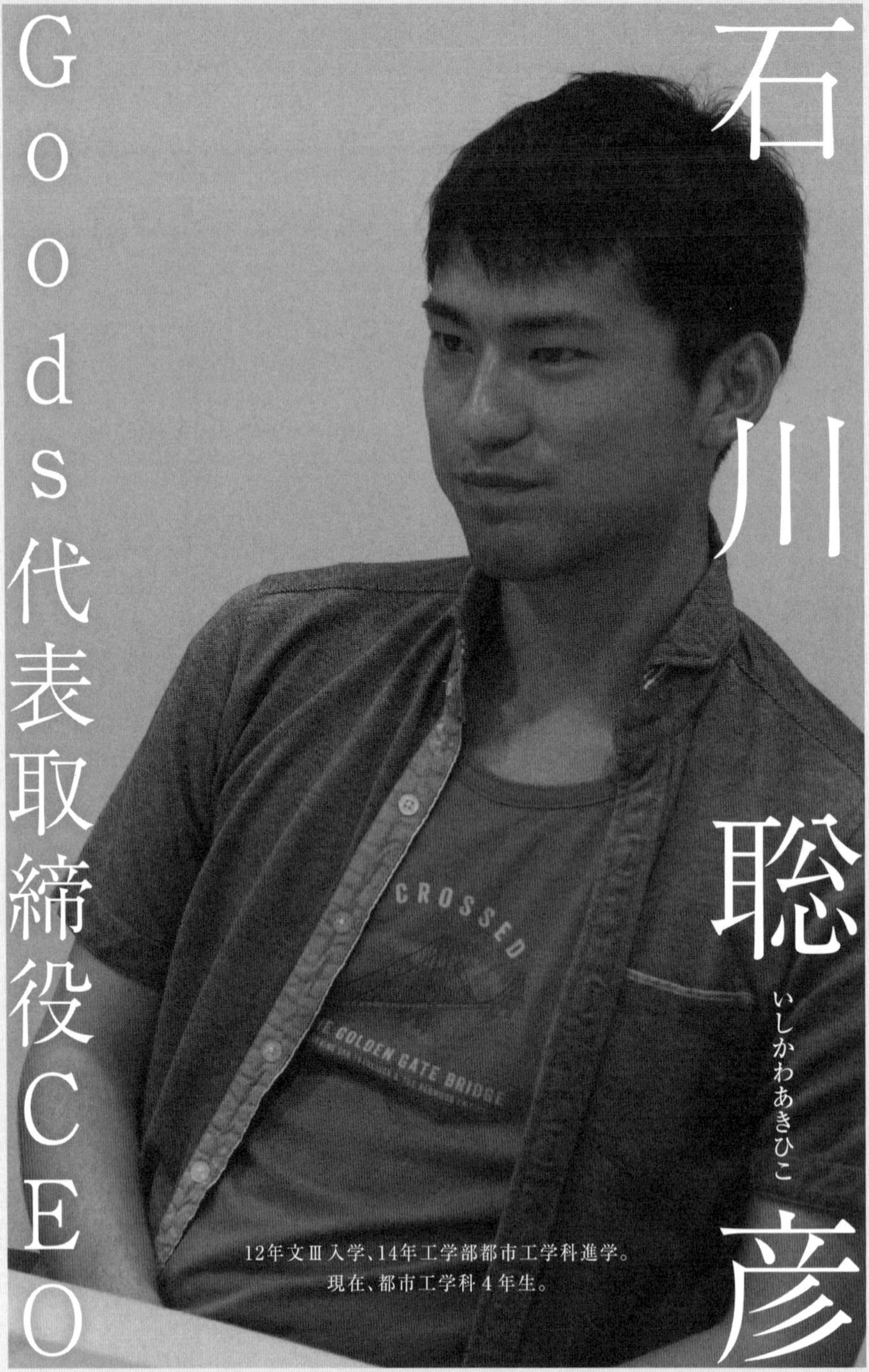

石川聡彦《いしかわあきひこ》

Goods代表取締役CEO

12年文Ⅲ入学、14年工学部都市工学科進学。
現在、都市工学科4年生。

お金の稼ぎ方を発見するのは楽しかったですね

「いろいろ失敗を経験したが、その失敗のおかげで自分のやりたいことが明確になった」と語るのは大学３年生の時に、ＩＴベンチャー企業のＧｏｏｄｓを設立した石川聡彦さん。自身の進路について振り返り高校生へのメッセージを語ってもらった。

――起業に興味を持った経緯は何ですか

高校生のころニンテンドーＤＳを安く手に入れてネットオークションに出品していました。オークションで安く買ったゲーム用のメモリースティックを友達に転売することもありましたね。周りの人が知らないお金の稼ぎ方を自分で発見していくことが宝探しみたいで楽しくて、起業してお金を稼ぎたいとの気持ちにつながっています。

大学１、２年の間はビジネスコンテストという、参加者が自分のビジネス計画を発表して優劣を競うイベントを運営するサークルに所属し、ビジネスを行うという疑似体験ができました。

ただ、当時は恥ずかしながら社会の本質が分かっていなかったので、企画書を企業に持っていけばお金を提供してもらえて事業を始められるという風にビジネスを単純で簡単なものだと考えていました。

――大学３年生の時にＧｏｏｄｓを起業します

各人の性格や趣味を分析して商品をお勧めするアプリを開発して起業しましたが、想定よりも利用者が伸びませんでした。数カ月でアプリの提供を止めることになり、開発の苦労が無駄になりましたね。そこで、現在は企画を立てた後、契約してくれる顧客を見つけてから実際の製品やサービスを開発する、「失敗しない」ビジネスの方法で事業を進めています。

また、パソコンやスマートフォン上の広告収入で売り上げを出すという当初の利益の出し方には「お金を動かしている」という実感が伴いませんでした。お金を払っている利用者に喜んでほしいと思い、衣食住など実際の生活と密接に関わったサービスを始めたいと考えるようになりました。アプリ配

取材：横井一隆　撮影：横井一隆

起業して初めて自分が何をしたいか分かりました

信を止める際などには携わっていた人々に迷惑を掛けましたが、起業して初めて自分が何をしたいのか分かりました。今は例えば、お弁当を予約して、お店で待たずに受け取れるサービスを展開しています。

——中学校・高校生向けキャリア教育プログラムも提供しています

中学生、高校生に自分の進路について考えてもらうため、大学生が自分の将来について講演し、生徒同士が自分の夢や進路選択をどうするかについて議論するプログラムを学校向けに提供しています。僕自身、高校生時代は起業するなら経済学部へ行けばいいだろう、といった社会の一面しか捉えていない見方で進路を決めて後悔しています。ビジネス思考法などのワークショップを手掛け、高校生と年代的にも近い私たちなら、学校の先生とは違う方法で授業のプログラムを提供するお手伝いができると考えています。

——最後に、高校生へのメッセージをお願いします

現代はＦａｃｅｂｏｏｋやＴｗｉｔｔｅｒなどのＳＮＳで芸能人や有名人とも簡単に連絡が取れる時代です。会いたい人、興味のある人、自分の身近でない仕事をしている人にＳＮＳで連絡を取って実際に会ってほしいですね。大人は「若者は夢を持て！」とか無責任なことをどんどん言いますが、そんなこと言われても難しいと思う。個人的には、いろんな人と話して自分の視野を広げて将来について考えてほしいな。もちろん僕に連絡をくれれば時間をつくって会いますよ。

誌上OB・OG訪問

世の中にはさまざまな職業がある。
東大卒業生・東大院修了生の仕事をのぞいてみよう。

※所属は256～258ページは2016年3月、259、260ページは2015年7月のもの

社会貢献を重視する雰囲気

三井住友銀行 経営企画部
越智《おち》悠馬《ゆうま》さん

「就職先を決める際はとにかく迷った」と語る越智さん。文系学生に人気のメガバンクだが、越智さんは工学系研究科のシステム創成学専攻出身。外資系投資銀行に就職した先輩の影響で金融に興味を持ち、修士1年の秋に海外の銀行に内定したが、多様な仕事ができる日本の銀行に就職。「銀行では理系の素養も重要です」。物事を数字で評価し数字の裏の意味を読み取る力は、お金を扱う仕事でも役立つという。

越智さんは、入行3年目まで支店で法人営業を担当した後、本店の経営企画部に異動。経営企画部は銀行全体を見渡し、経営戦略を考える部署だ。その中で、最近話題の『マイナス金利』などの政策や、法改正の動向、国内外の金融機関の戦略などを分析。業務にどう生かせるかを、独自の切り口から行内に提案する。「異動後は求められる専門知識の量が一気に増え、まるで転職したようでした」

経営企画部では、初めてメガバンクという大組織の全体像をつかめたことで、経営戦略についての自分の考えが持てた。「ただ、一番大切で難しいのは、そうした自分のアイデアを相手に伝えて納得させ、組織を動かすことです」。そのための力は法人営業時代に身に付いたと振り返る。

職場の雰囲気は「実力主義」。常に自分の考えを持つことが求められ油断できない一方、判断力が磨かれて実践力が付くと、幅広い仕事を任せてもらえるようになるという。「社会貢献を重視する雰囲気も強い。自分の力を伸ばしたい一心だった入行直後よりも社会全体を考えるようになりました」

就活では最初から業界を絞りすぎないことが大事だと越智さんは語る。また、ネットで手に入れられる情報は一握りで、重要な決断の際には業界の人の生の声を聞く必要を感じたという。「幅広い視野を持って文系・理系や学部にこだわりすぎず、本当にやりたいことができる企業を探してください」

大学での研究経験が生きる

アステラス製薬
開発本部 臨床薬理部
豊島《とよしま》純子《じゅんこ》さん

臨床試験とは、研究所で創られた新薬の候補品を実際に患者さんに投与する試験だ。豊島さんは開発本部で臨床試験から得られたデータの解析業務に携わる。「私の所属する臨床薬理部では新薬候補品の血中濃度と効果・副作用の関係から、最適な用法用量を見いだすことに挑戦しています」。腎臓・肝臓の機能が弱い患者さんや、他の薬剤を併用している患者さんへの影響を検討するための臨床試験の計画立案にも参加する。「全ての新薬候補品が申請承認される訳ではありません。開発が中止となった候補品でもその試験に参加していただいた患者さんの協力に誠実に応えるよう、次の候補品に生かすために最大限の検討をしています」。

「新薬開発には科学の発展に基づいた新しい知見が取り込まれています。常に学び続けることが必要ですが、面白く挑戦しがいがあります」と豊島さん。開発本部を含めアステラスには、自由に議論できる雰囲気があるという。アステラスを志望したのも先輩社員が仕事内容を楽しそうに語っていて、ここで開発に携わりたいと思ったからだ。新薬開発は世界規模で行われ「社内で英語を使う機会は多いですね」。大学で所属した研究室でのプレゼンは英語であり、その経験は今も生きている。

大学では薬物動態学の研究室を選んだ。薬物動態学は薬物の体内への吸収から消失までを研究する学問で、現在の仕事の基礎につながっている。「大学では動物のデータを扱うことが多かったのですが、企業では実際の患者さんのデータを扱うところが大きく違います」。条件が制御された動物実験と違い、臨床試験から得られたデータはばらつきが大きく、その原因を考慮することが重要であるという。

「研究室時代、結果を出すため自分を追い詰め実験をしていました。その努力があったからこそ今の自分があると思います」と豊島さんは研究に励む大学生にエールを送る。

多様な世界に触れて成長

ベイン・アンド・カンパニー・ジャパン・インコーポレイテッド
アソシエイト　コンサルタント
黒《くろ》木《き》麻《ま》由《ゆ》さん

コンサルタントとして、企業の新規事業立ち上げや海外企業の日本戦略のサポート役を務める。各企業が抱える課題を解決するため、資料収集、顧客とのミーティング、振り返りと分析を繰り返し適切な提案を行う役目だ。

コンサルタントのやりがいは自身の成長を感じられる点だという。就活を始めたとき、将来の選択肢を広げ、何でも挑戦できるスキルを身に付けたいと思い「いろいろな業界を知ることができる」コンサルタントを志望。入社時には専門的な知識は必要ないが、多様な業界の企業戦略を担当するため、日々新たな勉強が必要となり成長の機会が多い。「以前できなかったことができるようになったと実感します」

もちろん、担当した企業の成長を見られることもやりがいの一つだ。手掛けた案件がニュースなどで報道されることがあるといい、黒木さんは「自分が関わったものが世に出るのはうれしいですが、中途半端にできないという責任も感じますね」と話す。

職場の第一印象は「良い人が多く、オンとオフのメリハリがついている」。会議では熱く議論する一方、仕事から離れるとプライベートなことでも話しやすいという。女性の社員も「予想より多かった」といい、海外勤務や留学を含め男女問わず活躍している。

コンサルタントには、この職場にとどまらず「将来は国際機関で働きたい」などさらなる夢を持つ人が多い。「みんな志が高く、刺激を受けますね」。黒木さん自身、知識不足と感じる分野の仕事を積極的に担当するなど自分を高められるよう努力している。

就活中に聞いた「最初のキャリアが自分の人生や価値観の基礎になる」という人事担当者の言葉を実感しているという。「学生という立場で社会人と話せる今のうちに、いろんな人に会って将来を考えて」と黒木さん。自身で選択肢を狭めずにさまざまな経験を積んで、就活を楽しんでほしいという。

専門生かした審査と行政

特許庁
審査第一部　調整課
柳《やなぎ》澤《さわ》智《とも》也《や》さん

出願された発明が特許に当たるか判断する特許審査官。「独立性が高いことが魅力の一つです」と話す。一つの出願を1人の審査官が担当し、審査のスケジュールは自身で決められる。自分の生活に合わせた勤務時間を選べる勤務制度があり、育児中の女性には仕事との両立に役立っているという。独立性は魅力である反面、客観的な判断を一人で下すという責任が伴い、特許には審査した特許審査官の名前が入る。「同僚と適宜相談し、独善的でない的確な判断ができるよう注意しています」

特許審査官は1、2年周期で、特許庁内の行政部門や他省庁、国際機関などに出向して政策作成をはじめとした行政に携わることと、特許審査業務を繰り返す。裁判所や大学に出向する機会もある。現在所属する調整課では、国内外の最新の産業や特許審査の状況を踏まえた特許政策の策定に携わっている。

「私たちには、審査の専門家としての深い知識と、行政官としての広い視野・バランス感覚の双方が求められます」。審査官には、出願された発明に新しい発想があるかを判断するための深い専門知識が求められる。行政官は、海外も含め特許に関する広範な情報を基に政策立案や国際交渉に携わる。「しかし行政官の仕事の基礎は、やはり特許審査の実務経験ですね」。他国と、発明を特許とする判断基準を調和させる交渉を行う際などは、実務経験を通じて自国の基準を認識できていないと、有意義な提案ができない。実務の現実から離れた政策は、現場の審査官に混乱をもたらす。

大学時代はあまり勉強しておらず「仕事が務まるかどうか不安でしたね（笑）」。しかし、入庁後の充実した研修のおかげで成長できたという。「今後は、各国の知的財産制度の調和を進めて、知的財産権で世界がより豊かになるように貢献したいです」

文化の溝を意識して通訳

外務省
大臣官房会計課
山下《やました》亜加音《あかね》さん

外交官としてフランス語を専門言語とし、過去には在フランス大使館やフランス語圏アフリカを扱う部署で働いてきた。外務省では外国語の知識が必須で「言葉のスペシャリスト」になる必要があるという。通訳する際は、単に言葉を訳すだけでなくその国の文化、社会情勢を勘案して「行間を読む」ことが大切だ。「国と国の間に存在する文化的なギャップを、通訳の瞬間に埋めるのが難しいです」

　語学力を向上させるため、外務省に入ると全員が2年間留学する。大学で第二外国語としてフランス語を学んでいたが「仕事で使えるレベルではありませんでした」。現地でフランス人の考え方に触れ、最新の社会情勢を学びながらフランス語の感覚をつかんでいったという。

　会談での通訳など華々しい仕事がある一方、それを支える仕事も存在する。現在所属する会計課では、外交政策のための予算獲得、支払いまで会計に関する全てを扱う。他に外務省には、国家間の協議が円滑に進むよう会議場所を設定、提供する食事を決める仕事も。外交官は世間のイメージほど「キラキラした仕事」ではないと言うが「事の成否を左右する地道な仕事もやりがいがあり面白いです」。

　異文化交流に興味を持ち、「他の人にも交流を楽しんでほしい」とこの仕事を目指した。試験のため初めは予備校に通ったものの、映像を見るだけの授業には意味がないと感じ予備校の教材だけを活用。本気で勉強を始めたのは試験2カ月前だったが「ゴールとしてどこを目指すか分かっておくために、1年前から勉強に取り掛かるべき」と早めの対策を勧める。

「就活日程が変わっても、やるべきことは変わらないはずです」。日程の変更に振り回されたり、それを逃げ道にしたりすることなく、自分のやりたいことを突き詰めて就活してほしいという。

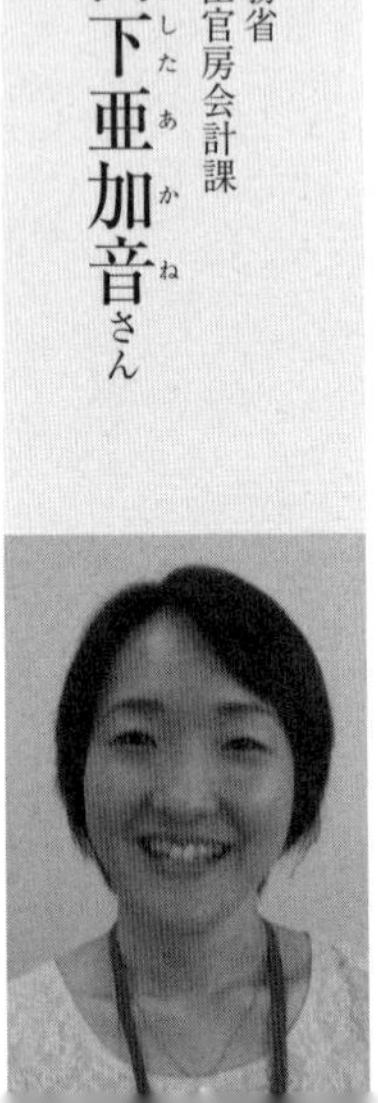

インタビュー

NHKチーフ・プロデューサー
『女子高生アイドルは、なぜ東大生に知力で勝てたのか？』著者

村松秀《むらまつしゅう》

『女子高生アイドルは、なぜ東大生に知力で勝てたのか？』という東大を目指す受験生には少々ショッキングな名前の本。

著者は工学部卒業後NHKでプロデューサーとして活躍する村松秀さんで、自身がプロデュースしたテレビ番組の企画を基に書いている。

村松さんの学生時代や現在の仕事内容、知力を鍛える「グルグル思考」の必要性について聞いた。

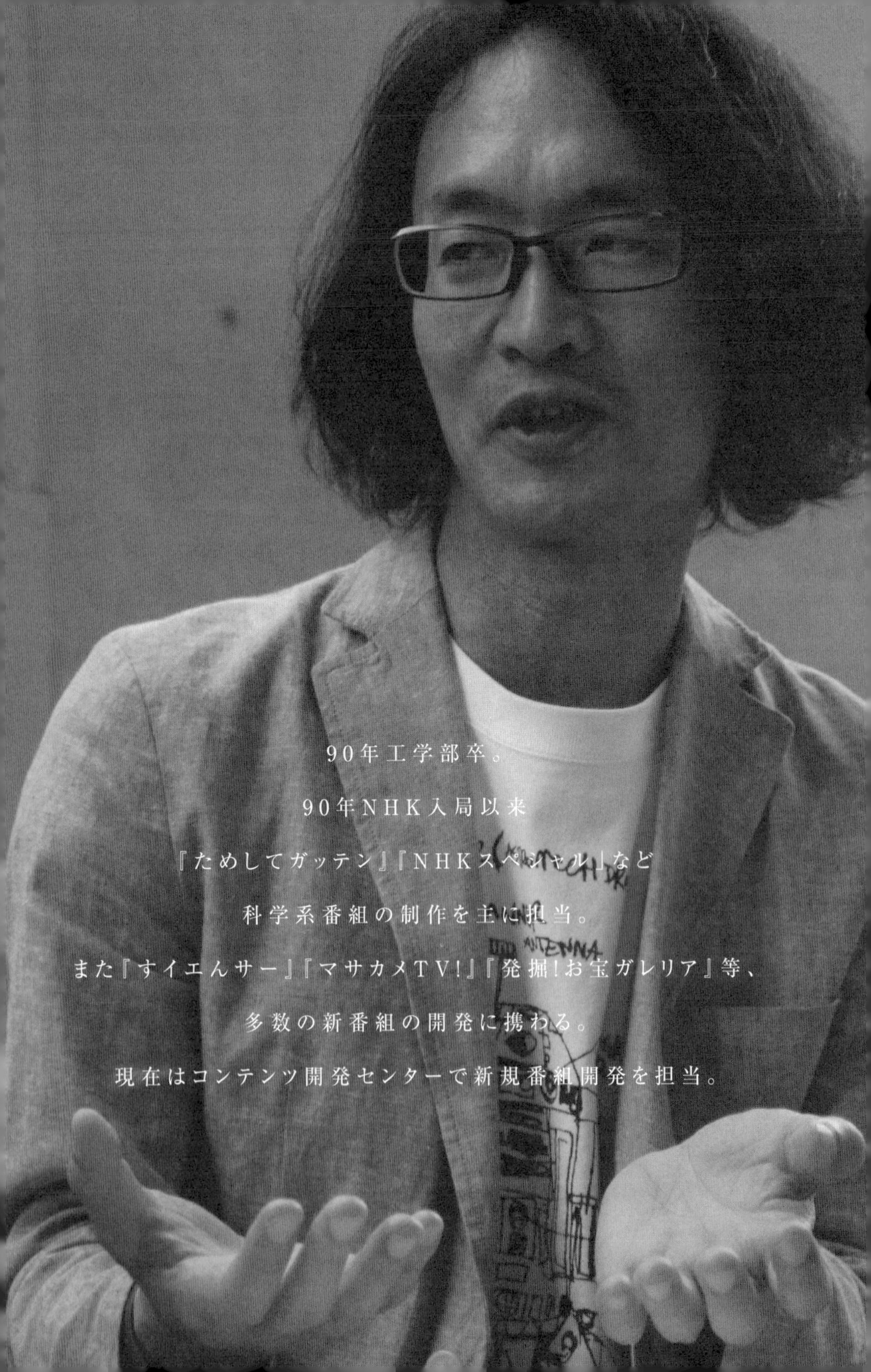

９０年工学部卒。

９０年ＮＨＫ入局以来

『ためしてガッテン』『ＮＨＫスペシャル」など

科学系番組の制作を主に担当。

また『すイエんサー』『マサカメＴＶ！』『発掘！お宝ガレリア』等、

多数の新番組の開発に携わる。

現在はコンテンツ開発センターで新規番組開発を担当。

グルグル思考は世界を変える

——中学、高校時代はどんな生徒でしたか

体が弱かったのであまり活発な生徒ではありませんでした。じゃあ何していたかって思い返すと、テレビやラジオをよく視聴していた記憶が強いです。ＮＨＫの『ウルトラアイ』という生活科学番組が当時すごく人気で僕も大好きでした。例えば、お酒を飲むと蚊に刺されやすいのかを調べるために、蚊帳の中にわざわざ蚊を入れて、お酒を飲んだ人と飲んでいない人で比べる、という体当たり実験をしていました。

『オールナイトニッポン』というラジオ番組もよく聴きましたね。当時は中島みゆきさん、とんねるずさんなどがパーソナリティで、独特なダラダラ感に無条件に引き付けられました。空気を視聴者と共有できる、というのはすごいことで、現在番組制作をする際にも常に気にかけていることです。心許せる友達とバカ話するのが楽しいと思えるのは、お互いその場の雰囲気や気持ちを共有できているからでしょう。番組側と視聴者が空気を共有することで生き生きとしたメッセージが伝わると考えています。

高校の文理選択のときには理系を選び、理科Ｉ類を受験しました。父親がエンジニアであるなど親族に理系が多かったこと、文系就職もできるので将来の選択肢を狭めないことなどが理由でした。社会や国語が得意で、文理どっちつかずな人間でした。大学生活も、やりたいことや自分の将来もはっきりしない「モラトリアム」の典型でした。

——現役で理Ｉに合格します。どんな学生でしたか

駒場の前期教養課程では文系科目もたくさん履修しました。しかし、自分が本当に何をしたいのか結局決められないまま進振り（現在の進学選択）を迎えました。だったらなるべく進路の幅が広い学科に進学するのがいいんじゃないかと思い、コンピューター、半導体など多様なことを学べる電気電子工学へ進学しました。

ところが、進学してみると講義の世

取材：横井一隆　撮影：久野美菜子

中高のころはテレビ・ラジオに夢中でした

界が一気に深くなり「電気電子って得意じゃないんだ」って気付きましたね。「気付くの遅すぎでしょ」って感じですけど（笑）。専門の世界というのは、その道を本当に突き詰めたい人が自発的に学ぶ場所だと実感しました。自分は何か一つを深く細く掘り下げて深めることより、世の中とつながりながらより広く物事を考えたいタイプだと思い直し、このまま電気電子系にいるのはまずいと思いました。自主留年して進振りをやり直したいと思ったのですが、すでに単位を十分に取得していたためそれも叶わず……。なら、どうにか卒業して就職するしかないと考えたときに、自分がずっと大好きだったテレビの世界が単なる夢から具体的な就職先としてにわかに視界に入ってきました。理系で学んだ経験を生かして『ウルトラアイ』のような科学番組を作れるのなら、テレビの道はそれまでの人生を否定せずポジティブに捉えられる選択になると思ったんです。

——NHKに入局しディレクターやプロデューサーとして活躍します。何を意識して番組を制作していますか

「エル」ではなく、「ワル」ということですね。情報を「伝える」のではなくメッセージが「伝わる」ことが大事です。伝えることは今や一般の方々でもブログやSNSで簡単にできます。「伝わる」というのは、こちら側のメッセージを視聴者がしっかりと受け取り、そして腑《ふ》に落ちるということです。ですが、これは極めて難しい。

「伝わる」ためには、説明を分かりやすくすればいいという単純な話ではありません。例えば、先に述べた「番組側と視聴者が空気を共有すること」を作り出すのも工夫の一つでしょう。

　プロデューサーとして番組を立ち上げた科学（？）エンターテインメント番組『すイエんサー』には、視聴者に「どういうこと？」と思わせるような「違和感」を与える工夫がたくさんあります。タイトルの意味が全く分からなかったり、火曜日放送なのに「すイ」という言葉が入っていたり。スタジオ収録がなく、MCやゲストはベンチに座り、カメラは固定された小さな1台しか使わない。「黄身がど真ん中のゆで卵を作るにはどうするか」など、そこまで大事そうではないことをなぜあえて番組で取り上げるのか。視聴者は違和感が気になってだんだん癖になってくる。癖になるってことは番組の空気を共有できているということでもあります。心許した友達との会話のように、空気を共有しているからこそ「伝わる」面白さがあるんです。

　また「伝わる」ためには伝えるべきメッセージを十分に考え抜く必要もあります。そのために、番組のテーマについて専門家と対等に話せるくらい、徹底的にリサーチし、取材し、学び、テーマを掘り下げます。

　例えば、今から20年ぐらい前、環境中の合成化学物質がまるでホルモンのように働き、野生生物や人の生殖機能などをかく乱しているのではないか、という問題があることを知り、ドキュ

大学生活は「モラトリアム」の典型

メンタリーで取り上げようと考えました。ところが当時の日本にはこの問題の専門家は10数人しかいない上に、問題となっている合成化学物質のことを皆がばらばらな用語で呼んでいました。そこで専門家たちと議論しながら「環境ホルモン」という科学的な用語を生み出しました。テーマへの深い理解に基づいた平易な用語があるから市民にも伝わりやすくなり、以降、国内外で環境ホルモンの問題が極めて重要視されるようになりました。

情報を伝えるのではなく、伝わることが大事

――『女子高生アイドルは、なぜ東大生に知力で勝てたのか？』を執筆しました。今の高校生が、「女子高生アイドルに負けない東大生」になるにはどうすればいいでしょうか

知力とは、思考力や発想力、実践力を束ねた生き抜く力のことですね。それは、簡単に答えが見つからないような問題を、関係ないことまでも含めて無駄にでもとことん考える「グルグル思考」によって鍛えられるものと思っています。『すイエんサー』でリポーターを務める女子高生のモデル・アイドルたちは、「バースデーケーキのロウソクの火を一息で消したい！」など日常の中の素朴な疑問に台本なし、打ち合わせもなしのガチンコで向き合い、「グルグル思考」を徹底的に鍛えてきました。学校教育では決して味わえない、頭が沸騰するような知的なグルグル感は、ばかばかしいようでも、無駄なようでも、とにかく必死に考えることを楽しいと感じられる原動力に

なります。

彼女たち「すイエんサーガールズ」の知力がどれだけ鍛えられたか知ろうと、東大生とのガチンコ知力対決を企画しました。「紙で丈夫な橋を作れ」などのお題でこれまで4回知力対決をしましたが、なんとすイエんサーガールズが3勝1敗で勝ち越しているのです。すごいことです。

しかし自分の高校生・大学生時代を思い返すと、東大生が負けるのも無理はないと思えるところもあります。私自身、電気電子系の学科に進学してショックを受けるまで「学びとは教えてもらえるもの、与えられるもの」と思っていました。東大に合格したのも学校で与えられたものにうまく対応する器用さをたまたま持っていたからでしょう。学校教育ではどうしても決められた単元を消化し、覚えるべき単元を学ぶことに注力せざるを得ず、グルグル思考を身に付ける時間がなかなかありません。

東大生の良さの一つはAならばBとスマートに論理的に考えられる力ですが、その思考法は直線的です。しかし、世の中の多くの問題は直線的な思考で解けるような単純なものではありません。分からない問題と対峙《たいじ》したとき必ず役立つのがグルグル思考です。私も番組を制作する際、関係なさそうな出来事の間に共通の意味がないかなどさまざまな斬新な切り口で社会を捉えようとトライし続けて、伝える価値のあるテーマを探します。グルグル思考を日常的に鍛えた高校生たちが成長すれば、国内外に山積みする課題を解決してくれるのではないでしょうか。グルグル思考は世界を変えるんです。

女子高生アイドルは、なぜ
東大生に知力で勝てたのか?
村松 秀
すイエんサー式
「グルグル思考」が
世界を変える!

『女子高生アイドルは、なぜ東大生に知力で勝てたのか?』村松秀 著、講談社、税込907円

答えのない問題をとことん考える

インタビュー

作家、動物研究家

畑正憲《はたまさのり》

3年次に進学する学部を自由に選べる東大。
しかし、まだ進みたい学部が全く決まっていない新入生も多いのでは。
「ムツゴロウさん」の愛称でも知られ、動物に関する執筆活動を続ける畑正憲さんは
理Ⅱから理学部に進学した後、作家になった。
畑さんはどのように進路を選び東大で何を学んだのか、話を聞いた。

54年理科Ⅱ類入学。

58年理学部卒。理学系研究科を経て

学習研究社（現・学研ホールディングス）に入社する。

68年に退社し本格的に作家としての活動を開始。

72年には北海道に「動物王国」を創設した。

『われら動物みな兄弟』、『ムツゴロウの青春記』など

動物との交流をつづった作品を中心に多くの著書がある。

何でも学べ

——理Ⅱ（当時は現在の理Ⅲの要素も含む）に入学しました

父が「赤門を通ったときに震えが止まらなかった」と感動を語っていたのが東大に入ろうと思ったきっかけですね。父は旧満州で開拓医をしていたのですが、日本での医師免許を取得するために東大に行ったことがありました。頑固だった父は、困っている患者のそばを離れられないような責任感の強い医者でした。東大はその父を震わせるほどの大学なのだと驚いて、ぜひ自分も行ってやろう、と思うようになりました。

科類を理Ⅱにしたのは、父が総合病院を作るという目標を持っており、私を医者にさせたいと思っていたからでした。しかし私は哲学や創作活動に興味を持っており、文学部哲学科志望でしたね。当時は将来どんな職業に就いてどんな人生を送るか、全く考えていませんでした。

——後期課程では理学部生物学科動物学課程に進学します

動物に興味を持ったきっかけについてはよく聞かれますが、これが分からないのです。もともと特に動物が好きだったというわけではありません。駒場の2年間では生物学の基礎を学び、命の秘密を見たように思いました。命は人間だけでなく、全ての生き物にあるのです。そこで動物についてもっと知りたいと思い、動物学に関して全くの素人ではありましたが、生物学科に進むことにしました。

生物学科にいたころは、毎日の勉強が面白くて仕方なかったです。授業は具体物を通じて考えさせるものが中心でした。例えば机の上に生きたザリガニを置いて、先生からの説明なしでなぜザリガニが動くか考えさせる授業。どんな論文を探して読んでも求める答えは書いていないのです。私はとにかくなぜなのか知りたくて考えました。

——大学院に進学後、研究をやめて作家の活動を始めます

大学院に進んだのは、理学部の学生は自然に大学院に行くものだと思っていたからですね。特に迷うことはあり

取材・小原寛士、竹内暉英　撮影・石沢成美

駒場で命の秘密を見ました

ませんでした。実は、創作活動には動物よりも先に興味を持っていました。今まで実現されていなかった作家活動の夢が、首をもたげてきたといったところでしょうか。

——全国各地を回り講演をしています

講演では生きているものの魅力を中心に話をします。前もってテーマを決めておくのは嫌いで、お客さんと直接の対話ができればよいと思っています。でも聞く人に応じて題材を変えるのは大変なこともありますね。予想していなかった聴衆がいることもよくあります。ある大学の学園祭では聴衆のほとんどが学生ではなく職員でした（笑）。そのときは冬眠の話なら誰も知らないと思ってその話をしました。知らないことを話すのが大事だと思うので、しばしば話しながら話題を変えていきます。

雑誌などの対談に出ることも多いですが、動物に詳しくない人にも分かりやすく伝えるのに苦労します。その点専門家との対談は英語の専門用語を使っても分かってもらえるので楽ですね。東大に入ってよかったことの一つに専門用語や外国語の素養が身に付いたことがあります。授業中、先生が外国語の専門用語ばかり使って話すものだから、分からないと全くついていけないんです（笑）。友人たちとも日本語に訳された専門用語を使って話すことはなかったくらいで、大抵の言語で書かれた論文は辞書を使わず読めるようになりました。今後必要になる能力を東大が与えてくれ、ありがたかったですね。

子供と接するのも大好きです。子供に説明をするときはかみ砕けるだけかみ砕いて話します。少し骨が折れますが苦にはなりません。子供は全ての始まりですからね。今は子供の行列に車が突っ込む事故が起こるような世の中で、信じられないことです。私は子供の行列を見ると、一緒に歩いていきたくなるくらいなのですが。

——動物との生活について教えてください

動物は人間と次元が違う存在なので、一緒に生きていくのは一筋縄ではいきません。私も犬の表情の変化をなかなか理解することができませんでした。じっと犬の顔を見ていても同じにしか見えない。しかし心拍計を付けてみると心拍数が平常時の3倍くらいになっていました。これが見抜けなかったんです。でも見飽きるほど見ていれば、少しずつ分かってくることもあります。どこに動物の表情が表れてくるのか、じっくり考えることですね。

——専門にしたい分野が決まっていない新入生も多いです

専門にしたい分野を迷うのは全く恥ずかしいことではないと考えます。駒場では専門にとらわれずさまざまなことを学び、先走りせず学問の素晴らしさを分かってもらいたいです。

私は理Ⅱの学生だったので物理が直接必要なわけではありませんでした

東大では専門用語や外国語の素養が身に付きます

自ら「吸収する」態度で臨もう

が、数学や物理学が得意で試験前には私の下宿に友人たちがよく聞きに来ていました。他にも火山学など、面白そうだと思った授業を何でも聞きに行っていましたね。私が学生だったのは約60年前ですが、リニアモーターカーに関する授業といった先進的なものなど、忘れられないものばかりでした。毎日自分が知らないことを学べるのが楽しくて仕方ありませんでした。

——これから東大で学ぶ新入生は、どんな力を付けるべきでしょうか

　何でも吸収しようという態度で勉強に臨んでほしいですね。専門学校の学生はこの態度が身に付いていることが多いように思います。私が専門学校で講演したときは、一度話したことが全て吸い込まれていくような感覚を覚えました。これが学生の態度だ、と思いましたね。

　私は高校生のときから先生の家に押し掛けて話を聞くのが趣味でした。夕ご飯をごちそうになって、そのまま一晩語り明かして帰ってきたこともありましたね（笑）。学ぶときにも個人同士で、一対一の対話が重要です。授業を聞いているだけの受け身では駄目で、自分から学びを求めていかなければ、もはや学生とは言えないでしょう。私の講演にもこの対話で学んだ経験を生かし、なるべく直接伝えられるようにしたいと考えています。

　東大は、自分から考え、学びを求めていく場としてふさわしいと思います。私は世界中の大学を回って学生と話しましたが、東大生のように自分でよく考えて学んでいた学生はいませんでしたね。自分から学びを求められていないと、箇条書きで表される断片の知識しか得られないのです。「どうして？」という疑問を大切にして、自分で考えていってほしいです。私は「どうして？」という疑問を突き詰めて考えることから学問が始まると思っています。疑問をじっくりと考える機会を与え、私をやる気にさせてくれた東大が大好きですね。

——畑さんは読書家としても知られていますが、大学生の4割が読書をしないともいわれる現状をどう考えていますか

　本を読まずに済む学生がいたら見て

みたいですね。先人の考え方から出来上がった体系など、本を読まなければ分からないことばかりです。突き抜けるような探究心、好奇心を持って本から自分の知らないことを吸収してほしいですね。

――新入生へのメッセージを

　私は、自分の知りたいことをしっかりと追求させてくれる東大は、世界一の大学だと思っています。そのような大学に入ることの価値を理解して、自分の好奇心に従って学んでいってほしいです。どんな分野を学んでも構いません。あらゆるものを吸収してください。それが本当の勉強というものでしょう。

　分からないことは、ぜひ先生をつかまえて納得できるまで聞くべきです。先生もとことん質問してくれる学生を歓迎してくれるでしょう。点数稼ぎで

満足せず、先生を十分に利用してください。大学はそのように自分から学びに行くところなのですから。

銀《ぎん》杏《なん》グラフィティー

④将来編

作・satsumaimo（東大まんがくらぶ）

…つまりうちの会社は東大を舞台にした学園スマホゲーを企画してるってわけな
それで少々取材の協力をお願いしたいのだ
保坂（社会人1年目）
ラボの取材か…研究秘密があるから基本ダメだと思う
そこをなんとか!
横田（修士1年）
まあ僕から教授に許可取ればできなくもないと思うよ
…しかしお前すっかり営業トークが板についてるな…
俺らあの修羅場事件以来会ってないしな
たしかに
大変だったか？就活とか
いや～～～…
女にフラれた保坂はその後サークルを全部辞め 家で哲学書を読むだけの堕落した生活を送った!
大学行くのもアホらしいわ
ポストモダン
1冊でわかる
俺のスペックには必要ない!
謎の自信によってインターンも行かずOB訪問もせず経済学部ゼミの就職のコネも使わず――
みごと大手企業に全落ち!
クソッ社会め!滅びろ!
俺にお祈りしてきた会社全部倒産しろ!!
しかし二次募集で運よく中小のIT企業に拾われたのだった
ブラックっぽいけどまあいいか…
もう就活したくねーし
…いや～～～楽勝だったわ!
何だ 今の間は？

☠用語解説☠

【社会人】 社会人はみんな社会が大好きであり、社会の役に立つことを常に考えて行動しており、社会のためなら何でもする。なぜなら社会は最高だからである。

【就活】 右のような思想を持つようになるまで学生を洗脳しつづける社会的イニシエーション。

【インターン】 二年とか三年の時点ですでに就活がしたくてたまらない変態のために存在する、職業体験ごっこ。

【OB訪問】 自分の受けたい企業にいる東大卒の社員にコネ作りの下心丸出しで出会いに行くこと。

【経済学部】 コネがある。

【ES】 エントリーシート。選考のの第一段階。怠惰な学生生活を美辞麗句で飾り立てる能力が重視されている。

【お祈り】 選考落選のこと。

【ブラック】 社員を馬車馬のように働かせること。日本企業のすべてにあてはまる形容詞。

【博士課程】 三十近くまで稼ぎがないので、親戚全員にニートだと思われ迫害される。

☆ 東大生の漫画が読めます：「東大まんがくらぶろぐ！」で検索
☆ satsumaimoの個人サイト：「SeeYouForever」で検索

2015年度学部・大学院別就職先データ

法学部

【官公庁】
岐阜県　1
愛知県　1
茨城県　1
外務省　10
金融庁　4
経済産業省　9
警察庁　8
公正取引委員会　1
厚生労働省　5
国土交通省　8
財務省　4
世田谷区　1
総務省　15
東京高等裁判所　1
東京都　6
内閣府　1
日本銀行　6
農林水産省　2
福井県　2
文部科学省　4
法務省　1
防衛省　3
陸上自衛隊　1

【独立行政法人・大学法人】
国民生活センター　1

【建設業】
三機工業　1
大成建設　1

【食料品】
ユーグレナ　1
日本たばこ産業　1

【化学】
三菱化学　1
住友化学　2
日亜化学工業　1

【医薬品】
ジョンソン&ジョンソン　1

【鉄鋼】
JFEスチール　1
新日鉄住金　1

【機械】
三井海洋開発　1
三菱重工業　1
日立造船　1

【電気機器】
キヤノン　1
東芝　1
日本IBM　1
日本信号　1
富士通　1

【輸送用機器】
トヨタ自動車　1

【その他製品】
日本ファーネス　1

【電気・ガス業】
関西電力　1
大阪ガス　1
東京電力　1

【陸運業】
JR西日本　1
JR東海　1
JR東日本　1
京王電鉄　1
西武ホールディングス　1

【海運業】
日本郵船　1

【倉庫・運輸関連業】
日本通運　1

【情報・通信業】
NHK　3
NTT東日本　1
トーキョーオタクモード　1
フォルシア　1
フジクリエイティブコーポレーション　1
ワークスアプリケーションズ　3
三菱UFJリサーチ&コンサルティング　1
日本テレビ放送網　1
野村総合研究所　1

【卸売業】
伊藤忠商事　4
丸紅　3
三井物産　3
三菱商事　5
住友商事　2

【銀行業】
みずほフィナンシャルグループ　3
三井住友銀行　5
三井住友信託銀行　1
三菱UFJフィナンシャル・グループ　1
三菱UFJ信託銀行　1
三菱東京UFJ銀行　5

【証券、商品先物取引業】
JCB　1
SBI証券　1
SMBC日興証券　1
ゴールドマンサックス証券　1
ドイツ証券　1
三菱UFJモルガン・スタンレー証券　1
大和証券投資信託委託　2

【保険業】
第一生命　2
東京海上日動火災　4
日本生命　1
明治安田生命　1

【その他金融業】
日本取引所グループ　1
日本政策投資銀行　2

【不動産業】
クリード　1
三井不動産　2
三菱地所　1
住友不動産　2

【サービス業】
READYFOR　1
インテリジェンスビジネスソリューションズ　1
エイチ・アイ・エス　1
ケンブリッジテクノロジー・パートナーズ　1
デロイト トーマツ コンサルティング　2
ビービット　1
プライスウォーターハウスクーパース　2
プレティア　1
ベイン・アンド・カンパニー　1
マッキンゼー・アンド・カンパニー　3
リクルートキャリア　1
リクルートホールディングス　1
山田ビジネスコンサルティング　1

【新聞・出版・広告】
INFASパブリケーションズ　1
新潮社　1
朝日新聞社　1
電通　1

【教員・研究員・図書館等】
国立国会図書館　1

【その他】
ホライズンパートナーズ法律事務所　1
長島・大野・常松法律事務所　1
有限責任監査法人トーマツ　1
不明　9

経済学部

【官公庁】
金融庁　2
経済産業省　5
警察庁　2

公正取引委員会……1
厚生労働省……2
国土交通省……1
財務省……3
総務省……5
東京都……2
内閣府……1
日本銀行……6
農林水産省……1
文部科学省……1
法務省……1
防衛省……1
不明……3

【鉱業】

国際石油開発帝石……1

【建設業】

ミサワホーム……1
鹿島……2
大林組……1
東洋エンジニアリング……1

【食料品】

サントリー
ホールディングス……1
ネスレ日本……1
日本たばこ産業……1
不明……1

【繊維製品】

帝人……1

【化学】

三菱化学……1
住友化学……2
富士フイルム……2

【医薬品】

中外製薬……1

【鉄鋼】

JFEスチール……1
新日鉄住金……2

【非鉄金属】

住友金属鉱山……1

【機械】

IHI……1
三菱重工業……1
日立造船……1

【電気機器】

NEC……1
東芝……1
日本IBM……1
富士通……1

【輸送用機器】

デンソー……1

【精密機器】

オリンパス……1

【電気・ガス業】

電源開発……1

【陸運業】

JR西日本……1
JR東海……1
JR東日本……1

【海運業】

日本郵船……3

【倉庫・運輸関連業】

三菱倉庫……1

【情報・通信業】

NHK……2
NTTドコモ……1
Speee……1
WACUL……1
サックル……1
フロムスクラッチ……1
ワークス
アプリケーションズ……1
野村総合研究所……1

【卸売業】

不明……2
伊藤忠丸紅鉄鋼……1
伊藤忠商事……8
丸紅……3
三井物産……4
三菱商事……3
住友商事……5
緑川化成工業……1

【小売業】

イオンリテール……1
ニトリ……1
不明……1

【銀行業】

イオン銀行……1
みずほフィナンシャルグループ……7
ゆうちょ銀行……1
国際協力銀行……1
三井住友銀行……13
三井住友信託銀行……4
三菱UFJ信託銀行……2
三菱東京UFJ銀行……13
七十七銀行……1
千葉銀行……1
肥後銀行……1

【証券、商品先物取引業】

SMBC日興証券……2
ゴールドマンサックス証券……3
シティグループ証券……1
バークレイズ証券……1
みずほ証券……3
モルガン・スタンレー
MUFG証券……3
日本証券業協会……1
八十二証券……1
野村証券……2

【保険業】

AIGジャパン・
ホールディングス……1
トーア再保険……1
三井住友海上火災……1
第一生命……3
東京海上日動火災……5
日本生命……4

【その他金融業】

JPモルガン・チェース……3
あずさ監査法人……1
三井住友アセットマネジメント……1
日本政策金融公庫……2
日本政策投資銀行……3
農林中央金庫……4
不明……2

【不動産業】

三井不動産……1
三菱地所……2
住友不動産……1
森ビル……1
東京建物……1
不明……1

【サービス業】

aircord……1
Finatext……1
アクセンチュア……1
アビームコンサルティング……1
インテリジェンスビジネス
ソリューションズ……1
キャップジェミニ……1
コンコードエグゼクティブ
グループ……1
シンプレクス・アセット・
マネジメント……1
ディー・エヌ・エー……1
デロイト トーマツ
コンサルティング……3
不明……1
マッキンゼー・アンド・
カンパニー……2
ユー・エス・ジェイ……1
リクルートキャリア……1
リクルート
ホールディングス……1
リンクアンド
モチベーション……1
中央電力……1
東日本高速道路……1

【新聞・出版・広告】

朝日新聞社……1
電通……2

【教員・研究員・図書館等】

宇宙航空研究開発機構……1
五島育英会……1

【その他】
電力中央研究所……1
不明……1

文学部

【官公庁】
宮城県……1
裁判所……1
鹿児島市……1
神戸市……1
東京都……6
東京労働局……1
福岡県……1
法務省……1
防衛省……1
【独立行政法人・大学法人】
労働者安全健康機構……1
【水産・農林業】
虹の邑ポパイくん……1
【鉱業】
三井金属鉱業……1
【建設業】
三菱日立パワーシステムズ……1
鹿島……1
大林組……1
【食料品】
サントリー食品インターナショナル……1
日本たばこ産業……2
【繊維製品】
東レ……1
【パルプ・紙】
王子ホールディングス……1
【化学】
ワカサ……1
資生堂……1
住友化学……1
【医薬品】
アストラゼネカ……1
【ガラス・土石製品】
HARIO……1
【鉄鋼】
新日鉄住金……1
【非鉄金属】
住友電気工業……1
【金属製品】
リンナイ……1
【機械】
ダイキン工業……3
【電気機器】
キーエンス……1
パナソニック……2
日立製作所……1
【輸送用機器】
BBSジャパン……1
タカタ……1
トヨタ自動車……1
【精密機器】
島津製作所……1
【その他製品】
ミズノ……1
富士ソフト……1
【電気・ガス業】
ジャパン・リニューアブル・エナジー……1
【陸運業】
JR東海……1
【情報・通信業】
Next Creation……1
NHK……7
NTTコムウェア……1
NTTデータ……1
NTTドコモ……2
NTT東日本……1
TBS……1
グーグル……1
グリー……1
コロプラ……1
ダイヤモンド社……1
ニッセイ情報テクノロジー……1
フォルシア……1
フジテレビジョン……1
マーベラス……1
リゾーム……1
レバレジーズ……1
ワークスアプリケーションズ……4
光通信……1
三菱総合研究所……1
創通……1
東北新社……1
日本総合研究所……1
鈴与……1
【卸売業】
伊藤忠商事……1
三菱商事……1
住友商事……2
双日……2
【小売業】
スマイル……1
セブン&アイ・ホールディングス……1
パルコ……1
ユニクロ……1
【銀行業】
みずほフィナンシャルグループ……2
ゆうちょ銀行……1
三井住友銀行……3
三井住友信託銀行……3
三菱UFJ信託銀行……1
三菱東京UFJ銀行……3
商工組合中央金庫……1
信金中央金庫……1
新生銀行……1
【証券、商品先物取引業】
バークレイズ証券……1
大和証券……1
野村証券……1
【保険業】
三井住友海上火災……4
住友生命……2
損保ジャパン日本興亜……1
第一生命……1
東京海上日動火災……5
日本生命……2
【その他金融業】
JCB……1
シンプレクス……1
三井住友カード……1
日本政策投資銀行……1
農林中央金庫……1
【不動産業】
イオンモール……1
三菱地所……1
住友不動産……1
森トラスト……1
東京建物……1
【サービス業】
DNPメディアクリエイト……1
Donuts……1
EYアドバイザリー……2
ITI……1
JACリクルートメント……1
SEP……1
アイレップ……1
アクセンチュア……3
イノベーション……1
エイチ・アイ・エス……1
クインテット……1
グリーンランドリゾート……1
サイバーエージェント……2
トーマツイノベーション……1
ドリームインキュベータ……1
ノトコード……1
パソナキャリア……1
ぴあ……1
ビービット……1
プライスウォーターハウス・クーパース……1
ボストンコンサルティンググループ……1
ユナイテッド……1
レイス……2

レイヤーズ・コンサルティング……1
ワタナベエンターテインメント……1
旭化成アミダス……1
吉本興業……1
大和総研……1
中萬学院グループ……1
帝国ホテル……1
東日本高速道路……1
日本入試センター……1

【新聞・出版・広告】
アサツー・ディ・ケー……1
スパイスボックス……1
光村教育図書……1
講談社……1
集英社……1
照林社……1
読売新聞……1
博報堂……3
毎日新聞社……1
明治図書出版……1

【教員・研究員・図書館等】
国立国会図書館……1
東京海洋大学……1
東京大学……3
東大寺学園中高……1

【その他】
漫画家……1
自営業……1
読売巨人軍……1
宝塚歌劇団……1
有限責任監査法人トーマツ……1
不明……5

教育学部

【官公庁】
環境省……1
厚生労働省……3
東京都……2
兵庫県……1
法務省……1

【食料品】
サントリーホールディングス……1
味の素……1

【ガラス・土石製品】
太平洋セメント……1

【鉄鋼】
新日鉄住金……1

【非鉄金属】
住友電気工業……1

【電気機器】
富士通ソーシアルサイエンスラボラトリ……1

【輸送用機器】
トヨタ自動車……1

【電気・ガス業】
東京電力……1

【陸運業】
ＪＲ東日本……1
東武鉄道……1

【情報・通信業】
ＮＨＫ……2
朝日放送……1
ダイヤモンド社……1
ヤフー……1
日本総合研究所……1
毎日放送……1

【卸売業】
伊藤忠商事……1
住友商事……1
長瀬産業……1

【小売業】
ユニクロ……1

【銀行業】
三菱東京ＵＦＪ銀行……1
信金中央金庫……1
日本マスタートラスト信託銀行……1

【証券、商品先物取引業】
ゴールドマンサックス証券……2
ドイツ証券……1

【保険業】
住友生命……1
東京海上日動火災……1

【その他金融業】
日本政策投資銀行……1

【不動産業】
三井不動産……1
武蔵コーポレーション……1

【サービス業】
アイエイエフコンサルティング……1
マッキンゼー・アンド・カンパニー……1
星野リゾート・マネジメント……1
日本証券テクノロジー……1

【新聞・出版・広告】
朝日新聞社……1

【教員・研究員・図書館等】
うすい学園……1
昭和学院秀英中高……1
東京大学……1

【その他】
日本年金機構……1

教養学部

【官公庁】
外務省……3
群馬県……1
経済産業省……1
警察庁……1
航空管制官……1
航空自衛隊……1
国土交通省……1
財務省……2
総務省……2
東京都……1
内閣府……1
福岡市……1

【独立行政法人・大学法人】
国際協力機構……1
日本芸術文化振興会……2

【建設業】
東建コーポレーション……1

【食料品】
レッドブル・ジャパン……1
日本たばこ産業……1

【繊維製品】
ミキハウス……1

【化　学】
プロクター・アンド・ギャンブル・ジャパン……1

【鉄　鋼】
新日鉄住金……1

【機　械】
ＩＨＩ……2
ダイキン工業……1

【電気機器】
パナソニック……1

【輸送用機器】
川崎重工業……1

【海運業】
商船三井……1

【情報・通信業】
ＮＨＫ……2
ＴＢＳ……1
イサナドットネット……1
カプコン……1
ディマージシェア……1
テレビ朝日……1
フジテレビジョン……1
ワークスアプリケーションズ……1
日本総合システム……1

【卸売業】
伊藤忠丸紅鉄鋼……1
伊藤忠商事……1
三菱商事……2

【小売業】
サザビーリーグＨＲ社……1

ニトリ……1

【銀行業】

国際協力銀行……1

三井住友銀行……2

【証券、商品先物取引業】

ＵＢＳ証券……1

ゴールドマンサックス証券……1

【保険業】

第一生命……1

東京海上日動火災……2

【その他金融業】

日本政策投資銀行……1

【不動産業】

三菱地所……1

森トラスト……1

【サービス業】

インベスターズクラウド……1

ドリームインキュベータ……1

プライスウォーターハウスクーパース……1

ボストンコンサルティンググループ……1

ワオ・コーポレーション……1

日本経営システム……1

臨海セミナー……1

【新聞・出版・広告】

スポーツニッポン新聞社……1

数研出版……1

電通……1

読売新聞……1

日本経済新聞社……1

博報堂……1

毎日新聞社……1

【教員・研究員・図書館等】

東京大学……3

【その他】

不明……3

工学部

【官公庁】

愛媛県……1

海上自衛隊……1

国土交通省……1

東京都……1

【建設業】

清水建設……2

大林組……1

東建コーポレーション……1

平成建設……1

【化学】

クラレ……1

【鉄鋼】

ＪＦＥスチール……1

【非鉄金属】

三菱アルミニウム……1

【機械】

ＩＨＩ……2

日立造船……1

【電気機器】

シャープ……1

ファナック……2

沖電気工業……1

日本ＩＢＭ……2

【輸送用機器】

いすゞ自動車……1

ジヤトコ……1

日産自動車……1

【精密機器】

トプコン……1

【その他製品】

サステナジー……1

【電気・ガス業】

四国電力……1

北海道電力……1

【情報・通信業】

ＫＤＤＩ……1

ＮＨＫ……1

ＮＴＴコミュニケーションズ……1

ＮＴＴデータ……1

いい生活……1

ハル研究所……1

フォルシア……1

ヤフー……1

ユー・エス・イー……1

レバレジーズ……1

ワークスアプリケーションズ……1

新日鉄住金ソリューションズ……3

中京テレビ放送……1

【卸売業】

三菱商事……3

東邦薬品……1

【銀行業】

みずほフィナンシャルグループ……1

三菱ＵＦＪ信託銀行……1

三菱東京ＵＦＪ銀行……1

【証券、商品先物取引業】

ゴールドマンサックス証券……1

三菱ＵＦＪモルガン・スタンレー証券……1

野村証券……1

【保険業】

損保ジャパン日本興亜……1

東京海上日動火災……6

【その他金融業】

シンプレクス……1

【不動産業】

リクルート住まいカンパニー……1

東急不動産……1

野村不動産……1

【サービス業】

ＡＮＡスカイビルサービス……1

Ｃａｎｄｌｅ……2

ＩＭＡＧＩＣＡ……1

Ｔａｓｋｅｙ……1

アクセンチュア……1

クックパッド……1

グノシー……1

ケネディクス……1

スローガン……1

ディー・エヌ・エー……1

みずほ情報総研……1

リクルートホールディングス……2

レイヤーズ・コンサルティング……1

楽天……1

日本ＩＢＭサービス……1

日本ユニテック……1

【新聞・出版・広告】

ライブレボリューション……1

電通……1

【その他】

不明……3

理学部

【官公庁】

東京都……1

特許庁……1

【電気機器】

コメット……1

【情報・通信業】

オービック……1

東京システム技研……1

【卸売業】

三井物産……1

【小売業】

イトーヨーカ堂……1

【銀行業】

みずほフィナンシャルグループ……1

三井住友銀行……1

三井住友信託銀行……1

三菱東京ＵＦＪ銀行……1

【保険業】

大同生命……1

【サービス業】

マーサージャパン……1

【教員・研究員・図書館等】
駿台予備学校……1
立川市立立川第八中学校……1
【その他】
W-CARP JAPAN……1
不明……1

農学部

【官公庁】
環境省……2
経済産業省……3
財務省……1
東京都……1
特許庁……1
日本銀行……1
農林水産省……6
林野庁……1
【独立行政法人・大学法人】
国際協力機構……1
【水産・農林業】
グローバルピッグファーム……1
【建設業】
住友林業……2
【食料品】
アサヒ飲料……1
キーコーヒー……1
ベンチャーウイスキー……1
日清フーズ……1
日本たばこ産業……1
宝酒造……1
【繊維製品】
帝人……1
【化学】
富士フイルム……1
【医薬品】
Meiji Seika ファルマ……1
アステラス製薬……1
【電気機器】
三菱電機……1
【輸送用機器】
トヨタ自動車……1
【電気・ガス業】
Looop……1
東邦ガス……1
【卸売業】
丸紅……1
三菱商事……2
住友商事……1
【銀行業】
みずほフィナンシャルグループ……1
三井住友銀行……2
三井住友信託銀行……2
三菱東京UFJ銀行……1
商工組合中央金庫……1
【証券、商品先物取引業】
みずほ証券……1
【保険業】
三井住友海上火災……2
住友生命……1
東京海上日動火災……1
【その他金融業】
日本政策投資銀行……1
農林中央金庫……2
【不動産業】
三井不動産……1
三井不動産リアルティ……1
【サービス業】
Donuts……1
JACリクルートメント……1
smiloops……1
アビームコンサルティング……1
インターリスク総研……1
ヴァリューズ……1
ウルシステムズ……1
クラウドワークス……1
デロイト トーマツ コンサルティング……1
ピー・アンド・イー・ディレクションズ……1
プライスウォーターハウスクーパース……2
フロンティア・マネジメント……1
マーサージャパン……1
【新聞・出版・広告】
大広……1
朝日新聞社……1
【教員・研究員・図書館等】
矢島学園矢島幼稚園……1
【病院】
グリーンパーク動物病院……1
光が丘動物病院……1
西荻動物病院……1
【その他】
在宅ライター……1
産業遺産国民会議……1
全国地方銀行協会……1
日本生物科学研究所……1
農業共済組合……1

薬学部

〈薬学科〉

【医薬品】
アステラス製薬……1
クインタイルズ・トランスナショナル・ジャパン……1
【小売業】
アインホールディングス……1
【新聞・出版・広告】
メディックメディア……1
【病院】
聖路加国際病院……1
東京大学医学部附属病院……1
浜松医科大学……1

〈薬科学科〉

【官公庁】
特許庁……1
【情報・通信業】
グローバルテクノロジーサービス……1
【卸売業】
伊藤忠商事……1
【サービス業】
アビームコンサルティング……1

医学部

〈医学科〉

【教員・研究員・図書館等】
国際医療研究センター国府台病院……1
国立国際医療研究センター……3
東京山手メディカルセンター……2
【病院】
NTT東日本関東病院……4
がん研有明病院……1
沖縄県立中部病院……1
茅ヶ崎市立病院……1
関東労災病院……1
慶應義塾大学病院……1
健康長寿医療センター……3
虎の門病院……2
公立昭和病院……5
国保旭中央病院……2
佐久市立国保浅間総合病院……2
三楽病院……2
自治医科大学附属病院……1
宍粟総合病院……1
焼津市立総合病院……3
新潟市民病院……1
聖路加国際病院……1
青梅市立総合病院……1
千葉県立病院……1
川崎市立川崎病院……1
倉敷中央病院……1
大阪赤十字病院……1
竹田綜合病院……1
津島市民病院……1
東京高輪病院……1
東京新宿

メディカルセンター 1
東京大学医学部附属病院 24
東京逓信病院 2
東京北医療センター 1
藤枝市立総合病院 3
同愛記念病院 2
南相馬市立総合病院 1
日本赤十字社医療センター 6
日立総合病院 1
平塚市民病院 1
墨東病院 1
名戸ヶ谷病院 2

〈健康総合科学科〉

【ゴム製品】
モルテン 1

【教員・研究員・図書館等】
インタラック 1
東京大学 1

【病院】
佐久総合病院 1
東京大学医科学研究所附属病院 1
東京大学医学部附属病院 2

法学政治学研究科

〈修士課程〉

【サービス業】
西村あさひ法律事務所 1
萬國法律事務所 1

【その他】
不明 2

〈博士課程〉

【教員・研究員・図書館等】
学習院大学 1
駒澤大学 1
首都大学東京 1
東京大学 3
日本学術振興会特別研究員 1
名古屋商科大学 1
名古屋大学 1

【その他】
韓国大検察庁 1
日本エネルギー経済研究所 1
不明 3

〈専門職学位課程〉

【官公庁】
金融庁 1
経済産業省 1
東京国税局 1
日本銀行 1

【電気機器】
NEC 1

【サービス業】
森・濱田松本法律事務所 1
西村あさひ法律事務所 1

【教員・研究員・図書館等】
国立情報学研究所 1
東京大学 4

【その他】
不明 2

経済学研究科

〈修士課程〉

【官公庁】
金融庁 1
内閣府 2

【鉄鋼】
JFEスチール 1

【情報・通信業】
CWV 1
Cygames 1
NTTデータ 1
マクロミル 1
ワークスアプリケーションズ 1
三菱総合研究所 1
日本総合研究所 1

【卸売業】
伊藤忠丸紅鉄鋼 1
三菱商事 1

【銀行業】
みずほフィナンシャルグループ 2
三菱東京UFJ銀行 2

【証券、商品先物取引業】
SMBC日興証券 2
UBS証券 1
大和証券 1
野村証券 1

【保険業】
マニュライフ生命保険 1
日本生命 1

【その他金融業】
シンプレクス 2
野村アセットマネジメント 1

【不動産業】
シノケングループ 1

【サービス業】
EYアドバイザリー 1
Finatext 1
ディー・エヌ・エー 1
デロイト トーマツ コンサルティング 1
リクルートホールディングス 1
日本IBMサービス 1
日本能率協会コンサルティング 1

【新聞・出版・広告】
新学社 1

【その他】
新日本有限責任監査法人 1
生命保険協会 1

〈博士課程〉

【サービス業】
日本人材機構 1

【教員・研究員・図書館等】
金沢星稜大学 1
東京大学 2
東京大学ものづくり経営研究センター 1
武蔵野大学 1

【その他】
三菱経済研究所 1

公共政策大学院

〈専門職学位課程〉

【官公庁】
外務省 2
環境省 1
金融庁 1
熊本県 1
国土交通省 4
財務省 1
衆議院法制局 1
総務省 2
東京都 4
内閣府 2
文部科学省 2
防衛省 3

【独立行政法人・大学法人】
国際協力機構 2
産業技術総合研究所 1

【医薬品】
協和発酵キリン 1

【金属製品】
日鉄住金ドラム 1

【機械】
ABB 1

【電気機器】
パナソニック 1
三菱電機 1
日本IBM 1
日立製作所 1

【海運業】
日本郵船 1

【情報・通信業】
NHK 1
みずほ総合研究所 1
三菱UFJリサーチ&

コンサルティング……1
浜銀総合研究所……1
【卸売業】
三井物産……1
三菱商事……1
【銀行業】
三井住友銀行……1
三井住友信託銀行……1
中国人民銀行……1
【証券、商品先物取引業】
JPモルガン証券……1
ゴールドマンサックス証券…2
シティグループ証券……1
ドイツ証券……1
みずほ証券……1
メリルリンチ日本証券……1
【その他金融業】
日本政策金融公庫……1
【サービス業】
A. T. カーニー……2
SAPジャパン……1
コアネット……1
デロイト トーマツ
　コンサルティング……1
バズフィードジャパン……1
プライスウォーターハウス・
　クーパース……1
マッキンゼー・アンド・カンパ
　ニー……1
リクルートキャリア……1
リクルートジョブズ……1
ローランド・ベルガー……1
越秀集団……1
日建設計総合研究所……1
【教員・研究員・図書館等】
東京大学……1
宇宙航空研究開発機構……1
慶應義塾……1
【その他】
新日本有限責任監査法人……1
駐日アルゼンチン大使館……1
起業準備……1
不明……1

人文社会系研究科

〈修士課程〉
【官公庁】
東京都……2
【建設業】
大成建設……1
【電気機器】
シャープ……1
ソニー……1
日立製作所……1
【輸送用機器】
ヤマハ発動機……1
【その他製品】
サーモス……1
レジェンド・
　アプリケーションズ……1
【電気・ガス業】
大阪ガス……1
【情報・通信業】
ヤフー……1
ワークスアプリケーションズ……1
共同通信社……1
有斐閣……1
【銀行業】
全国銀行協会……1
【保険業】
三井住友海上あいおい生命……1
【サービス業】
アール・ピーアイ……1
みずほ情報総研……1
リードエグジビション
　ジャパン……1
東京海上日動リスクコンサル
　ティング……1
【新聞・出版・広告】
春風社……1
小学館……1
早稲田文学会……1
東京書籍……1
【教員・研究員・図書館等】
アークアカデミー……1
タカ・イシイギャラリー……1
千葉市立椿森中学校……1
ポーラ美術館……1
下関学院……1
海城中高……1
錦城高校……1
行知学園日本語学校……1
国立国会図書館……1
市川学園市川中高……1
太田市立太田中高……1
都立蔵前工業高校……1
東海学園高校……1
東京大学……1
東京藝術大学……1
福島県立原町高校……1
立命館大学……1
獨協中高……1
【その他】
JA共済総合研究所……1
ギャラリークローゼット……1
翻訳家……1
不明……2
〈博士課程〉
【官公庁】
長崎県……1
科学警察研究所……1
藤岡市……1
【精密機器】
ニコン……1
【証券、商品先物取引業】
楽天証券……1
【教員・研究員・図書館等】
お茶の水女子大学……1
ソウル大学……1
圓光大学校……1
韓国映画振興委員会……1
京都大学……1
国士舘大学……1
首都大学東京……1
秀明大学……1
尚絅大学……1
常葉学園大学……1
東京外国語大学……1
東京工科大学、
　東洋英和女学院大学……1
東京大学……14
東大寺総合文化センター……1
東洋文庫……1
二松學舍大学……1
日本学術振興会……4
飯田市歴史研究所……1
富山大学……1
武蔵野大学……1
法政大学……2
立命館アジア太平洋大学……1
【その他】
不明……3

教育学研究科

〈修士課程〉
【官公庁】
衆議院事務局……1
東京都……2
東京都福祉保健局……1
文部科学省……2
法務省……1
北海道教育委員会……1
【石油・石炭製品】
JX日鉱日石エネルギー……1
【情報・通信業】
医学映像教育センター……1
三菱総合研究所……1
【保険業】
第一生命……1
【サービス業】
LITALICO……1

トライグループ……1
レイヤーズ・コンサルティング……1

【新聞・出版・広告】
スパイスボックス……1
ライブレボリューション……1
博報堂ＤＹデジタル……1

【教員・研究員・図書館等】
開智学園……1
葛飾区子ども発達センター……1
群馬県立県民健康科学大学……1
上智学院……1
神戸大学……1
世田谷学園中高……1
長野県公立小学校……1
東京大学……3
東京都立日比谷高校……1
日本大学櫻丘高校……1
立命館アジア太平洋大学……1

【その他】
不明……1

〈博士課程〉

【独立行政法人・大学法人】
大学改革支援・学位授与機構……1

【海運業】
商船三井……1

【教員・研究員・図書館等】
韓国梨花女子大学校……1
群馬大学……1
慶應義塾大学……1
千葉県立木更津東高校……1
東京大学……2
東北大学……1
奈良教育大学……1
港区赤羽小学校……1
山梨学院大学……1

【病院】
一宮メンタルクリニック……1

総合文化研究科

〈修士課程〉

【官公庁】
静岡県……1
総務省……1
特許庁……1

【独立行政法人・大学法人】
国際協力機構……1

【水産・農林業】
日本水産……1

【食料品】
アサヒビール……1
三井製糖……1
日本たばこ産業……1

【化学】
三井化学……1
三菱ガス化学……1
小林製薬……1
新日鉄住金化学……1
本州化学工業……1

【医薬品】
持田製薬……1
新日本科学ＰＰＤ……1

【石油・石炭製品】
ＪＸ日鉱日石エネルギー……1

【非鉄金属】
ＹＫＫ……1
古河電気工業……1

【機械】
ダイキン工業……1

【電気機器】
ＳＭＫ……1
オムロン……1
シスメックス……1
シャープ……1
ソニー……1
パナソニック……2
マイクロンメモリジャパン……1
リコー……1
横河電機……1
三菱電機……2
東芝……1
日本ＩＢＭ……1
日本分光……1
日立製作所……2

【輸送用機器】
ジャパンマリンユナイテッド……1
デンソー……1
トヨタ自動車……1

【陸運業】
ＪＲ東日本……1

【倉庫・運輸関連業】
日本通運……1

【情報・通信業】
ＮＥＣソリューション
イノベータ……1
ＮＨＫ……3
ＮＴＴソフトウェア……1
ＮＴＴデータ・アイ……1
ＮＴＴドコモ……2
アンテリジャン……1
インフォセンス……1
ガイアックス……1
スクウェア・エニックス……2
ソフトバンク……1
ネフロック……1
フロム・ソフトウェア……1
ヤフー……2
ワークスアプリケーションズ……4
新日鉄住金ソリューションズ……2
福音館書店……1

【卸売業】
東陽テクニカ……1

【小売業】
アールビバン……1
セブン・イレブン・ジャパン……1

【銀行業】
マッコーリーグループ……1
国際協力銀行……1

【保険業】
アクサ生命……1
ニュートン・フィナンシャル・
コンサルティング……1

【不動産業】
不明……2

【サービス業】
ＬＩＮＥ……1
ＲＥＶＯＩＳＴ……1
アビームコンサルティング……1
エイチ・アイ・エス……1
グローバルビジョン
テクノロジー……1
ディー・エヌ・エー……1
バーチャレクス・
コンサルティング……1
ビッグツリーテクノロジー&
コンサルティング……1
プライスウォーターハウス・
クーパース……1
リクルートキャリア……1
日本リサーチセンター……1
日立コンサルティング……2

【新聞・出版・広告】
ＧＭＯイノベーターズ……1
エフ・コード……1
ソネット・メディア・
ネットワークス……1
朝日新聞社……1
北海道新聞社……1
毎日新聞社……1

【教員・研究員・図書館等】
Ｇａｂａ……1
つくば秀英高校……1
ブレーンバンク……1
ユニタス日本語学校……1
愛知淑徳中高……1
京都市立西京高校……1
国立国会図書館……3
三江学院……1
神戸市立科学技術高校……1
盛岡第三高校……1

東京大学……1

【その他】

アンスティテュ・フランセ横浜……1
在重慶日本総領事館……1
日本国際協力システム……1
日本生活協同組合連合会……1
不明……2

〈博士課程〉

【食料品】

ヤクルト本社……1
森永乳業……1

【電気機器】

コニカミノルタ……1

【情報・通信業】

NTTコミュニケーション科学基礎研究所……1
ブルームバーグ……1

【証券、商品先物取引業】

三菱UFJモルガン・スタンレー証券……1

【サービス業】

ヴァリューズ……1
ニューディアー……1

【教員・研究員・図書館等】

日本学術振興会……1
宇宙航空研究開発機構……1
近畿大学……1
国際基督教大学……1
小樽商科大学……1
神戸市外国語大学……1
静岡文化芸術大学……1
早稲田大学……1
大阪大学……1
東京医科歯科大学……1
東京大学……9
東北大学……1
日本学術振興会……1
明治大学……1
理化学研究所……1
不明……5

【病院】

二宮病院……1

【その他】

国立障害者リハビリテーションセンター研究所……1

工学系研究科

〈修士課程〉

【官公庁】

会計検査院……1
岩手県……1
経済産業省……2
原子力規制庁……1
国土交通省……9
総務省……2
東京都……4
特許庁……2
日本銀行……2
福島県……1
文部科学省……2
防衛省……3
練馬区……1

【独立行政法人・大学法人】

国際協力機構……1
産業技術総合研究所……1

【鉱業】

国際石油開発帝石……3
石油資源開発……2

【建設業】

JFEエンジニアリング……1
アーテンバーク……1
アラップ……1
オーク構造設計……1
オリエンタルコンサルタンツ……1
ジェイアール東日本建築設計事務所……1
不明……1
旭化成ホームズ……1
安藤・間……1
荏原商事……1
乾久美子建築設計事務所……1
久米設計……1
高砂熱学工業……1
佐藤淳構造設計事務所……1
三菱地所設計……2
三菱日立パワーシステムズ……9
鹿島……4
住友林業……1
新日鉄住金エンジニアリング……1
清水建設……7
石本建築事務所……1
千代田化工建設……1
大成建設……5
大林組……1
大和ハウス工業……1
竹中工務店……5
東京設計事務所……1
東電設計……1
内藤廣建築設計事務所……1
日揮……3
日建設計……2
日本設計……5
堀部安嗣建築設計事務所……1

【食料品】

アサヒ飲料……1
キリン……2
サントリーホールディングス……3
ユニーク……1
日本たばこ産業……2
味の素……1

【繊維製品】

帝人……1
東レ……6

【パルプ・紙】

王子ホールディングス……1

【化学】

エヌ・イーケムキャット……1
カネカ……1
クラレ……1
ダウ・ケミカル……2
デンカ……1
バイエル薬品……1
旭化成……5
宇部興産……2
花王……2
協和発酵バイオ……1
三菱ガス化学……1
三菱レイヨン……1
三菱化学……4
住友化学……3
昭和電工……3
信越化学工業……3
積水化学工業……2
東洋合成工業……1
日産化学工業……1
日本触媒……1
富士フイルム……3
不明……1

【医薬品】

アステラス製薬……1
ジョンソン・エンド・ジョンソン……1
協和発酵キリン……2
第一三共……1
中外製薬……1
田辺三菱製薬……1
白鳥製薬……1
武田薬品工業……1

【石油・石炭製品】

JX石油開発……1
JX日鉱日石エネルギー……4
三菱商事石油開発……1
昭和シェル石油……3
東燃ゼネラル石油……1

【ゴム製品】

ブリヂストン……5
住友ゴム……1

【ガラス・土石製品】

TOTO……1

旭硝子……1
日本電気硝子……1
【鉄鋼】
ＪＦＥスチール……5
新日鉄住金……10
日立金属……1
【非鉄金属】
ＪＸ金属……1
フジクラ……1
三菱マテリアル……2
住友金属鉱山……1
住友電気工業……3
【機械】
ＩＨＩ……13
ＩＨＩエアロスペース……1
エスユーエス……1
クボタ……1
コマツ……2
ダイキン工業……1
タクマ……1
ヤンマー……1
栗田工業……1
三井海洋開発……2
三菱重工業……13
小松製作所……1
新川……1
日本ビルコン……1
日立建機……1
【電気機器】
ＧＥヘルスケア・ジャパン……1
ＮＥＣエナジーデバイス……1
キーエンス……4
ギガフォトン……1
キヤノン……3
コニカミノルタ……1
ザインエレクトロニクス……1
セイコーエプソン……2
ソニー……6
パナソニック……8
ファナック……5
リコー……1
横河電機……1
京セラ……2
共和電業……1
三菱電機……4
三菱電機照明……1
村田製作所……4
東京エレクトロン……2
東芝……9
東芝電子管デバイス……1
東芝燃料電池システム……1
日本ＩＢＭ……4
日本電産……1
日本分光……1
日立製作所……17
富士ゼロックス……2
富士ゼロックスアドバンスト
テクノロジー……1
富士通……3
明電舎……1
【輸送用機器】
ＮＯＫ……1
カルソニックカンセイ……1
ジャパンマリンユナイテッド
……2
デンソー……6
トヨタ自動車……20
ボッシュ……1
ヤマハ発動機……1
川崎重工業……6
日産自動車……7
日本車輌製造……1
日野自動車……1
富士重工業……1
豊田自動織機……2
本田技研工業……3
【精密機器】
オリンパス……5
セイコーインスツル……1
ニコン……3
ルネサスシステムデザイン……1
島津製作所……1
日本ナショナル
インスツルメンツ……1
【その他製品】
ｎｅｎｄｏ……1
アピリッツ……1
ヤマハ……2
任天堂……2
【電気・ガス業】
九州電力……1
大阪ガス……1
中部電力……2
電力広域的運営推進機関……1
東京ガス……6
東京電力……3
【陸運業】
ＪＲ九州……1
ＪＲ西日本……3
ＪＲ東海……10
ＪＲ東日本……3
京浜急行電鉄……1
小田急電鉄……1
東京急行電鉄……1
東京地下鉄……1
名古屋鉄道……1
【海運業】
日本郵船……2
【空運業】
ＡＮＡ……3
【情報・通信業】
ＫＤＤＩ……1
ＮＨＫ……1
ＮＴＴ……2
ＮＴＴデータ……4
ＮＴＴドコモ……2
ＮＴＴ東日本……3
PLK TECHNOLOGIES……1
インターネット
イニシアティブ……1
エヌシーアイ総合システム……1
コロプラ……2
ジェー・シー・スタッフ……1
スクウェア・エニックス……1
セールスフォース・
ドットコム……1
ソフトバンク……4
テレビ朝日……1
パンダネット……1
みんなのウェディング……1
ヤフー……2
レバレジーズ……1
光通信……2
構造計画研究所……1
佐々木睦朗構造計画研究所……1
三菱総合研究所……2
新日鉄住金ソリューションズ
……1
日経ＢＰ……1
日本ラッド……1
富士通ミッションクリティカル
システムズ……1
野村総合研究所……5
不明……1
【卸売業】
伊藤忠商事……2
丸紅……2
三井物産……2
三菱商事……4
住友商事……4
星野楽器……1
双日……1
日立ハイテクノロジーズ……1
【小売業】
ＳＰｉｎｎｏ……1
ＴＥＣインターナショナル……1
【銀行業】
クレディ・スイス……1
ドイツ銀行……1
りそな銀行……1
国際協力銀行……1
三井住友銀行……3
三菱ＵＦＪ信託銀行……1
三菱東京ＵＦＪ銀行……3
【証券、商品先物取引業】

JPモルガン証券……1
SMBC日興証券……1
ゴールドマンサックス証券……3
みずほ証券……1
三菱UFJモルガン・スタンレー証券……1
野村証券……3

【保険業】
三井住友海上火災……2
東京海上日動火災……6
日本生命……2
不明……1

【その他金融業】
JPモルガン・チェース……1
シンプレクス……1
日本取引所グループ……1
日本政策投資銀行……2
野村アセットマネジメント……1

【不動産業】
オープンハウス……1
リアルパートナーズ……1
三井不動産……1
三菱地所……1
森ビル……3
日本GE……1

【サービス業】
LITALICO……1
PwCあらた監査法人……1
SMS……1
Strategy&……1
アクセンチュア……4
アビームコンサルティング……1
アルテップ……1
ヴァリューズ……2
エムスリー……1
クックパッド……1
ジェイ・ウォルター・トンプソン・ジャパン……1
セコム……2
ディー・エヌ・エー……1
デロイト トーマツ コンサルティング……5
ときわ会……1
パシフィックコンサルタンツ……1
パデコ……1
ビズリーチ……1
プライスウォーターハウス・クーパース……1
ボストン・コンサルティング・グループ……1
ボストンコンサルティンググループ……2
マッキンゼー・アンド・カンパニー……5
みずほ情報総研……1
リクルートジョブズ……1
リクルートホールディングス……1
リクルートライフスタイル……1
ローランド・ベルガー……1
楽天……1
建設技術研究所……1
首都高速道路……1
住化分析センター……1
大日本印刷……1

【新聞・出版・広告】
電通……2
毎日新聞社……1

【教員・研究員・図書館等】
さなる九州……1
医薬品医療機器総合機構……1
宇宙航空研究開発機構……4
韓国電子通信研究院……1
石油天然ガス・金属鉱物資源機構……1
理化学研究所……1

【その他】
エコー防災……1
兵役特例……1
不明……1

〈博士課程〉

【官公庁】
ミャンマー農業灌漑省……1
埼玉県……1
東京都心身障害者福祉センター……1
特許庁……1

【独立行政法人・大学法人】
産業技術総合研究所……1

【建設業】
アラップ……1
フジタ……1

【繊維製品】
東レ……2

【化学】
JSR……1
カネカ……1
旭化成……1

【医薬品】
ノバルティスファーマ……1
協和発酵キリン……1
第一三共……1

【ゴム製品】
住友理工……1

【非鉄金属】
住友電気工業……1

【電気機器】
NEC……1
ソニー……1
ファナック……1
三菱電機……2
東芝……1
日立製作所……4

【輸送用機器】
日産自動車……1

【精密機器】
テルモ……1
ニコン……1

【情報・通信業】
KDDI……1
アップル・インコーポレイテッド……1
三菱総合研究所……1

【卸売業】
日立ハイテクノロジーズ……1

【サービス業】
マッキンゼー・アンド・カンパニー……1
豊田中央研究所……1

【教員・研究員・図書館等】
大阪大学……1
カリフォルニア大学……1
九州工業大学……1
九州大学……1
シンガポール科学技術研究庁……1
筑波大学……1
東京工業大学……1
ナノ医療イノベーションセンター……2
マックス・プランク研究所……1
愛媛大学……1
宇宙航空研究開発機構……2
京都大学……2
高エネルギー加速器研究機構……2
国立循環器病研究センター……1
黒龍江大学……1
新エネルギー・産業技術総合開発機構……1
足利工業大学……1
東京大学……26
東京理科大学……2
日本学術振興会……1
北海道大学……1
北京林業大学……1
理化学研究所……6
不明……4

【その他】
世界銀行……1

〈専門職学位課程〉

【官公庁】
原子力規制委員会……1
原子力規制庁……1

【電気・ガス業】

九州電力　2
四国電力　1
電源開発　1
日本原子力発電　1
北陸電力　1
不明　1

【教員・研究員・図書館等】

東京大学　1
日本原子力研究開発機構　1

理学系研究科

〈修士課程〉

【官公庁】

環境省　1
気象庁　4
金融庁　1
神奈川県　1
青梅市　1
特許庁　1
文部科学省　1
防衛省　1

【建設業】

九電工　1
日本資材　1

【食料品】

カルビーポテト　1
ニチレイフーズ　1
日清食品ホールディングス　1
日本たばこ産業　1
日本製粉　1
味の素　1

【繊維製品】

キャブ　1

【化学】

ＡＤＥＫＡ　1
クレハ　1
デンカ　1
旭化成　1
花王　2
協和発酵バイオ　1
合同資源　1
三井化学　1
三井化学分析センター　1
三井物産ケミカル　1
積水化学工業　1
東洋合成工業　1
和信化学工業　1

【医薬品】

Meiji Seika ファルマ　1
エスアールディ　1
デンカ生研　1
協和発酵キリン　1
参天製薬　1
第一三共　1
第一三共ＲＤノバーレ　1
沢井製薬　1
帝國製薬　1
田辺三菱製薬　1
日本イーライリリー　1

【石油・石炭製品】

ＪＸ石油開発　1
三井石油開発　1

【鉄鋼】

ＪＦＥスチール　1

【非鉄金属】

三菱マテリアル　2

【機械】

ダイキン工業　2
三菱重工業　1

【電気機器】

ＮＥＣ　2
キーエンス　1
シスメックス　1
セントラルエンジニアリング　1
パナソニック　4
ルネサスエレクトロニクス　1
京セラ　2
三菱電機　1
村田製作所　1
東芝　4
日本ＩＢＭ　2
日本ノーベル　1
日立製作所　1
富士電機　1

【輸送用機器】

デンソー　2

【精密機器】

東京計器　1

【その他製品】

ＳＣＳＫ　1
レジェンド・アプリケーションズ　1
不明　1

【電気・ガス業】

古川電気工業　1

【陸運業】

ＪＲ西日本　2
社会システム　1

【情報・通信業】

ＮＥＣソリューションイノベータ　1
ＮＨＫ　1
ＮＴＴ　1
ＮＴＴデータ　1
サイボウズ　1
テレビ朝日　1
フォルシア　1
ワークスアプリケーションズ　2
三菱ＵＦＪリサーチ&コンサルティング　1
三菱スペース・ソフトウェア　1
三菱総合研究所　3
新日鉄住金ソリューションズ　1
東芝ソリューション　1
日鉄住金テクノロジー　1
日本システム開発　1
不明　2

【卸売業】

丸紅　2

【銀行業】

みずほフィナンシャルグループ　1
三井住友銀行　2
三井住友信託銀行　1
三菱東京ＵＦＪ銀行　1

【証券、商品先物取引業】

ＳＭＢＣ日興証券　1
ゴールドマンサックス証券　1
みずほ証券　1
大和証券　1
野村証券　1

【保険業】

損保ジャパン　1
東京海上日動火災　1
日新火災海上　1

【その他金融業】

シンプレクス　2

【サービス業】

Ａ．Ｔ．カーニー　1
ＵＴシステム　1
オロ　1
ジェイアール東日本コンサルタンツ　1
シミック　1
データアーティスト　1
テクノスデータサイエンス・エンジニアリング　1
テクノプロ・デザイン社　1
フリークアウト　1
ボストンコンサルティンググループ　2
メディカル・イノベーション　1
住化分析センター　1
大日本印刷　1
日興システムソリューションズ　1
日本ＩＢＭサービス　1
乃村工藝社　1

【教員・研究員・図書館等】

宇宙航空研究開発機構 1
学研エデュケーショナル 1
材料科学技術振興財団 1
東京大学 2
東京都立産業技術研究センター 1

【病院】

日本調剤 1

【その他】

宇宙技術開発 1
日本気象協会 1
不明 4

〈博士課程〉

【官公庁】

警察庁 2
気象庁 1
特許庁 1
文部科学省 1

【独立行政法人・大学法人】

産業技術総合研究所 1

【化学】

JNC 1
P&G 1
グラクソ・スミスクライン 1
モメンティブ・パフォーマンス・マテリアルズ 1
三井化学 1
三菱化学エンジニアリング 1
昭和電工 1
信越化学工業 1
大阪ソーダ 1
富士フイルム 1

【医薬品】

MICメディカル 1
アステラス製薬 2
エーザイ 1
デンカ生研 1
協和発酵キリン 1
天野エンザイム 1
武田薬品工業 1

【ゴム製品】

ブリヂストン 1

【ガラス・土石製品】

AGCプライブリコ 1

【電気機器】

NEC 3
三菱電機 2
東芝 1
東芝電波システムエンジニアリング 1
日立製作所 1

【精密機器】

天馬微電子 1

【その他製品】

とめ研究所 2

【情報・通信業】

GMOクラウド 1
GSI 1
NTT 1
NTTデータ 2
アララ 1
サイバネットシステム 1
セック 1
ユー・エス・イー 1
構造計画研究所 1
富士通エフ・アイ・ピー 1

【証券、商品先物取引業】

みずほ証券 1

【その他金融業】

シンプレクス 1

【サービス業】

オースビー 1
ダイヤコンサルタント 1
データフォーシーズ 1
ナガセ 1
プロフォト 1
リクルートスタッフィング 1
リクルートホールディングス 1
河合塾 1
中国専利代理 1

【新聞・出版・広告】

羊土社 1

【教員・研究員・図書館等】

エディンバラ大学 1
大阪大学 1
岡山大学 1
カリフォルニア大学アーバイン校 1
神戸大学 1
ジョンズ・ホプキンス大学 1
名古屋大学 1
バージニア工科大学 1
フリブール大学 1
マックス・プランク研究所 1
ユリウス・マクシミリアン大学ヴュルツブルク 1
愛知工業大学 1
海洋研究開発機構 2
京都産業大学 1
京都大学 2
慶應義塾大学 1
甲南大学 1
高エネルギー加速器研究機構 4
高知大学 1
国立遺伝学研究所 1
国立極地研究所 1
国立天文台 3
首都大学東京 1
東京工業大学 2
東京大学 34
東京薬科大学 1
東北大学 3
奈良先端科学技術大学院大学 1
日本科学未来館 1
日本学術振興会 2
不明 1
武蔵野美術大学 1
防災科学技術研究所 1
明治大学 1
理化学研究所 5

【その他】

オランダ宇宙研究所 1
広島市みどり生きもの協会 1
不明 7

情報理工学系研究科

〈修士課程〉

【官公庁】

特許庁 1
日本銀行 1

【鉱業】

国際石油開発帝石 1

【化学】

P&G 1
プロクター・アンド・ギャンブル・ジャパン 1

【機械】

GFT 1
IHI 1
三菱重工業 1

【電気機器】

NEC 1
キーエンス 1
キヤノン 1
ソニー 6
ファナック 2
三菱電機 3
三菱電機インフォメーションネットワーク 1
東芝 4
日立製作所 7
富士通 3

【輸送用機器】

いすゞ自動車 1
デンソー 1
トヨタ自動車 2
本田技研工業 1

【精密機器】

ニコン 1
東京計器 1

【その他製品】
foo．log …… 1
セガゲームス …… 1
任天堂 …… 2
【電気・ガス業】
東京電力 …… 1
【陸運業】
JR東海 …… 1
JR東日本 …… 1
【海運業】
商船三井 …… 1
【情報・通信業】
AtCoder …… 1
KDDI …… 1
NTT …… 6
NTTコミュニケーションズ …… 1
NTTデータ …… 9
NTTドコモ …… 1
NTT研究所 …… 1
OCNデジタル …… 1
PLK TECHNOLCGIES …… 1
アイヴィス …… 1
いい生活 …… 1
インテリジェントシステムズ …… 1
エヌジェーケー …… 1
グーグル …… 3
グリー …… 1
コスモ通信 …… 1
ザイオソフト …… 1
シスコシステムズ …… 1
スクウェア・エニックス …… 2
ソニー・コンピュータエンタテインメント …… 1
ソフトバンク …… 2
デジタルアーツ …… 1
ドリコム …… 1
ドワンゴ …… 1
ニッセイ情報テクノロジー …… 2
フューチャーアーキテクト …… 1
マイネット …… 1
ヤフー …… 8
ワークスアプリケーションズ …… 1
学研プラス …… 1
新日鉄住金ソリューションズ …… 1
東芝マイクロエレクトロニクス …… 1
日鉄日立システムエンジニアリング …… 1
日本オラクル …… 1
日本マイクロソフト …… 2
日本ユニシス …… 1
野村総合研究所 …… 1
【銀行業】
みずほフィナンシャルグループ …… 2
【証券、商品先物取引業】
ドイツ証券 …… 2
モルガン・スタンレーMUFG証券 …… 1
【保険業】
第一生命 …… 1
明治安田生命 …… 1
【その他金融業】
Phatra Securities …… 1
データ・フォアビジョン …… 1
不明 …… 1
【サービス業】
L.E.K.コンサルティング …… 1
LINE …… 1
Mist Technologies …… 1
Moff …… 1
アクセリア …… 1
アクセンチュア …… 1
チームラボ …… 1
ディー・エヌ・エー …… 2
テクノスデータサイエンス・エンジニアリング …… 1
デロイト トーマツコンサルティング …… 1
ドリームインキュベータ …… 1
プライスウォーターハウスクーパース …… 1
モジック …… 1
リクルート …… 1
リクルートコミュニケーションズ …… 1
リクルートホールディングス …… 5
楽天 …… 2
千 …… 1
日本IBMサービス …… 1
富士通CIT …… 1
【新聞・出版・広告】
電通 …… 1
【教員・研究員・図書館等】
渋谷教育学園幕張中高 …… 1
【その他】
全日本ピアノ指導者協会 …… 1
不明 …… 1

数理科学研究科

〈修士課程〉
【情報・通信業】
NTTデータ …… 1
アウトソーシング・テクノロジー …… 1
富士通研究所 …… 1
野村総合研究所 …… 1
【証券、商品先物取引業】
野村証券 …… 1
【保険業】
第一生命 …… 1
【教員・研究員・図書館等】
教員 …… 2
【その他】
損害保険料率算出機構 …… 1
不明 …… 3
〈博士課程〉
【教員・研究員・図書館等】
九州大学 …… 1
東京理科大学 …… 1
ニューサウスウェールズ大学 …… 2
不明 …… 1
浦項工科大学校 …… 1
京都大学 …… 3
研究員 …… 1
千葉大学 …… 1
早稲田大学 …… 1
中央研究院 …… 1
東京大学 …… 14
日本学術振興会 …… 1

農学生命科学研究科

〈修士課程〉
【官公庁】
千葉県 …… 1
環境省 …… 1
岩手県 …… 1
熊本県 …… 1
経済産業省 …… 2
厚生労働省 …… 1
国税庁 …… 1
埼玉県 …… 1
新潟県 …… 1
水産庁 …… 1
東京都 …… 2
農林水産省 …… 8
福島県 …… 1
文部科学省 …… 2
林野庁 …… 1
【水産・農林業】
サカタのタネ …… 1
ナイス …… 1
【鉱業】
国際石油開発帝石 …… 1
【建設業】
オリエンタルコンサルタンツ

…… 1
五洋建設 …… 1
清水建設 …… 2
大成建設 …… 1

【食料品】

カゴメ …… 2
キッコーマン …… 1
キリン …… 1
サントリーホールディングス …… 1
タキイ種苗 …… 1
ニチレイフーズ …… 1
ハウス食品 …… 1
ブルボン …… 1
ロッテ …… 1
虎屋 …… 1
山崎製パン …… 2
森永製菓 …… 1
雪印メグミルク …… 1
日本ハム …… 2
日本製粉 …… 2
味の素 …… 6

【繊維製品】

グンゼ …… 1

【パルプ・紙】

王子ホールディングス …… 1
特種東海製紙 …… 1
日本製紙 …… 1

【化学】

エステー …… 1
クミアイ化学工業 …… 1
スリーエムジャパン …… 1
ダイセル …… 1
デュポン …… 1
ミルボン …… 1
ユニ・チャーム …… 1
旭化成 …… 1
花王 …… 1
高砂香料工業 …… 1
三井化学アグロ …… 1
住友化学 …… 1
長谷川香料 …… 2
扶桑化学工業 …… 1

【医薬品】

Huons …… 1
アイコン・ジャパン …… 1
エスアールディ …… 1
クインタイルズ・トランスナショナル・ジャパン …… 2
ノバルティスファーマ …… 1
フナコシ …… 1
久光製薬 …… 1
佐藤製薬 …… 1
生化学工業 …… 2
中外製薬 …… 2
東洋新薬 …… 1

【ゴム製品】

住友ゴム …… 1

【金属製品】

シブタニ …… 1
貝印 …… 1

【電気機器】

NEC …… 1
ゼネラル・エレクトリック …… 1
パナソニック …… 1
日本IBM …… 1
富士通 …… 1

【輸送用機器】

トヨタ自動車 …… 1
日産自動車 …… 1
富士重工業 …… 1

【精密機器】

アジレント・テクノロジー …… 1
大研医器 …… 1

【その他製品】

ニッポンジーン …… 1

【電気・ガス業】

中部電力 …… 1

【陸運業】

JR西日本 …… 1

【空運業】

ANA …… 2
国際航業 …… 1

【倉庫・運輸関連業】

住友倉庫 …… 1
澁澤倉庫 …… 1

【情報・通信業】

NHK …… 1
NHNテコラス …… 1
NTTデータ …… 1
エムティーアイ …… 1
クロス・マーケティング …… 1
ニッセイ情報テクノロジー …… 1
パナソニックシステムネットワークス …… 1
ホロンシステム …… 1
ヤフー …… 1
レバレジーズ …… 1
ワークスアプリケーションズ …… 3
光通信 …… 1
三菱総合研究所 …… 2
富士通ビー・エス・シー …… 1

【卸売業】

アストモスエネルギー …… 1
タキヒヨー …… 1
伊藤忠商事 …… 2
三菱商事 …… 2
双日 …… 1

【小売業】

エー・ピーカンパニー …… 1

【銀行業】

三井住友銀行 …… 1
三菱東京UFJ銀行 …… 1

【証券、商品先物取引業】

ゴールドマンサックス証券 …… 1
モルガン・スタンレーMUFG証券 …… 1
野村証券 …… 2

【保険業】

アニコム損保 …… 1
三井住友海上火災 …… 1
損保ジャパン日本興亜 …… 2

【その他金融業】

日本政策金融公庫 …… 1
農林中央金庫 …… 1

【不動産業】

三井不動産リアルティ …… 1

【サービス業】

EYアドバイザリー …… 1
GCAサヴィアン …… 1
NTCコンサルタンツ …… 1
WDBエウレカ …… 1
アクセンチュア …… 1
いであ …… 1
エックス都市研究所 …… 1
オリエンタル技研工業 …… 1
シミック …… 1
ソウルドアウト …… 1
トラストバンク …… 1
ナガセ …… 1
プライスウォーターハウスクーパース …… 2
リクルート …… 1
レイヤーズ・コンサルティング …… 1
建設技術研究所 …… 1
日本エヌ・ユー・エス …… 1

【新聞・出版・広告】

ISA …… 1
数研出版 …… 1
朝日新聞社 …… 1
博報堂 …… 1

【教員・研究員・図書館等】

ステップ …… 1
ニチレイバイオサイエンス …… 1
開智学園 …… 1
駿河台大学 …… 1
東京大学 …… 1

【その他】

光陽国際特許事務所 …… 1
全国農業協同組合連合会 …… 1
日本生活協同組合連合会 …… 1

〈博士課程〉

【官公庁】
警視庁　1
林野庁　1
厚生労働省　1
農村振興庁　1

【独立行政法人・大学法人】
環境再生保全機構　1
産業技術総合研究所　3

【食料品】
キッコーマン　1
サントリーホールディングス　1

【パルプ・紙】
北越紀州製紙　1

【化学】
スパイバー　1
スリーエムジャパン　1
住友化学　1

【医薬品】
第一三共　2
武田薬品工業　1

【金属製品】
高周波熱錬　1

【輸送用機器】
三菱自動車　1

【教員・研究員・図書館等】
愛媛大学　1
大阪大学　1
カセサート大学　1
ジャクソン研究所　1
チエンマイ大学　1
動物学研究所、中国科学院　1
ニューヨーク大学　1
バンドンイスラム大学　1
バンドン工科大学　1
フィリピンビサヤ大学　1
ベトナム国家大学　1
ホーチミン市農林大学　1
マレーシア・サバ大学　1
理化学研究所　1
ルフナ大学　1
京畿道保健環境研究院　1
京都大学　1
滋賀県立琵琶湖博物館　1
信州大学　1
水産研究・教育機構　2
畜産草地研究所　1
筑波大学　2
東海大学　1
東京大学　18
日本学術振興会　4
日本大学　1
農業・食品産業技術研究機構　3
農政調査委員会　1

【病院】
アニー動物病院　1
なかね動物病院　1
王子ペットクリニック　1
日本動物高度医療センター　1

【その他】
不明　2

新領域創成科学研究科

〈修士課程〉

【官公庁】
バングラデシュ水産局　1
茨城県　1
横浜市　1
環境省　1
国土交通省　1
水産庁　1
船橋市　1
奈良県　1
日本銀行　1
防衛省　2
陸上自衛隊　1

【独立行政法人・大学法人】
産業技術総合研究所　2
製品評価技術基盤機構　1

【水産・農林業】
ホクト　1

【鉱業】
国際石油開発帝石　1

【建設業】
ＪＦＥエンジニアリング　1
Ｏｐｅｎ　Ａ　1
イリア　1
ジーク　1
ナイスコミュニティー　1
環境総合テクノス　1
建設技研インターナショナル　1
鹿島　1
新日鉄住金エンジニアリング　1
大林組　1
日本設計　2

【食料品】
サントリー食品インターナショナル　1
日本たばこ産業　3

【繊維製品】
ニッケ　1

【パルプ・紙】
レンゴー　1

【化学】
ＤＩＣ　1
クラレ　1
ダイセル　1
花王　1
高砂香料工業　1
三菱化学　2
資生堂　1
住友化学　1
藤森工業　1
日本ペイントホールディングス　1

【医薬品】
アストラゼネカ　1
クインタイルズ・トランスナショナル・ジャパン　3
ジョンソン・エンド・ジョンソン　1
パレクセル・インターナショナル　3
ヤンセンファーマ　1
栄研化学　1
協和発酵キリン　1
佐藤製薬　1
大塚製薬　1
第一三共ヘルスケア　1
中外製薬　1
日本ケミファ　1
日本メジフィジックス　1

【石油・石炭製品】
ＪＸ石油開発　1
ＪＸ日鉱日石エネルギー　1
出光興産　1

【ゴム製品】
ブリヂストン　1

【鉄鋼】
ＪＦＥスチール　5
新日鉄住金　2

【非鉄金属】
ＪＸ金属　1
ヒロハマ　1
古河電気工業　1

【金属製品】
住友電気工業　3
日東金属工業　1

【機械】
ＩＨＩエアロスペース　1
クボタ　3
ヨシタケ　1
荏原実業　1
栗田工業　1
三菱重工業　5
神鋼環境ソリューション　1
東芝エレベータ　1

【電気機器】
ＧＥヘルスケア・ジャパン　1
ＮＥＣ　1
キヤノン　2

シャープ……1
ソニー……2
パナソニック……1
ファナック……2
マイクロンメモリジャパン……1
ルネサスエレクトロニクス……1
横河電機……1
三菱電機……4
東芝……4
日本IBM……5
日立パワーソリューションズ……1
日立製作所……2
富士通……4

【輸送用機器】
ジヤトコ……2
ジャパンマリンユナイテッド……1
スズキ……1
デンソー……2
トヨタテクニカルディベロップメント……1
トヨタ自動車……2
日産自動車……2
富士重工業……1
豊田自動織機……1
本田技研工業……2
本田技術研究所……1

【精密機器】
アドバンテック……1
オリンパス……4
テルモ……2
半導体エネルギー研究所……1

【その他製品】
SHOEI……1
VMware……1
アプライアンス社……1
ニューソン……1
ヤマハ……1

【電気・ガス業】
九州電力……1
中部電力……1
電源開発……1
東京ガス……2
東京電力……4

【陸運業】
JR西日本……1
JR東海……1
JR東日本……2

【海運業】
コスコ・コンテナラインズジャパン……1
日本郵船……1

【情報・通信業】
KDDI……1
NHK……2
NTTデータ……4
NTTドコモ……2
NTT東日本……1
QUICK……1
エヌ・デーソフトウェア……1
コーエーテクモホールディングス……1
シスコシステムズ……1
ゼンリンデータコム……1
ソフトバンク……3
ビー・ユー・ジーDMG森精機……1
プロメテック・ソフトウェア……1
ヤフー……1
ワークスアプリケーションズ……1
応用技術……1
三菱総合研究所……1
新日鉄住金ソリューションズ……4
日本マイクロソフト……1
日本総合研究所……4
日立ソリューションズ……1
富士通マーケティング……1

【卸売業】
岩谷産業……1
三菱商事……1
双日……1

【小売業】
ニトリ……1

【銀行業】
伊予銀行……1
三井住友銀行……1
三井住友信託銀行……1
三菱東京UFJ銀行……1
新生銀行……1

【証券、商品先物取引業】
モルガン・スタンレーMUFG証券……1
大和証券……1

【保険業】
アクサ生命……1
三井住友海上火災……2
日本生命……3

【その他金融業】
三菱UFJ国際投信……1

【不動産業】
ザイマックスアルファ……1
リクルート住まいカンパニー……1
森ビル……1

【サービス業】
EYアドバイザリー……2
The Boston Consulting Group……1
イーピーエス……1
いであ……1
イリアコーポレーション……1
クニエ……1
スカイライトコンサルティング……1
デロイト トーマツコンサルティング……3
パシフィックコンサルタンツ……1
プライスウォーターハウス・クーパース……1
ベネッセコーポレーション……1
ボストンコンサルティンググループ……1
マッキンゼー・アンド・カンパニー……1
みずほ情報総研……1
楽天……1
大日本印刷……2
丹青社……1
日本IBMサービス……1
日本ウィルテックソリューション……1
八千代エンジニヤリング……1

【新聞・出版・広告】
電通……1
博報堂……2

【教員・研究員・図書館等】
PKSF……1
カンボジア開発研究院……1
クルナ大学……1
科学技術振興機構……1
台湾工業技術研究院……1
量子科学技術研究開発機構……1

【病院】
千葉大学医学部附属病院……1

【その他】
アクセルスペース……1
起業……2
自営業……1
日本海事協会……1
不明……5

〈博士課程〉

【官公庁】
横浜市……1
国土交通省……1

【独立行政法人・大学法人】
海上技術安全研究所……2
産業技術総合研究所……2

【水産・農林業】
漁業情報サービスセンター……1

【食料品】

ユニーク 1

【繊維製品】

東レ 1

【化学】

テクノプロ・Ｒ＆Ｄ社 1
花王 1

【医薬品】

ＣＴＣライフサイエンス 1
テバ製薬 1
ノバルティスファーマ 1
協和発酵キリン 1
大日本住友製薬 1

【ゴム製品】

ミドリ安全 1

【機械】

三井海洋開発 1
三菱重工業 1
日本精工 1

【電気機器】

横河電機 1
日立製作所 1
富士通 1

【精密機器】

テルモ 1

【空運業】

国際航業 1

【情報・通信業】

ＮＴＴ研究所 1
三菱総合研究所 1

【サービス業】

ＣＤＰ 1
カントリーガーデン 1
リブ・コンサルティング 1

【教員・研究員・図書館等】

イェール大学 1
カリフォルニア大学 1
シュトゥットガルト大学 1
ジョンズホプキンス大学 1
早稲田大学 1
横浜国立大学 2
岡山大学 1
関西学院大学 1
京都大学 1
弘前大学 1
国立衛生研究所 1
国立環境研究所 2
人間文化研究機構 1
青山学院大学 1
静岡県立静岡がんセンター 1
筑波大学 1
東京工業大学 2
東京大学 20
東京都医学総合研究所 1
東京理科大学 1
日本学術振興会 3
防災科学技術研究所 1
北里大学 1
理化学研究所 5
量子科学技術研究開発機構 1

【病院】

シンシナティ・チルドレンズ病院 1
常磐病院 1

【その他】

国際労働機関 1
国立がん研究センター 1

薬学系研究科

〈修士課程〉

【官公庁】

横浜市 1
科学警察研究所 1
厚生労働省 1

【独立行政法人・大学法人】

医療品医療機器総合機構 2

【食料品】

キリン 1
サントリーホールディングス 2
ミツカングループ 1
日本たばこ産業 1

【化学】

プロクター・アンド・ギャンブル・ジャパン 1
協和発酵バイオ 1
住友化学 1
日本化薬 1

【医薬品】

Ｎｅｏｌｐｈａｒｍａ 1
アステラス製薬 4
アステラス分析化学研究所 1
クインタイルズ・トランスナショナル・ジャパン 2
テバ製薬 1
ノバルティスファーマ 2
バイエル薬品 1
ファイザー 1
塩野義製薬 1
小野薬品工業 1
中外製薬 5
田辺三菱製薬 1
東洋新薬 1
日医工 1

【金属製品】

ＳＵＭＣＯ 1

【電気機器】

日本ＩＢＭ 2

【陸運業】

ＳＧホールディングス 1

【情報・通信業】

アイ・エム・エス・ジャパン 1
ジャストシステム 1

【卸売業】

三井物産 1

【その他金融業】

野村アセットマネジメント 1

【サービス業】

ＥＹアドバイザリー 1
クニエ 1
プライスウォーターハウスクーパース 1
ボストンコンサルティンググループ 1
モルガン・スタンレー・キャピタル 1

【教員・研究員・図書館等】

東京大学 1

〈博士課程〉

【食料品】

ユーグレナ 1
日本たばこ産業 1

【繊維製品】

帝人 1

【化学】

イハラケミカル工業 1
旭化成 1
花王 1
扶桑化学工業 1

【医薬品】

アステラス製薬 1
アスビオファーマ 1
エーザイ 3
ファイザー 1
ユーシービージャパン 1
塩野義製薬 1
協和発酵キリン 1
小野薬品工業 2
大日本住友製薬 2
大鵬薬品工業 1
第一三共 1
中外製薬 3
田辺三菱製薬 1
武田薬品工業 2

【石油・石炭製品】

出光興産 1

【情報・通信業】

アイ・エム・エス・ジャパン 1

【サービス業】

シミックファーマサイエンス 1
ボストンコンサルティンググループ 2

【教員・研究員・図書館等】
ゲノム創薬研究所 1
テキサス大学 1
ノートルダム大学 1
マックス・プランク研究所 1
医薬品医療機器総合機構 1
千葉大学 1
東京大学 10
微生物化学研究所 1
蘭州大学 1
理化学研究所 2
【その他】
国立がん研究センター 1

医学系研究科

〈修士・博士前期課程〉

【官公庁】
厚生労働省 1
【医薬品】
アステラス製薬 1
パレクセル・インターナショナル 1
大塚製薬 1
日水製薬 1
【石油・石炭製品】
出光興産 1
【電気機器】
GEヘルスケア・ジャパン 1
【精密機器】
テルモ 1
【卸売業】
三井物産 1
【小売業】
クリーマ 1
【銀行業】
群馬銀行 1
【証券、商品先物取引業】
三菱UFJモルガン・スタンレー証券 1
【サービス業】
セコム 1
【教員・研究員・図書館等】
Myanmar Perfect Research 1
PT Sanbe Farma 1
いわき明星大学 1
パプア ニューギニア医療研究所 1
ミャンマー医師会 1
東京大学 1
北海道大学 1
【病院】
西川病院 1
葛飾赤十字産院 2
明理会中央総合病院 1
【その他】
国立がん研究センター 1
日本赤十字社 1

〈博士後期課程〉

【官公庁】
厚生労働省 1
【化学】
ニフコ 1
【教員・研究員・図書館等】
金沢大学 1
三重県立看護大学 1
長崎大学 1
東京大学 3
【その他】
国立がん研究センター 1

〈専門職学位課程〉

【官公庁】
厚生労働省 1
東京都 2
【医薬品】
ゼリア新薬工業 1
【鉄鋼】
新日鉄住金 1
【電気機器】
日本IBM 1
【サービス業】
LITALICO 1
エム・アール・アイリサーチアソシエイツ 1
ケアネット 1
【教員・研究員・図書館等】
医薬品医療機器総合機構 1
国立成育医療研究センター 1
東京女子医科大学 1
【病院】
関越病院 1
国立病院機構水戸医療センター 1
立川相互病院 1
【その他】
市原刑務所 1
不明 1

〈医学博士課程〉

【化学】
旭化成 1
【医薬品】
アステラス製薬 1
アストラゼネカ 1
デンカ生研 1
パナソニックヘルスケア 1
杏林製薬 1
大日本住友製薬 1
第一三共 1
中外製薬 1
【教員・研究員・図書館等】
オックスフォード大学 1
カリフォルニア大学 1
防衛医科大学校 1
マサチューセッツ大学 1
杏林大学 1
岩手医科大学 1
京都大学 4
金沢大学 1
慶應義塾大学 1
国立国際医療研究センター 2
国立保健医療科学院 1
埼玉医科大学 1
秋田大学 1
大阪大学 1
朝日生命成人病研究所 1
帝京大学 3
東京医科大学 1
東京大学 54
日本獣医生命科学大学 1
日本大学 1
理化学研究所 1
立命館大学 1
【病院】
JR東京総合病院 3
NTT東日本関東病院 1
エリクシアつるかめクリニック 1
がん研有明病院 2
横浜労災病院 1
関東中央病院 1
関東労災病院 2
群馬県立小児医療センター 1
虎の門病院分院 1
公立昭和病院 1
公立福生病院 1
国保旭中央病院 1
三井記念病院 2
慈照会 1
川室記念病院 1
総合医療センター成田病院 1
大森赤十字病院 1
東京警察病院 2
東京新宿メディカルセンター 2
東京都立墨東病院 1
東芝病院 1
藤井政雄記念病院 1
日本赤十字社医療センター 1
品川イーストクリニック 1
富家病院 1
木場公園クリニック 1
【その他】

国立がん研究センター……6
有限責任監査法人トーマツ……1

学際情報学府

〈修士課程〉

【官公庁】
東京都……1

【食料品】
キーコーヒー……1
サントリーホールディングス……1

【電気機器】
キヤノン……2
シャープ……1
ソニー……1
日立製作所……3
富士通……1

【輸送用機器】
トヨタ自動車……1
本田技研工業……1

【その他製品】
恵和……1
任天堂……1

【陸運業】
阪神電気鉄道……1

【情報・通信業】
KDDI……2
NTTデータ……1
コーエーテクモゲームス……1
メディアドゥ……1
ヤフー……2
日本テレビ放送網……1
日本マイクロソフト……1
日本総合研究所……2

【証券、商品先物取引業】
JPモルガン証券……1
ゴールドマンサックス証券……1

【保険業】
アクサ生命……1
三井住友海上火災……1

【サービス業】
LINE……1
ディーエムエム・ドット・コム……1
プライスウォーターハウス・クーパース……2
ベネッセコーポレーション……1
リクルートホールディングス……2
応用社会心理学研究所……1

【新聞・出版・広告】
KADOKAWA……1
電通……1

【教員・研究員・図書館等】
札幌大谷大学……1
日本学術振興会……1

〈博士課程〉

【教員・研究員・図書館等】
島根大学……1
東京大学……1

バックナンバーのご案内

『東大2014　東大 ing』
インタビュー蒲島郁夫／林修／
春風亭昇吉　ほか

『東大2013　東大1461DAYS』
インタビュー三浦奈保子／千住
真理子／達増拓也　ほか

『東大2016　CHANGE 東大』
インタビュー秋山果穂　ほか

『東大2015　Next to UTokyo』
インタビュー坪田信貴　ほか

バックナンバーの通信販売について

在庫状況および購入方法は、下記までお問い合わせください。

東京大学新聞社03-3811-3506　図書新聞 03-3234-3471

AD INDEX（50音順）

アンケートに答えて
プレゼントをGET!

東大2017を読んで、アンケートに答えてくださった方の中から、
抽選で3名様に『疾風の勇人（1）』（大和田秀樹 著、講談社）**、**
1名様に『進め!! 東大ブラック企業探偵団』（大熊将八 著、講談社）**を**

プレゼント!

付属のアンケートはがきに記入の上、
2016年9月30日必着でお送りください。
当選者の発表は、賞品の発送をもって代えさせていただきます。

A賞 疾風の勇人(1)

抽選で 3名様

「所得倍増」を掲げ、日本を高度経済成長に導いた政治家・池田勇人を主人公に戦後史を描く政治大河ドラマ、堂々開幕！混迷の戦後を疾風のごとく駆け抜けろ！

B賞 進め!! 東大ブラック企業探偵団

抽選で 1名様

「このままでは、日本の企業はぜんぶブラック企業になるかもしれないわ」「な、なんだってー!?」「これを見れば一目瞭然」東大法学部3年のハルキ、経済学部のマオ、農学部のカンタが、隠れたブラック企業を暴き、眠れるホワイト企業を見つけ出す。日本「最強ゼミ」の企業分析ノート！ノベライズ！

編集後記

東京大学新聞社に入社（？）して3カ月。様々な方の話を伺えるのが刺激的です。せやけど、編集部員に関西弁ユーザーがおらんのはちょっと寂しいわ。新聞社に入って一緒に社内公用語を関西弁にしましょう。待ってるで。（文Ⅰ・1年　児玉祐基）

受験生として「サクセス」を読んだことがきっかけで編集部に入り、今年はわずかながら文章を書きました。皆さんが当時の僕と同じく、東大新聞に興味を持つことを願っています。（文Ⅰ・1年　石井達也）

東大には、さまざまな能力や個性のある魅力的な人たちがたくさんいます。ぜひみなさんも東大に入ってそんな人たちと出会い、また自分自身もそんな人になってみませんか。みなさんの入学を待っています。（文Ⅱ・1年　加藤憲弥）

人生初記事を書かせていただきました。それから新生活の話を少々。両方読んでいただけると嬉しいです。高校時代に破りまくった締め切りを守ることがこれからの目標です。受験も試験日までに学力を涵養するので似ていますね。皆さんはくれぐれも受験の締め切りを破ることがないように。（文Ⅲ・1年　横田悟）

大学は学問との扉、社会との扉です。大学に入れば、これまで君が見たどんな世界よりも広い世界が、君の目の前に広がります。この本が、そんな広い世界へのささやかな入口になったなら、僕は嬉しいです。受験生の皆さん、長いトンネルの先には、まばゆい光が見えています。頑張ってください！（文Ⅲ・1年　一柳里樹）

受験生のみなさん、最後まで諦めずに勉強に励んでください。そしてぜひ、東京大学新聞社に入って、一緒に取材をしたり記事を書いたりしましょう！みなさんの入学を心待ちにしております。（理Ⅰ・1年　轟木亮太朗）

高校時代手にしたこの本に今年も携わり、多くの経験ができました。この1冊が、東大受験生のみなさんの道を照らすものとなれば本望です。（文Ⅰ・2年　関根隆朗）

東大新聞に所属して1年半、学生や教授、卒業生など素敵な人に取材できて楽しかったです。この冊子を通して、単なる難関大学ではない「等身大の東大」を紹介できたらとても嬉しいです。（文Ⅲ・2年　太田聡一郎）

この冊子で初めて記事を書かせてもらいました。様々な人と出会って話すことができる東大新聞での活動は、本当に刺激的で楽しいです。いつか読者の皆さんと東大で出会い、話をすることを楽しみにしています。受験、頑張って下さい！

（文Ⅲ・2年　分部麻里）

最初は書きたくてもなかなか書かせてもらえなかったのに、気付いたら執筆を依頼されるようになりました。書く経験を続けるうちに、自分の伝えたいことを表す最適な言葉を探し当てられるようになります。自分の言葉を通して物事を自在に表現する、そんな興奮にも近い楽しみを一緒に味わってみませんか。

（工・3年　竹内暉英）

東大には人の進路を変えてしまう不思議な力があります。僕は他の大学に行ったら間違いなく理学部か農学部に進んでいたでしょう。新聞社にも入らなかったかも（そもそも新聞社のある大学の方が少ないですが）。予期せぬ出来事に出会いたい人は東大に入るとそれなりに面白いことがあると思います。

（工・3年　小原寛士）

編集活動を続けてはや3年目。人間は走ろうと思えばどこまでも走れます。勉強も同じでしょう。東大の門まで突っ走れ！

（文・3年　矢野祐佳）

自分が生物学の研究を志そうと思ったのは取材でとある先生に出会ったことがきっかけ。そんな出会いを与えてくれた東京大学新聞に感謝。

（薬・4年　古川夏輝）

学科では情報技術を学び、課外活動として東京大学新聞社で出版業界に携わっています。人工知能・仮想現実・ＩｏＴなど技術進歩に伴い、出版業界がどんな変遷を見せるのか。一人の当事者として、変わりゆく社会を体感したいと思います。

（工・4年　石原祥太郎）

大学院まで進んで、受験生の時に読んだ書籍の編集に関わろうとは高校生の頃は思ってもみませんでした。想像もつかない出会いや別れで選択肢は増えたり減ったり、時には大事にしていたものを切り捨てねばならないこともあります。生きている限り、不安がなくなることはたぶんないでしょう。でも大丈夫、「不安タスティック！」と唱えれば心は軽くなりますよ。

（学際情報学府・修士1年　久野美菜子）

与えられた問題を一人で解くことが求められるのは受験で終わり。大学入学後は自分で問題を見つけて、誰かと協働して解決する力が求められるようになります。東大

に受かったら何をしたいのか、合格の先を見据えながら受験勉強に励んでくださいね。

（総合文化・修士2年　須田英太郎）

東大での生活が6年目に突入した今、振り返ると何だかんだで幸運が積み重なっていたと分かります。東京大学新聞社に入ったことも、間違いなくその一つです。

（医学系・修士2年　佐方奏夜子）

東北の公立高校生だった私にとって、名門高校出身者が集まる（らしい）東大は雲の上の存在でした。東大の魅力や意外な一面がぎゅっと詰まったこの本で、地方の人にも東大を身近に感じてもらえれば幸いです。

（副編集長　理・3年　石沢成美）

この度は『東大２０１７　とんがる東大』を読んでいただきありがとうございます！

衝動的に編集長になったのは2年生の8月。振り返ると、当時の私は学生生活を楽しめず漫然と過ごしていました。何となく新聞を毎週作り、たまに友達とお酒を飲んで騒ぐ。暇なときにツイッターやフェイスブックでいいねボタンを押す。そんな日々をやめて本を一冊編集する達成感を味わいたかったのだと思います。

　編集長になってからは東大の何を受験生に向けて発信するのか模索する日々。自分自身の将来が定まらず漫然と生きているのに受験生の進路、将来に示唆を与えなければならない点には大分悩みました。しかし、自分自身の将来が決まっていない分「とんがる」というぼんやりとしているけれど将来を考えるキーワードな気がするコンセプトを考え出せたのかもしれません。

　コンセプトが固まった冬・春休みから発行に至る約半年間は、激動の日々。週刊東京大学新聞の副編集長に選ばれ、本書の編集にも新聞の編集にも時間を割かねばならなくなる。4月に両親が住む熊本で地震が起こる。万事にやる気を失って本書の編集作業が滞り、遅れを取り戻すために土日も編集作業漬けになる……。辛すぎてエナジードリンクが心のより所の時期もありましたが、仕事を放棄して世捨て人とならなかったのは、受験生の進路を考える手助けをしたいとの思いゆえです。編集作業を終えた今は自信をもって本書をお薦めできます。

　結びに当たり、デザインを担当してくださった渡邊さん、小林さん、構想についてアドバイスをくださった竹内理事、東京大学出版会の阿部さん、橋元さんをはじめとする皆さま、そして記事執筆にご協力をいただいた編集部員の皆さまに心からお礼申し上げます。データの入稿が期限通りに終わらないなど大変ご迷惑をお掛けしましたが、どなたからも見捨てられなかったおかげで本書は世に出ます。読者へは「とんがる」というメッセージが、ご協力いただいた方々には寛容でまん丸い心への感謝の思いが届くことを願って拙文を終わらせていただきます。

（編集長　育・3年　横井一隆）

東京大学新聞

創刊は１９２０年

『東京大学新聞』は、毎週火曜日発行。全国の大学新聞でも数少ない週刊体制を維持し、年間42回発行しています。『東京大学新聞』は１９２０年創刊の『帝国大学新聞』を前身とし、『大学新聞』『東京大学学生新聞』と名称を変えつつ、１９６１年以来『東京大学新聞』として発行を続けてまいりました。現存する大学新聞では最も長い歴史を誇ります。学内外の問題に広く関心を持ち、大学院進学や就職を真剣に考える東大生にとって欠かせない情報源となっています。

公益財団法人東京大学新聞社の経営には学内外の有識者からなる理事会（理事長＝吉見俊哉・大学院情報学環教授）が当たっています。『東京大学新聞』の編集・発行は、全員東大生・東大院生からなる編集部がいかなる団体からも独立した編集権のもとで担っています。

定期購読をどうぞ

『東京大学新聞』は一部毎でも販売していますが、お得な定期購読をお勧めしています。お申込みいただいた方には、毎週ご自宅まで『東京大学新聞』を直接郵送しています。

定期購読をご希望の方は、以下の方法で年間購読料をお振込みください。ご送金が確認でき次第、最新号からお送りいたします。

また、電子メール・電話にてお問い合わせいただくと、見本紙を送付いたします（お一人様1回限り）。東大関係者以外の一般の方のご購読も歓迎いたします。

◎**郵便局にてお支払い…**専用の払込取扱票（振込手数料無料）を送付いたしますので、ご希望の際は、電子メール・電話にてお問い合わせください。

◎**オンラインショップ「ＢＡＳＥ」にてお支払い…**「ＢＡＳＥ」の東京大学新聞専用ページ http://utmp.shopselect.net/ にアクセスして頂き、定期購読用のバナーからお手続きにお進みください。コンビニ決済・銀行振込・クレジットカード払いがお選びいただけます。

電話　０３（３８１１）３５０６

電子メール　post@utmp.org

年間購読料

１年契約（42回）７３００円

２年契約（84回）１４２００円

あなたも編集部員に

『東京大学新聞』では、新聞を読むだけでなく作ってみたいという人を待っています。資格は東大に在学していること（大学院を含む）。

編集作業はなかなか忙しくて大変な面もありますが、あくなき興味を満足させるには最高の環境です。アイデアと行動力次第で、さまざまな貴重な体験ができます。活動内容は、新聞製作（記事執筆、レイアウト、校正など）の他、写真撮影やウェブサイト構築、イベント運営まで多岐にわたります。

大学生活が格段に「知的興奮」でいっぱいになることは間違いありません。

アンケートにご協力ください
東京大学新聞『受験生特集号』を
もれなく進呈いたします!!

このたびは『東大2017とんがる東大』をお買い上げいただき、
誠にありがとうございました。
今後の企画に役立てるため、本書に附属のアンケートハガキに
ご感想などを記入して郵送してください。
お答えいただいた方全員に、
9月発行の『受験生特集号』をお送りいたします。

次号『東大2018』来夏発行予定。鋭意構想中!!

東大2017とんがる東大

2016年8月3日発行

企画・編集・発行　公益財団法人東京大学新聞社
東京都文京区本郷7-3-1東京大学構内
TEL 03-3811-3506　FAX 03-5684-2584

発　売　一般財団法人東京大学出版会
東京都目黒区駒場4-5-29
TEL 03-6407-1069　FAX 03-6407-1991

印刷・製本　大日本法令印刷株式会社

ISBN 978-4-13-001300-0　Printed in Japan　